www.ingramcontent.com/pod-product-compliance
Lightning Source LLC
Chambersburg PA
CBHW030908120626
46554CB00001B/52
9781968884000

الْحَمْدُ للهِ رَبِّ العَالَمِينَ

عنوان الكتاب: أسس معرفية (فلسفة القرآن للوجود)

تأليف: جمال عبد الله الشايع

دار النشر: OKAB PUBLISHING INC.

البريد الإلكتروني: info@ioqs.org

الموقع: www.ioqs.org

الطبعة الثانية (2025)

تصميم الغلاف والتدقيق والتحرير اللغوي:
المعهد الدولي للدراسات القرآنية

ISBN: 978-1-968884-00-0

أسس

معرفية

(فلسفة القرآن للوجود)

محاولة لبعث الحياة في النفس وإعادة تعريفها بربِّها الله

المؤلف

جمال الشايع

فهرس الكتاب

شـــكـــر

الشكر للأستاذ/ **فاضل يحيى آل فاضل**، الذي قدم لي دعمًا كاملًا في الجانب التقني.

والشكر والعرفان لكلِّ مَن أوحى لي بفكرة، أو صحح، أو طوَّر فهْمًا لديَّ. فكل تعليق كانت له فائدة لم تكن لتتحقق بدونه؛ إذ كان لتعليقاتكم ومواقفكم الأثر الكبير في إثراء وظهور أفكار هذا الكتاب.

فصل
تمهيد

الإنسان -بوصفه عاقلًا- يتميز بعرضه لأكبر الأسئلة وأكثرها، ويجتهد للبحث عن أجوبة لها. وحتى إن كانت لديه البراهين والأدلّة، فإنه دائم المراجعة لما لديه من ثوابت ليتأكَّد منها. فها هما إبراهيم وموسى (عليهما السلام) وبعد أن بعثهما الله وأيَّدهما بالآيات، سأله إبراهيم أن يريه كيف يُحيي الموتى، وسأله موسى الرؤية وكان «**فِي قَصَصِهِمْ عِبْرَةٌ لِّأُوْلِي الأَلْبَابِ**».

هكذا، بتساؤلاته ومراجعاته ترقَّت لديه مهارات الوعي كالتلقِّي والاستماع والتفكُّر والتدبُّر والتحليل والتعليل والمُقارنة والاستدلال والربط بين المعلومات واستنتاج الفوائد و... إلخ، وهي مهارة العَقْلَنَة. ولو توقف الإنسان عن ابتكار الأسئلة

والأجوبة لأجيال متتابعة؛ فستضمر مهاراته، وسيخسر، ويرتد لأسفل سافلين، فيتحوَّل لكائن غير عاقل (بهيمي)، فهذه المهارات إذا لم يتم تنشيطها باستمرار، فستضمر وسيفقدها بالتدريج.

كانت أوَّل أسئلته عن نفسه: من هو؟ ما قيمته؟ ما هدفه؟ ولماذا؟ وكيف؟ وإلى أين؟ وهل له مالك يملكه؟ وإن كان، فمن؟ وأين هو؟ وماذا يُريد منه؟ وما طبيعة العلاقة بينهما؟ وهل يتواصل معه؟ وكيف؟ وتساءل كذلك عن كل شيء وعن الوجود: كيف أتى؟ وما مصيره؟ وما وراءه؟

فأصبح يُعَقْلِنُ ويُمَنْطق الأشياء ويضع لها رؤًى ونظريات (نبوَّات)؛ فظهر العلم لديه. أي عرفت نفسه كيف تقرأ علامات الأشياء، وتصنع الأسئلة والأجوبة التي تُحقق في الأشياء، فتظهر لها أعراف وعلامات تهدي لمعلومات ومعارف تصل إليها بعد جِدٍّ واجتهاد (جهاد)، نفسي وجسدي. فتطوَّرت وترقَّت مهاراته بسبب إصراره -لأجيال (قرون) كثيرة- على ممارسة العقلنة كسلوك رئيسي؛ فأصبح عاقلًا بحق واستحقاق بالجهاد في سبيل الله (الحق العليم).

رأى فعلم أن كل شيء مُنظَّم ومنسجم! إلَّا هو الذي يخالف نظام خلقه كعاقل، فيجهل أحيانًا ويخرُج عن سيرته ومسيره كحي

حيوي يفوق الأحياء ويتميَّز عليهم بسَعة وعيه؛ فحيويته عقلانيَّة؛ أي سِمته وصفته الأساسية أنَّه يُعقلن حركته وحركة الوجود. فإذا فقد هذه الصفة سقطت قيمته كعاقل. فعلم ذلك وانشغل بنفسه وترقيتها وتطويرها؛ مدفُوعًا بحبه لنفسه وللحياة، والظهور كأرقى من يحيا ويموت.

بعد مراحل من البحث والمراجعة تعلَّم وحدة الله (وحدة القوى الكونية). فعبده وأخذ يدعو (يبتغي) ربَّه (ليربو) وينمو أكثر. ولأنَّه أرقى من رَبَا وتَرَبَّى؛ لأنه أطاع واتبع، (عبد) ربَّه الذي يُربيه ويُثريه. فهو يسعى لربه الأعلى وهو أعلى درجات الرُّبُوّ والنماء في الوجود. فعرف ربَّه ووجد أنَّه هو رب كل شيء؛ أي أنَّه لاحظ وتعلَّم أن القوانين التي تُربِّيه ويربو بها هي نفسها القوانين التي تُربِّي كل شيء. فعلِم أن مصلحته ومصلحة المُحيط واحدة. وأن انسجامه وتوافقه مع القوانين سيُحقق له النجاة من الكوارث المحيطة به.

﴿وَلَقَدْ عَهِدْنَآ إِلَىٰٓ ءَادَمَ مِن قَبْلُ فَنَسِيَ﴾ [طه: 115]. العهد الذي عهده الله إلى آدم هو المُحافظة على هذه الهبات، فهي عُهدة لديه، وسيتم حسابه عليها. وهي مهارات السمع والبصر والفؤاد (التلقِّي - والتحليل - وربط المعلومات - واستنباط الفوائد)، فسيتم سؤاله وحسابه على حقوق هذه الهبات. هل فعَّلها وشكرها. أم كفر بها وأبطلها (عطَّلها).

فالقوانين التي يربو بها، هي ذاتها التي تربو بها الأشياء. فإذا أطاعها واتبعها يربو ويزداد. وإذا كفر بها رُدَّ لأسفل سافلين، فخسر قيمته ونماءه وثراءه وعزَّه وفخره كعاقل يتبع ويطيع منطق رب الوجود.

وتبعًا لذلك، رأى أن رب كل شيء ـأي رُبُوَّ كل شيء ونماءه ـ هو انسجام الشيء مع قوانين الخلق. فعلم أن عدم انسجامه مع قوانين المحيط يُفسد تربيته وتَرَابِيه (رُبُوَّه)، وكذلك فإن عدم انسجامه مع جنسه ونوعه، يُفسد نظامه النفسي والاجتماعي؛ لذا بدأ بتنظيم نفسه لأنَّه علم أن سعة الوعي لديه هي أحسن سِماته (صفاته)، وأن أهم وعي وعلم ومعرفة هو وعيه وعلمه ومعرفته بنفسه وقيمته ودوره ... كعاقل. فوجد أنَّه هو الذي يطوِّر نفسه ومُحيطه أو يُدمِّرهما. لذلك اعتنى بفهم نفسه وتطويرها. ﴿إِنَّ ٱللَّهَ لَا يُغَيِّرُ مَا بِقَوۡمٍ حَتَّىٰ يُغَيِّرُواْ مَا بِأَنفُسِهِمۡۗ﴾ [الرعد: 11].

وعليه تجلَّت له الأجوبة، فكانت كلُّها تدفعه ليترقى ويتطور، فاستباح الوجود كما شاء، فتعلَّم وجود الله كمعلومة تلقاها بوحي من تجلِّياته (الحق العليم الحكيم البديع المحسن الـ...)، تعلَّم العلامات التي تدل على وجوده. فآمن بها، وتحمَّل الأمانة (الإيمان به وخلافته)، وسعى في الوجود بعبادة ربه بتصريح منه؛ ليعلو على كل شيء؛ لأنَّه مُسخَّر له من الملك لهذا

16

الملكوت. لذا تساءل عن الله، هل هو موجود حقًّا؟ وأين؟ ولماذا؟ وماذا يُريد؟ وكيف يتواصل معه ...؟
وتساءل عن الغيب بكل ما فيه، عن آبائه وعن أجداده القدماء، حتى تساءل عن بدايات ونهايات الكون والوجود. وحاول أن يبتكر تصورات ويصنع فرضيات لها، وتساءل عن نفسه وهل له مُستقبل وكيف سيكون؟ بل، كيف يجب أن يكون؟

فهي أسئلة في غاية الصعوبة والتعقيد، يخلقها الإنسان كتحديات ورياضات لتنشيط وعيه، وخياله، وتصوُّراته؛ ليضع ويبني نظريات ورؤًى (تنظيرات وآراء). فيُراجعها ويهدمها، ثم يُعيد بناءها وتركيبها، ويستمرُّ في ذلك؛ ليزداد قُدرةً على صناعة الرؤى، والنظريات، والتنبؤات للغيب، سواء كان للماضي، أو الواقع، أو المُستقبل. وهذه الممارسة فطرية وغريزة فينا لنُحافظ على اتساع وعينا ومستوانا العاقل.
هذه الأسئلة العظمى العميقة والمُعقَّدة هي التي جعلته إنسانًا عاقلًا. أمَّا بقيَّة الكائنات، فلم تعقل غير ما تحتاج إليه من أساسيات لتحفظ بقاءها ونماءها الآني.
بينما طلب الإنسان الزيادة من كل خير. والزيادة تحتاج إلى الشك بأنَّ هناك أحسن. والشّك يحتاج إلى المشاهدة والتفاعل والتفكر والتدبر... إلى العلم والعمل. وهذا هو الشكر لله الذي هو غاية (هدف) التقوى؛ ﴿فَٱتَّقُواْ ٱللَّهَ لَعَلَّكُمۡ تَشۡكُرُونَ ١٢٣﴾ [آل عمران: 123]. فالهدف من التقوى هو الوصول للشكر؛

17

﴿وَجَعَلَ لَكُمُ ٱلسَّمۡعَ وَٱلۡأَبۡصَٰرَ وَٱلۡأَفۡـِٔدَةَ لَعَلَّكُمۡ تَشۡكُرُونَ

﴿٧٨﴾ [النحل: 78]. فهذا العطاء واجبه الشكر. وشكر السمع

والأبصار والأفئدة يكون بالعمل بها وتفعيلها.

وكُفرها يكون بإبطالها (تعطيلها)؛ أي تعطيل الاستماع
والتبصُّر والاستنتاج (الفؤاد: من فأد يفأد فؤود فائد فائدة فوائد.
فاسمه فؤاد لأنه يقوم بعملية إخراج الفوائد مما سمعه وتبصَّر
فيه).

فتعطيل وإبطال هذه الهبات هو الكفر بالله الذي إليه يرجع، وبه
يربو الإنسان.

هذه الأسئلة لو ظلت بغير إجابة؛ فستُؤثِّر على النفس، بل قد
تفقد النفس قيمة وجودها؛ فتشعر بفراغ وشتات لا يجتمع إلَّا
بإيمانها بعظمة قيمتها وقيمة كل شيء. فوجود العظيم ضرورة
لعظمة النفس وتماسكها، ولبعث وتفعيل أشد طاقاتها. ففي
النفس وفي الجسد، طاقات عُليا (عظمى) تظهر بحسب قوَّة
الإيمان (التصديق والتأييد بالعلم والعمل). فإذا آمن الإنسان
بعظمة الوجود ووجود عظيم يُسيطر عليه، وأنَّ له علاقة وثيقة
بهذا العظيم، وأنَّه معه يؤيده ويُسخِّر له... بل جعله نائبًا (خليفة)
ينوب عنه، فإذا آمن الإنسان بعظمته فسيتحرَّك في الوجود بثقة
ويقين وقوَّة. ويتجرأ على كل شيء. والعكس صحيح. فلو لم
يشعر بعظمة الوجود ونفسه، فلن يقتحم ولن يتجرأ ويرتقي
وستكون أهدافه قليلة وقصيرة.

فكل حيوي فيه طاقات عالية ويمكن تفعيلها بحشد بعض المشاعر.

وهذا يظهر لدى الحيوانات في المختبرات. فكيف بالإنسان وهو أعلاها حيويةً وحياة. فالإبداع والابتكار هو من طاقات الوعي كامنة ليتم تفعيلها. وهذه الطاقات لدى الجميع ولكن تفعيلها لا يتم إلَّا بالعلم والعمل.

فبالعلم عِلِمنا وجود الله وأنه واحد، وبالعمل يُعْبَد. ولولا زيادة الوعي والمعلومات لدى الإنسان، لما علم بذلك. فغير العاقل لا يعلم بوجوده. فـ(الله) علم تعلَّمناه؛ ﴿فَٱعۡلَمۡ أَنَّهُۥ لَآ إِلَٰهَ إِلَّا ٱللَّهُ﴾ [محمد: 19]. وأوَّل لقاء بين الإنسان والله كان بالعلم دون كُتب ودون أنبياء. ﴿وَعَلَّمَ ءَادَمَ ٱلۡأَسۡمَآءَ كُلَّهَا﴾ [البقرة: 31].

ابتكرت الشعوب الأجوبة بحسب ثقافاتها ومهاراتها. فتلقَّت من الآخر وأضافت ذلك إلى ما لديها، وقدمتها للإنسانية لترتقي وتتطور في تعايُشها وحياتها. ورأى الإنسان أن هذه الأجوبة ستُدخل الطمأنينة والسكينة على نفسه وتهديها فتهدأ وتطمئن وتسكن وترتاح؛ لأنَّ هذه الأجوبة لها معانٍ ومفاهيم روحانية؛ أي من الروح التي تُريح النفس وتجعلها على بصيرة من أمر ربِّها لتتعامل مع الوجود وتقبل عليه بوعي يملؤها حيويَّةً ويدفعها للحياة بأكبر طاقة ممكنة.

وهدفها من ابتكار هذه الأجوبة هو تحسين سلوك الإنسان وتطويره ... وتفاوتت الأجوبة بين الحضارات. وكل أُمَّة زعمت أنها قدمت الأجوبة الصحيحة في ثقافتها. وخلَّدت ذلك إمَّا بنثر أو بشِعْر أو ....

ونحن فعلنا ذلك في كتاب الله (القرآن).

﴿كِتَٰبٌ أَنزَلۡنَٰهُ إِلَيۡكَ لِتُخۡرِجَ ٱلنَّاسَ مِنَ ٱلظُّلُمَٰتِ إِلَى ٱلنُّورِ بِإِذۡنِ رَبِّهِمۡ﴾ [إبراهيم: 1]. كتاب؛ أي معلومات تم إحصاؤها وتنظيمها. فنزلت كمعانٍ ومفاهيم على قلب النبي؛ ليُخرجنا بها من الجهل إلى العلم «**مِنَ الظُّلُمَاتِ إلى النُّورِ**» فهو يُجيب عن تلك الأسئلة بأجوبة تريح النفس لتستقرَّ وتطمئن.

فالقرآن هو أوَّل كتاب عربي على الإطلاق. فلم يوجد كتاب خط الحرف بهذا الرسم والنظم قبله (الخط النبطي بدائي إذا قُورِن بخط القرآن). فهو أوَّل كتاب تظهر فيه الحروف بهذا الخط المرسوم بشكل مُختلف عن الخط الآرامي (السرياني)، والسبئي، والبابلي، والفارسي، والمسماري السومري، والهيروغليفي النيلي، وغيرها.

هذا لأنَّ النبي (ﷺ) هو من ابتكر هذا النظم للحرف (المستوحى من الرسم السرياني الغربي) من خلال قراءته لثقافات الأمم والشعوب الحيَّة والميتة، واستخلص منها طريقة فريدة غاية

المرونة في الرسم والزخرفة. وهي أشبه ما تكون بالخط النبطي. ولكن الحقيقة أن الخط النبطي يُعد مجرد خربشات لو قارناه بالخط الحجازي للقرآن. فهو أقدم الخطوط العربية؛ فلم يكن للعرب خط خاص بهم يجتمعون عليه. فكانوا يكتبون بخطوط مختلفة كالخط الحيري والنبطي (نشأ في الشمال) وخط الحميري والمسند (نشأ في الجنوب)؛ أي إن شمال وجنوب الجزيرة مختلفان بالثقافة (اللِّسان والخط والعادات و...)، فكان توحيدهم وصناعة وخلق جوامع تجمع بينهم وتُوحدُهم، كالبيت المُحرَّم والحج إليه وجمعهم على كتاب عظيم بثقافة واحدة (أخلاق وقوانين ...) وخط مُوحَّد ومسمَّيات تجمعهم كمسلمين ومؤمنين وعرب ...، كان هدفه هو توحيد القبائل والشعوب وربط أطراف الجزيرة لتتكوَّن أُمَّة واحدة عظيمة، كما فعل الإنسان في الهند والصين والروم و....

ولقد ذكر الله معرفة قُريش بالقراءة والكتابة في آيات عدَّة:

﴿وَقَالُوٓاْ أَسَٰطِيرُ ٱلۡأَوَّلِينَ ٱكۡتَتَبَهَا فَهِيَ تُمۡلَىٰ عَلَيۡهِ بُكۡرَةٗ وَأَصِيلٗا ٥﴾ [الفرقان: 5].

﴿وَقَالُواْ لَن نُّؤۡمِنَ لَكَ حَتَّىٰ تَفۡجُرَ لَنَا مِنَ ٱلۡأَرۡضِ يَنۢبُوعًا ٩٠ أَوۡ

21

تَكُونَ لَكَ جَنَّةٌ مِّن نَّخِيلٍ وَعِنَبٍ فَتُفَجِّرَ ٱلْأَنْهَٰرَ خِلَٰلَهَا تَفْجِيرًا
﴿٩١﴾ أَوْ تُسْقِطَ ٱلسَّمَآءَ كَمَا زَعَمْتَ عَلَيْنَا كِسَفًا أَوْ تَأْتِيَ بِٱللَّهِ
وَٱلْمَلَٰٓئِكَةِ قَبِيلًا ﴿٩٢﴾ أَوْ يَكُونَ لَكَ بَيْتٌ مِّن زُخْرُفٍ أَوْ تَرْقَىٰ فِي
ٱلسَّمَآءِ وَلَن نُّؤْمِنَ لِرُقِيِّكَ حَتَّىٰ تُنَزِّلَ عَلَيْنَا كِتَٰبًا نَّقْرَؤُهُۥ ۗ قُلْ
سُبْحَانَ رَبِّي هَلْ كُنتُ إِلَّا بَشَرًا رَّسُولًا ﴿٩٣﴾﴾ [الإسراء: 90-93].

فقريش كانوا سادة العرب، ومجمعهم الديني، والعرقي، والثقافي، والتجاري... إلخ. فكيف لا يكتبون وهم أرقى من في المجتمع العربي، ولهم اتصالات، وتجارة تطوف أرجاء الكوكب، وبينهم معاهدات واتفاقيات، ولهم علاقات تجارية ودوليَّة...؟! الحقيقة أنَّهم كانوا يكتبون وبِعدَّة خطوط، كما نرى بعض الدول في عصرنا، مثل سويسرا التي لا يوجد لها لغة ولا خط، وتعيش فيها شعوب مختلفة الثقافات ولهم أربع لغات رئيسية، وليس لهم رسم خاص يكتبون به.

وأخيرًا، فإن الأُمِّيَّ في القرآن ليس الذي لا يقرأ ولا يكتُب، بل هو الذي ليس له إمام (كتاب أو ملك ...) يأتمُّ به، فهو إمام نفسه. قريش أُمِّيون؛ لأنهم ليس لهم دستور وقانون مكتوب، وليس لهم ملك يأتمُّون بأمره ونهيه. فإذا أرادو شيئًا فما عليهم إلَّا أن يجتمعوا ويُقرِّروا ما يفعلون. فهم أئمَّة أنفسهم.

فصل (1)

الله

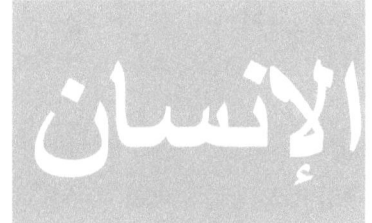

الإنسان

في كل زمكان، استشعر وجود قوًى كونية تحكم هذا الكون وتُسيطر عليه. حاول التواصل معها ومعرفة كُنهها وماهيتها؛ فأطلق عليها أسماءً رأى أنَّها تليق بها. كما حاول مخاطبتها بكل وسيلة ممكنة. وقد تنوَّعت نظرة الإنسان ورؤيته لتلك القوى واختلفت. لكنه اتفق على تعظيمها وانتخاب أحسن الأسماء للدلالة عليها -سواء اعتبرها ربًّا واحدًا أو أربابًا متفرِّقين- فحاول إقامة علاقة لخلق تواصل معها بطرق عدة، كالدعاء، والنداء، والغناء، والرقص، وإيقاد النار، وتقديم قرابين، وغير ذلك من مختلف أنواع الطقوس.

علمت سلالات الإنسان -منذُ ظهوره كعاقل- أن في الوجود ربًّا لها يُحقِّق الربُوَّ، وبه يربو الكون (الملكوت). وأنَّ سبيل فلاحها هو في اتباعها لقانون الربوِّ والنماء وطاعته والانسجام معه، فبذلك (عبدت ربها)؛ ربَّها الذي شهدته بوعيها في نفسها.

﴿وَإِذۡ أَخَذَ رَبُّكَ مِنۢ بَنِيٓ ءَادَمَ مِن ظُهُورِهِمۡ ذُرِّيَّتَهُمۡ وَأَشۡهَدَهُمۡ عَلَىٰٓ أَنفُسِهِمۡ أَلَسۡتُ بِرَبِّكُمۡۖ قَالُواْ بَلَىٰ شَهِدۡنَآۚ أَن تَقُولُواْ يَوۡمَ ٱلۡقِيَٰمَةِ إِنَّا كُنَّا عَنۡ هَٰذَا غَٰفِلِينَ ١٧٢﴾ [الأعراف: 172]. بعيدًا عن المفاهيم التي في كُتب التفاسير القديمة من أقوال تتناقض مع العلم والعقل والواقع ومع القرآن نفسه.

فمعنى الآية هو أن الله يخبرنا أن العاقل (آدم في القرآن تعني الإنسان العاقل) مُنذُ ظهوره (من ظهورهم) رسخ في وعيه أنه يجب أن يتبع منطق الربو له ولمحيطه ليتحقق له البقاء والنماء بيسر وسعادة. وأنه إذا خالف ذلك يفسد نظامه. ورسخ ذلك وتأصَّل عبر تجارب عاشتها ذرية العاقل.

فكل إنسان عاقل وصل لحقيقة وجود رب للوجود. إذ لا يوجد شيء بدون جهات يربو بها وعليها. ولكن بحسب المستوى العلمي والمعرفي تفاوتت معرفته عن سِماته (أسمائه). وبحسب مستوى الألسنة تفاوتت مُسمياته (الكلمات) للخالق.

ولكن ثبت في الوعي أنه موجود. على اختلاف في تصوُّر وجوده.
لكن الجميع اتفق على أن يَسِمَهُ بأرقى الصفات والمُسمَّيات للعظمة التي تملك الكون وتفعل فيه. فتنزَّلت الكتب بكلام من الحق والعلم والحكمة لتهدي الإنسان وتُدخل على نفسه السكينة والطمأنينة؛ ليحيا براحة وهدوء وانسجام مع ذاته ومُحيطه.
فالكتب هي مفاهيم ومعانٍ تتركَّب في قلب الإنسان، وتنزيلها هو أن يستوعبها فتظهر وتتجلَّى في وعيه. ﴿فَإِنَّهُۥ نَزَّلَهُۥ عَلَىٰ قَلْبِكَ بِإِذْنِ ٱللَّهِ﴾ [البقرة: 97].
فالقرآن مجموعة من المعاني والمفاهيم التي تركبت وتجلت وظهرت (تَنَزَّلت) على قلب النبي من الله (الحق) بالحق. ﴿وَبِٱلْحَقِّ أَنزَلْنَٰهُ وَبِٱلْحَقِّ نَزَلَ﴾ [الإسراء: 105]؛ أي إنه تنزَّل بالحقائق ونزل بطُرق مُحقَّقة؛ إذ إنَّه علمٌ تمَّ التحقق منه قبل تنزيله في قلب النبي.
وُصف الله في القرآن بأنَّه علم يتعلَّمه الإنسان ﴿فَٱعْلَمْ أَنَّهُۥ لَآ إِلَٰهَ إِلَّا ٱللَّهُ﴾ [محمد: 19]. وقد ذكرنا أن أول لقاء بين الله والإنسان كان بالعلم المباشر دون كتب أو أنبياء. فبالعلم عرف الإنسانُ الله (الحق).

فالله معرفة بَلَغَها بسعة وعيه. ولولا أن وعيه قد اتسع واكتسب مهارة العقلنة التي بها اكتسب العلم وجمع المعلومات وربط بينها، لما عرف الله. فلم تظهر فكرة الله في قلب الإنسان حتى تعلَّم وبحث وتفكر وعَقْلَنَ كل شيء. ومن ذلك أدرك وجود المُنظِّم لهذا النظام. فاستوعب واستنبط وجود قوًى فاعلة تحكم الوجود وتسيطر عليه.

وقد حاول وصف هذه القوى وبناء علاقته معها ليرفع من قيمته، وليعطي نفسه قيمة أكبر من غيره ليستبيح الوجود بحُجَّة أن لديه تصريحًا بأن يفعل ما يشاء ليربو؛ إذ إنَّ تقدُّمَه في الوجود بدون علاقة مع من يملكه كان سيعوق سعيه، ويجعله خائفًا مترددًا.

جاء وصف الله بصفات مع الأمر بتدبرها واتباعها وطاعتها بالحق. فإن قال البعض إن الله فكرة ومعلومة؛ فهو قول يتفق مع وصف القرآن له. فبقية الحيوانات لا تعرف الله لأنَّها لا تعقل ولا تعي غير نفسها وحاجاتها الأساسية والمباشرة، وإن خَطَّطَ لشيء فخُططه على الدوام قصيرة المدى. فالحيوان لا يسعى لغير ما هو ضرورة. وأما الإنسان فسعيه وتخطيطه واستراتيجياته تبلغ لأبعد مدى (لمنتهى الوجود)، فلذلك وبذلك تطوَّرت علومه، ومعارفه، ومهاراته، ومُكتسباته... إلخ.

في القرآن، تكرر ذكر مُشتقَّات (أ ل هـ) ٢٦٩٩ فهو أكثر اسم تردد ذكره في القرآن. وتليه في ذلك مُشتقَّات (ع ل م)، و(أ م ن)، و(حسن)، و(رحم). فذلك يعني أنَّه يريد منَّا أن نتدبَّر ونتفكَّر في معنى الله وسِماته كالعلم والأمن والرحمة والحكمة والإحسان والخلق والمغفرة والسلام والعزَّة والقوة والكرم والحلم ... أكثر من غيرها. وذكر النفس وعناصرها كالروح والملائكة ... لنفس السبب.

وإذ إن كلام الناس عن الله لن يكون بأحسن من كلام الله عن نفسه، ولن تصفه الكتب الأُخرى بأحسن من وصفه لنفسه في كتابه، فالله يُسمِّي الأشياء بسِماتها؛ أي إنَّه يضع في الاسم سمات (صفات) المُسمَّى. فإذا أردنا أن نفهم معنى اسم ما في القرآن فما علينا سوى تدبُّر الآيات التي ورد فيها، وأن لا نخرج عن ذِكره في الآيات؛ فلا نفسره من أقوال كُتب التراث، بل نقوم باستقراءٍ للمفردة من جميع الآيات ونستنبط تعريفًا لها. فالتدبر هو أن نُعيد الكلمة لأصلها ونتتبعها لنرى (لنصنع رأيًا) إلى أيِّ معنًى ستقودنا.

أو نُعيد الاسم لجذره الأصلي (حروفه الأصلية) ثم نُزخرفه بزيادات متعددة. فننظر ما هو المعنى الذي تتفق عليه الأسماء التي تتولَّد من هذا الجذر في السياقات المتعددة التي وردت فيها. فنفهم الكلمة من الكلمة نفسها. وبعد ذلك نطابق هذا الفهم على منطق فيزياء الحرف، فإذا اتفقا فهذا يُؤكِّد أن فهمنا لها صحيح؛ لأن بعض الكلمات في القرآن وردت مرةً أو مرتين.

29

وهكذا لا نستطيع صناعة تعريف دقيق لها. فعند ذلك نلجأ لفيزياء الحرف، ولمقارنتها بالكلمات التي تتطابق بالحروف والترتيب معها، فما تشابه بالمبنى تشابه بالمعنى.

مثال:

نريد أن نضع تعريفًا لكلمة (**المؤمن**).
اسم أصله (أ م ن). ومنه: يأمن، آمِن، أمين، أمانة، تأمين، مأمون، وآمَنَ يؤمن ... جميع الاشتقاقات تدل على حركة أَمْن. المؤمن سِمته الإيمان. والذي هو تراكم للحركة الأمنية (الأمن والأمان). فالمؤمن هو من يُحقِّق الأمن والأمان أكثر من غيره. فهو مؤمن لأنه مؤمن بنفسه مؤمن لمحيطه، آمن يشعر ويُشعر بالأمن أكثر من غيره، فهو المأمون جانبه الذي نشر الأمن والأمان في نفسه ومُحيطه.

ولتطبيق ذلك على فيزياء الحرف، نستعين بالمسبك: فعل (القالب فعل) الذي يتم سبك (وزن) الكلام العربي به، فله فوائد عظيمة لفهم قيمة ودور الحروف في اللغة.
لكل شيء قيمة ودور في الوجود، بما في ذلك الكلمات والحروف.

معنى الجملة مُقسَّم بين الكلمات التي تتركَّب منها الجملة. وكذلك معنى الكلمة مُقسَّم بين الحروف التي تتركَّب منها الكلمة. الكلمة اسم يحمل سِمات المسمَّى. والسِّمات موجودة قبل الأسماء. والقرآن يُركِّب الحروف بحسَب سِمات الشيء الذي يريد أن يُسمِّيه، فيضع الحرف الذي يحمل السِّمة الأشد ظهورًا على المسمَّى في بداية الكلمة. ثم يضع الحرف الثاني الذي يحمل السِّمة الثانية للمسمى. وهكذا يتم نظم حروف الكلمة في القرآن.

فلتسمية شيء يجب أن نفهم سِماته ونُحدد أيها أشد وأكثر ظهورًا على الشيء. وننتخب الحرف الذي يناسب تلك السِّمة ونجعله في بداية الاسم (الكلمة). وبهذه الطريقة تم تركيب حروف الكلمات في القرآن.

والأفضل أن نعتمد على أسماء الله الحسنى في قراءة الحروف، وعلى الكلمات الأكثر ترددًا في القرآن.

ولذلك قال لنا إن كل حرف هو آية يجب أن نفهم قيمته ودوره بتدبرها، بدليل قوله: ﴿الٓرۚ تِلۡكَ ءَايَٰتُ ٱلۡكِتَٰبِ ٱلۡمُبِينِ ۝١﴾ [يوسف: 1].

فالألف آية واللام آية والراء آية. ويجب أن نعقل معاني آياته الله. ونستطيع فهم قيمة ودور كل حرف، بأن نجمع من القرآن الكلمات التي جاء في مُقدِّمتها، ونبحث عن السِّمة المشتركة بينها لنفهم أنها تُمثِّل ذلك الحرف. فهو لم يأتِ في مقدمتها عبثًا. وعند ذلك نستطيع وضع تعريف لهذا الحرف يدل على قيمته

31

ودَوره (الصفة التي يحملها ويدل عليها). ويجب أن يكون التعريف في أكثر من جملة ليكون مانعًا جامعًا.

كلمة (أمن): تبدأ بحرف الألف، وهو يدل على ذات فاعلة لها امتداد في الواقع، بدليل أنَّه أوَّل حرف في كلمة (أنا) و(أنت) و(الله) و(افعل، أفعل). فأنا وأنت والله ذوات لها وجود وامتداد في الواقع. وكذلك فعل الأمر والمضارع (افعل، أفعل) لا يكون إلَّا لفاعل له وجود في الواقع. وكذلك اسم الفاعل نُضيف له حرف الألف لندل على الذات الفاعلة.

فحرف الألف في مُقدِّمة كلمة (أمن) يدلنا على السِّمة الأولى لمعنى الكلمة. وهي فاعل مُؤثر في الواقع.

والحرف الثاني هو الميم ويجب أن يدل على السِّمة الثانية لمعنى كلمة (أمن). وحرف الميم يأتي في مُقدِّمة الكلمات التالية (مع، من، مهد، مد، مر، مل، مكن، مجيد...). فدلالته هي المعيَّةُ والمنُّ والتمهيد والامتداد والتمكين. ونُلاحظ أن حرف الميم إذا أُضيف للقالب (فعل)، يُصبح (مفعل)، إن كان مضمومًا فهو يدل على فاعل الفعل، مثل: (مُعلِّم، مُقرئ، مُهندس...). وإذا كان مفتوحًا فهو يدل على مكان فعل الفعل، مثل: (مصنع، مدرسة، مخبز...). فدلالته تمكين السِّمة لفاعل الفعل أو لمكان الفعل.

ثم حرف النون، والذي يأتي في مُقدِّمة الكلمات التالية: (نشأ، نبت، نجم، نصر...). فدلالته هي النشوء والنبات والنصر، فهو حرف يدل على ظهور وتجلِّي شيء في الواقع.

فتصبح دلالة كلمة (أمن)، فاعلًا مُؤثرًا في الواقع لتمهيد وتمكين ممتد لنشوء ونبوت ونصر لسِمة الأمن والأمان.

مثال آخر:

كلمة (قفل)، لا يمكن أن نُسميه (فلق أو لقف أو قلف...) فلا بُد من وضع الحروف بهذا الترتيب (ق ف ل)؛ لندل على ذلك الشيء المعلوم. وإذا درسنا قيمة حروفه سنكتشف لماذا تم تسميته بهذا الاسم.

فحرف القاف يحمل سِمته الرئيسية فهو قوة قاهرة تمنع الوصول لما وراءه. فحرف القاف هو حرف يدل على القوة؛ لذلك هو أول حرف في الكلمات التالية: (قتل، قمع، قهر، قلع، قام...). فلا يمكن أن تقتل أو تقمع أو تقهر أو تقلع أو تقوم إلّا إذا كان لديك القوَّة أولًا. ولذلك لن تجد حرف القاف يأتي في مُقدِّمة كلمة تدل على الضعف في القرآن أبدًا.

وأول صفة للقفل أنه قوَّة مانعه؛ ولذلك جاء في مقدِّمة الكلمة. ثم حرف الفاء، والذي يدل على الانفتال والانفصال، فهو يأتي في مُقدِّمة الكلمات التالية (فتح، فصل، فرج، فلق، فهم، فجر...). فالفلق أوَّل صفة له هي الانفتاح. وكذلك الفهم، وكذلك الفوز والفجر والفرج. وكل كلمة جاء حرف الفاء في مُقدِّمتها

فإن أول سِمة للشيء الذ ي نُطلقها عليه هي الانفتاح والانفصال. ولا يمكن أن يأتي حرف الفاء في القرآن في بداية كلمة تدل على الانغلاق أبدًا.
ثم حرف اللام الذي يدل على اللمّ واللّيّ واللف، فهو أول حرف في هذه الكلمات: (لي، لف، لم، لحم...).
ومن هذا نفهم أن كلمة (قُفل) تدل على قُوَّة مانعة تنفتح على ملموم ملتفٍّ. وكل قفل كذلك.

مثال آخر:

كلمة (جبل): حرف الجيم يدل على الجمع والجهر، فهو أول حرف في كلمة (جمع، جهر، جن "الجن في القرآن ليس الخفي، بل هو الظاهر والفاعل في المحيط أكثر من غيره"...).
وحرف الباء يدل على البيان والتباعد والبُدُوِّ؛ فهو أول حرف في الكلمات التالية: (بان، بعد، بدا...). وحرف اللام يدل على الالتمام والالتفاف والالتواء والتلاحم؛ لأنه أول حرف في (لحم، لف...). ولذلك تركَّب اسم هذا الشيء الذي نراه في الطبيعة من هذه الحروف بهذا الترتيب (ج ب ل)؛ لأن أوَّل سِمةٍ له هي الاجتماع، فهو جمعٌ من الحجارة. وثاني سِمة له هي البيان والتباعد، وأنه بادٍ. وثالث سِمة له أنه ملتم ومُلتف بعضه على بعض.

ولن يأتي حرف الجيم في القرآن في بداية كلمة تدل على التفريق أبدًا؛ لأن للقرآن بُنية رياضية في صياغة حروفه وكلماته تختلف عن أي لسان حتى عن لساننا العربي. فالقرآن لسان عربي مبين غير ذي عوج، بينما لساننا هو عربي، ولكنه ضعيف البيان وفيه عوج.

ولن أُطيل عليك بتفصيل الحروف، فرُبما يتيسَّر لي في المستقبل أن أضع كتابًا عن فيزياء الحرف أُفصِّل فيه الحروف وبعض الكلمات الرئيسية التي في القرآن. فأُمتنا تحتاج إلى قاموس (مُعجم) جديد يُقيم العوج ويرفع البناء الذي في قواميس السابقين. فاللغة ككل علم تترقى فيه الإنسانية؛ والجمود على مستوًى مُعيَّن في أي عِلم هو جهل وتخلُّف عن التطوُّر والارتقاء.

بالتدبُّر في معنى الله، نجد أن وَصْفَه لنفسه كان بأنَّه الله: ﴿إِنَّنِيٓ أَنَا ٱللَّهُ﴾ [طه: 14].

بالتفكيك، (ا ل ل ه) = آل له = رجع وعاد وصار وآل إليه.
أي إن الله اسم يحمل سِمة وصفة القوي الذي يحكم الوجود ويجمعه، فهو المآل الذي يؤول إليه كل شيء. فكما نقول: (آل عمران) و(آل إبراهيم) للتدليل إلى من يرجعون ويعودون، وكذلك الله (آل له) تعني أنَّه هو من يرجع ويعود إليه مطلق الوجود.

فطبيعة الاسم الحقيقي أنَّه إذا تم تفكيكه، فستظهر له سمات وصفات تكون هي المسمَّى (الشيء). فالاسم ليس هو ذات الشيء، لكنَّه رمز -صوتي- للتعبير عن الشيء ووصفه، فهو يحمل أهمَّ صفات (سِمات) الشيء. فاسم (الله) ليس هو بذاته المعبود، وإنما يحمل سمته ووصفه بأنه مآل الكون ومعاد ومسير ومرجع ومصير الوجود. بلسان عربي مبين غير ذي عوج يصف نفسه بأنه مآل كل شيء، وأن كل الوجود (الملكوت) بيده وراجع إليه. ﴿فَسُبْحَٰنَ ٱلَّذِى بِيَدِهِۦ مَلَكُوتُ كُلِّ شَىْءٍ وَإِلَيْهِ تُرْجَعُونَ ﴿٨٣﴾﴾ [يس: 83]. فهذا هو المنطق الذي وصف الله به نفسه.

نحن نعبد الحكيم باتباع وطاعة الحكمة، ونعبد الشافي باتباع وطاعة قوانين الشفاء التي أنزلها، ونعبد الحليم بطاعة واتباع الحلم، ونعبد الكريم بطاعة واتباع الكرم، فنحن نعبده بتفعيلنا لسِماته في سلوكنا.

أمَّا كيفية عبادة الله، فإذا علمنا أن العبادة هي الطاعة والاتباع، وعلمنا معنى (الله) بأنه مآل الأشياء؛ فإن عبادته تكون بالتفكر والتدبر في أي قضيَّة (شيء) ومعرفة مآلاتها التي تؤول لها لتصلُح، فنطيعها ونتبعها؛ أي أن نتعلَّم القوانين التي يؤول لها الأمر الذي نحن فيه، ونعمل بها ليصلح أمرنا.

مثال:

إذا كان لدينا مشكلة اقتصادية، فما علينا إلَّا أن نتدبر ونتفكر في القوانين التي يتم حل أزمتنا الاقتصادية بها، فنتبعها ونعمل بها؛ وبذلك نكون عبدنا الله.

أو إذا كان لدينا هدف كتطوير صناعي أو زراعي أو... فما علينا إلَّا أن نتعلَّم القوانين التي أنزلها الله ليتحقق بها هذا الهدف، ونُطيعها (نعمل بها) ليرضى عنَّا الله فينجح سعينا.

والكفر به هو ألَّا نعمل بقوانينه التي أنزلها لتتحقق بها الأشياء، كمن يكتفي بالدعاء بصوته أو بالنيّات، وهي الآمال والأماني التي ذمَّها الله في كتابه.

الله وصف نفسه بأنَّه العليم والحكيم: ﴿وَٱللَّهُ مَوۡلَىٰكُمۡۖ وَهُوَ ٱلۡعَلِيمُ ٱلۡحَكِيمُ ۝٢﴾ [التحريم: 2]. ففيه يجتمع علم الكون وحكمته.

فاتباع الإنسان للعلم والحكمة في لباسه وغذائه ودوائه وصناعته واقتصاده وسياسته ولعبه ولهوه، هو عبادة الله. فعبادته هي طاعة له واتباع لأمره، والذي يتمثّل في سُننه (القوانين). فعبادة العليم الحكيم هي أن نتبع ونُطيع العلم والحكمة في كل شيء؛ أي أن نقرأ علامات (معلومات) الأشياء وحكمتها (حكمة خلقها "قيمتها ودورها") ونعمل بها؛ وبذلك نكون قد عبدنا العليم الحكيم. ولا نعبده بأن نُردد بألسنتنا

يا عليم علِّمنا! فهذا لا يكفي ولا يُغني ولا قيمة له إذا لم نُصادق عليه بعملنا في الواقع. فعمل الإنسان هو الذي يُصادق على قوله أو يُكذِّبه. فعملك هو كلمتك الأخيرة في الوجود، وهو الذي سيتم حسابه لك أو عليك، وسيتم رفعه وحفظه في ذاكرة الأشياء؛ ولذلك قال: ﴿إِلَيْهِ يَصْعَدُ ٱلْكَلِمُ ٱلطَّيِّبُ وَٱلْعَمَلُ ٱلصَّٰلِحُ يَرْفَعُهُۥ﴾ [فاطر: 10]. (الكلم) أي المعنى. فهناك فرق بين كلام وكلمات. فالكلام هو المعنى والكلمات هي المادة (الموجات الصوتية) التي تحمل المعنى. الكلام هو التأثير والكلمات هي المادة التي تنقل هذا التأثير، سواء كانت موجات صوتية أو حبرًا على ورق أو رموزًا على الأرض أو إشارات جسدية. وصعود الكلم الطيب إليه يعني علوَّ المعاني الحسنة إلى الأفق. الأعلى من الوعي. ورفعه للعمل الصالح يعني أن السلوك الذي يصلح به الوجود سيتم حفظه وتثبيته في ذاكرة المادة. فبهذه الطريقة تطوَّر الكون. (ستجد تفصيل منظومة المصفوفة الكونية وغايتها في كتاب "غائية الكون مصفوفة الروح والملائكة").

كذلك، وصف الله نفسه بأنَّه القدوس: ﴿هُوَ ٱلْمَلِكُ ٱلْقُدُّوسُ ٱلسَّلَٰمُ﴾ [الحشر: 23]، والقدُّوس من قَدَّسَ يُقَدِّسُ مُقَدَّسًا. والمُقَدَّسُ هو كل ما تم رفعه وترقيته وتمييزه عن غيره.

وأعظم المُقدَّسات هي الأخلاق الإنسانية، وهي التي تنتج وتخلق القداسة للأشياء. فقلب الإنسان هو قدس الأقداس، وهو أول معبد ومحراب عرف الإنسان به الله، وتعلَّم اللهَ منه وفيه، ثم عكس هذه القداسة على الأحجار، والكتب، والأماكن، وغيرها. ولكن المؤسف هو أنها أصبحت تملك قيمة أعظم من قيمة الإنسان الذي قدَّسها.

فالإنسان هو من خلق القداسة في الوجود، وخلقها للعظيم أوَّلًا، ثم لنفسه ثانيًا، ثم لكل ذي قيمة لديه بحسب المنفعة منه.

مثلًا، حين يتَّخذ الإنسان مكانًا مقدسًا، فإنه يرعاه ويهتم به، ويُحرِّم فيه كل ما ينبذه ويكرهه من أشياء وأفعال. كَمَثَل أحجارٍ وضعت في الصحراء بشكل محدد ليُصلِّي به، فيقدس ذلك المكان ويجعلها حرمًا ومكانًا طاهرًا. وكما تبين من ممارساته، فإن قداسة المكان تسقط عنه بمجرَّد رحيله عنه وهجرانه له. وسبب تقديسه اللحظي لذلك المكان هو أنه يرتقي فيه بمشاعره وأفكار وألفاظه وحركاته إلى أسمى ما يستطيع. وتسقط هذه القيمة إذا غادر المكان؛ لأن القداسة هي لمشاعره وأفكار وسلوكه الذي يسمو به في ذلك الزمكان.
فيجيء غيره من بعده، فإما يتخذها أَثَافي (أحجارًا) للنار؛ فيرفع عليها قدوره، وإما يجعلها أحجارًا يرفع بها بناء بيت يسكنه... إلخ. فلا قداسة لتلك الحجارة ولا لذلك المكان.

الله هو القدوس، وهي صيغة مبالغة من اسم الفاعل، فهو أعظم من يقوم بفعل التقديس. فالله قدس الإنسان لأنه أعظم مدٍ وامتداد له، فالقداسة للإنسان أولًا ولغيره ثانيًا. فالقدُّوس هو اسم لاجتماع قوّة فعل القداسة. ولا أعظم من قداسة الله في خلق الإنسان. فجعل خليفته هو الذي يصنع القداسة في الوجود بالنيابة عنه بحسب المصالح التي يرجوها.

وللقدس روح، ﴿وَأَيَّدْنَٰهُ بِرُوحِ ٱلْقُدُسِ﴾ [البقرة: 87]. والروح من اللا مادة (سيأتي تفصيلها آخر الكتاب)؛ أي إن التقديس من الروح (المعلومات المُريحة) الذي يحقق الراحة لنا في الوجود، فهو (القدوس): سِمة رئيسية يجب أن نتبعها ونُطيعها لنُحقق لأنفسنا اليُسر والسعادة.

والقُدُس: هو قدرة الإنسان على التقديس وإكساب القداسة.

وروح القدس نزّل القرآن: ﴿قُلْ نَزَّلَهُۥ رُوحُ ٱلْقُدُسِ مِن رَّبِّكَ بِٱلْحَقِّ﴾ [النحل: 102]. نزّله: أي أتى به وركّبه ونظّمه وألّفه في قلبك. والفاعل هو روح القدس، وهو كلُّ أمر (معلومات، قوانين، مشاعر، مفاهيم...) مُقدّسٍ مُريح عرفته النفس؛ لأنَّه قال إن الروح من الأمر.

والمُقدَّس: هو المرتفع المتعالي المتميِّز المُكرَّم المُنزَّه عن غيره. فإذا جاء الإنسان إلى أرض واستصلحها، فهو قد جعلها مُقدسة، سواء مُقدَّسة زراعيًّا أو صناعيًّا أو أخلاقيًّا.

«مِن رَّبِّكَ»: أي من قانون ربُوِّك ونمائك. **«بِالْحَقِّ»**: أي بحقائق موثَّقة ومؤكَّدة جعلت ذلك مُستحقًّا.

ونعبد القدوس بالانتخاب والاصطفاء وتمييز الأشياء بعضها عن بعض بحسَب فوائدها لنا، كما فعلنا في أنواع من المعادن اكتشفناها، ونفخنا فيها من روحنا فأحييناها من حالة الرميم إلى مستوًى حيوي آخر، مُختلف تمامًا لم تكن لتبلغه لولا تمييزنا لها. وكما فعلنا في أنواع من النبات (فواكه وخضار وورد...) والحشرات (النحل ودودة القز...) والحيوانات (الخيل والكلاب...)، فنحن نعبد القدوس بممارستنا للتقديس، فهو قدَّسنا بنفخه من روحه المُقدَّسة؛ لنتعلّم التقديس ونمارسه. وكذلك كل سِماته التي نفخها فينا يجب أن نتعلَّمها ونعمل بها (نُفعِّلها) في سلوكنا.

ووصف نفسه بأنه الحق: ﴿فَذَٰلِكُمُ ٱللَّهُ رَبُّكُمُ ٱلْحَقُّ﴾ [يونس: 32]، ﴿ذَٰلِكَ بِأَنَّ ٱللَّهَ هُوَ ٱلْحَقُّ﴾ [الحج: 6] و[الحج: 62]، و[لقمان: 30]. فالحق والحقائق والحقوق والحقيقة في كل شيء حولنا هي مدد ممتد من الله الحق ذي الطول الأوَّل الأعلى فينا وفي كل شيء حولنا. فالوجود عبارة عن شبكة من الحقائق والعلوم والحكمة... ممتدة من حق أول، وعليم أول، وحكيم أول...، وتؤول إليه (لله)؛ أي ترجع إليه، أي إنَّها مدد مُمتدٌّ منه ويعود ليجتمع لديه. ونعبد الحق باتباع الحقيقة وطاعتها،

والترقي بين الحقائق في كل مجال من مستوًى إلى مستوًى أعلى من الحقائق حتى نبلغ الحق الأعلى الأول.
فإذا بدر لنا شيء في الاقتصاد أو في الصناعة أو في التعليم أو في أي مجال. فإننا نعبد الحق فيه؛ أي نُطيع ونتبع الحقائق التي يصلح بها هذا الشيء. وبذلك نكون عابدين للحق (الله). فهذا هو العروج إليه؛ بأن نرتقي بحركة مُتمايلة (كَمِشْيَةِ الأعرج) بين الحقائق فنرتقي من حقيقة إلى حقيقة أعلى منها حتى نبلغ الحق الأوَّل الأعلى؛ الله. وهذا ما فعله كل العلماء والحكماء والصالحين والمتنوِّرين (الأنبياء والرسل) في كل زمكان.

فلا يوجد شيء ليس له علوم وحكمة وحقائق يخضع ويستجيب لها. وإذا تعلَّمناها وعاملناه بها فسيستجيب لنا. وهذه هي عبادة الله (الحق العليم الحكيم). فالعبادة هي الطاعة والاتباع. فإذا أطعنا واتبعنا أمر الله وسننه في خلقه؛ فنحن نعبده، وإذا عصينا أمره وسننه في خلقه؛ فنحن نكفر به. فكل حق وحقيقة في أنفسنا ومن حولنا هي مدد ممتد من الله الحق. فكأن الوجود شبكة من الحقائق متمددةٌ في الكون ويجمعها حقيقة واحدة تنتهي بالله الحق الأعلى الأول الواسع المحيط. وكذلك الحكمة في الوجود هي كشبكة ممتدة من الحكيم. وكذلك العلم في الوجود هو كالشبكة الممتدة من العليم.
والكفر بالله الحق العليم الحكيم هو أن نكفر بهذه السِّمات في واقعنا فنُعطل العمل بها. فهذه هي تجلياته التي يتجلّى بها لنا.

وصدودنا عنها وإنكارها والظن بأن ترديدنا بألسنتنا يكفي ويُغني هو الكفر بالله، وهو عبادة الهوى. فنحن بذلك نكون عابدين لأنفسنا. فالعبادة ليست قول باللسان، بل هي علم وعمل يتحقق في الواقع.

فتمسكنا بالحق والعلم والحكمة و... هو عبادة الله؛ أي إن طاعتنا واتباعنا لسِماته كالحق والعلم والحكمة والودِّ (الودود) واللطف (اللطيف) والسلام والإبداع (البديع) والإحسان (المحسن) والقوة (القوي) والعزَّة (العزيز) والحلم (الحليم) والكرم (الكريم) و... في التعليم، والصحة، والأكل، واللباس، واللعب، والزينة، والفنون، والأُسرة، والمجتمع، والصناعة، والزراعة، والاقتصاد، والسياسة... إلخ، هو عبادة الله التي تُحقق البقاء والنماء بِيُسْرٍ وسعادة للإنسان. وهو صناعة الجنة في المدار الأدنى والمدار الآخر (الدار الدنيا والآخرة).

فحقائق الوجود من حولنا مددٌ لنا من الحق المحيط. فإن تتبعنا الحقائق فسنرتقي من حقيقة لحقيقة أعلى ونتدرج في الترقِّي مع حقائق الوجود إلى أن نصل للحق الأعلى (الله) الذي أنزلها لنا ووَصَّلَنَا بها ليُصلِّي بها علينا كي نُصلِّي له بتواصلنا معها لنعرفه بها ونعبده بتعلُّمها والعمل بها لنرتقي ونتطوَّر بها ليرضى عنَّا ولا يُهلكنا بمعصيتنا وتكبُّرنا وتجاهلنا للحق وللحكمة وللعلم والودِّ واللطف و... في الوجود. فلو لم نقرأ

العلم والحكمة والحقائق في الصناعة فسنتخلّف صناعيًّا. وفي الاقتصاد فسنفتقر. وفي الصحة فسنمرض وتنتشر الأوبئة. وفي الأسرة فسيكثر الطلاق وتتفكك الأُسر. وفي المجتمع فسنتفرَّق ويتمزق نسيجنا الاجتماعي ... فإذا لم نطِع ونتبع سِماته (تجلياته) في كل شيء؛ فسنهلك وننقرض وسيأتي بآخرين خير منَّا يستحقون بالحق البقاء والنماء بيسر وسعادة. كما هلكت أنواع مُتعدِّدة من البشر بسبب عدم طاعتها واتباعها لسِماته. فهي نماذج لم تواكب الارتقاء مع الحقائق والعلوم والحكم و... فهلكت كما هلكت أنواع مُتعدِّدة من الحيوان والنبات، وتم استبدالها بنماذج أرقى منها قادرة على التكيُّف مع التطوُّرات في المحيط.

ليس الله هو القانون ولا هو النظام. كما أنه ليس عين لفظ (الله)، بل سبحانه فوق ذلك كله. فلا تدركه الأبصار ولا تحصره الأفكار، وليس كمثله شيء. وهو يخبرنا أنَّ قراءتنا وتعلُّمنا لسُننه (قوانينه) وطاعتها واتباعها هما عبادته التي ستُحقق اليسر والسعادة للإنسانية. فهذه هي عبادته. وأنَّ هذه الألفاظ (الله، الرحمن، الغفور، العليم، السلام، الحكيم...) هي الوسائل التي نستشعره ونتعلَّمه بها. وهي تجلياته لنا التي تصلنا به، والتي إذا خالفناها وعصينا في أي شيء منها، نكون قد كفرنا به، وسيهلكنا بكفرنا.

«**فَاعْلَمْ أنَّه لا إلَهَ إلا اللَّهُ**»: فاعلم فعل أمر؛ أي إنه يجب أن نتعلَّم الله بأنفسنا. وهذا يعني أن وجوده ووحدته (ليس فكرة ابتكرها الإنسان) بل هو علم له علامات تُعلِّم (تدل) عليه. علم تعلَّمه الإنسان ومعرفة بلغها عندما ارتقى بوعيه وعلمه من المستوى الحيواني (الحيوان وبقية الكائنات لا تعلم بوجود الله، بل تعلم فقط بوجود ربها "منطق ربوِّها: كيف تأكل وتنام وتتكاثر و... بدائيات الوجود") إلى المستوى الإنساني (الآدمي) فظهر وتجلَّى الله في قلوبنا كعلم قرأنا علاماته في على كل شيء. وهذا هو تجلِّيه، فهو ذي الجلال؛ أي إن سِمة الجلال من السِّمات التي علت وفاقت غيرها. فالذات هي السِّمة الغالبة على غيرها. كما نقول: رجل ذو عينين، فهو كبقية الرجال في كل صفاته. إلَّا أنه يمتاز عنهم بعينين واسعتين.

ويعضد هذه السِّمة سِمة أُخرى، وهي التي في اسمه الظاهر، والتي تدل على أنه ظاهر الوجود لا يمكن إنكاره أو تجاهله، فهو ظاهر على كل شيء. فإذا كنت ترى الله في كل شيء تتفاعل معه؛ فأنت على بينةً من ربك. ولذلك قال: ﴿فَأَيۡنَمَا تُوَلُّواْ فَثَمَّ وَجۡهُ ٱللَّهِۚ إِنَّ ٱللَّهَ وَٰسِعٌ عَلِيمٞ ١١٥﴾ [البقرة: 115]. فإذا توليت أي شيء ففيه توجه يتَّجه بك لله. فابحث عن الله في كل شيء، واجعل غايتك في تعاملك مع كل شيء هي أن تجد سبيل الله فيه؛ أي أنْ تجعل الله هو هدفك في التعامل معه. والله أخبرك

أنه الحق والحكيم والمحسن و... فتبحث عن الحق والحكمة والإحسان و... في معاملتك مع هذا الشيء.
كما أن اسمه الباطن يدل على زوجية سِماته، ونعلم أنه قال: ﴿وَمِن كُلِّ شَيْءٍ خَلَقْنَا زَوْجَيْنِ﴾ [الذاريات: 49]. فحتى سِماته لها زوجيات: (القابض والباسط - والخافض والرافع - والمعز والمذل - والرحمن والرحيم - والمحيي المميت - والمقدم المؤخر - والأول الآخر - والضار النافع) "على الاختلاف في بعض هذه الأسماء".
فعبادة الله هي أن نتفكر ونتدبَّر أسماءه (سِماته) الحسنى في أنفسنا ونُوسِّع فهمنا لها وقيمتها لدينا، ونطبِّقها في سلوكنا مع كل شيء (في الأُسرة والمجتمع والسياسة والاقتصاد والصناعة والصحة ...) لنرتقي بها إلى أسمى المعاني والمعارف والمفاهيم ليقوم بها بناؤنا الإنساني. فعلمنا بالله ودعاؤنا وعبادتنا له يبدأ من أنفسنا إلى معاملاتنا مع الأشياء، وذلك من خلال تدبرنا للمعاني الحسنة في أنفسنا ومحيطنا وتعظيمها بتعلُّمها وتطبيقها بالعمل بها.

فالإنسان عندما تأمَّل العناية التي تلقاها في هذا الكون المليء بكل أنواع المخاطر وتحققت له النجاة، فحافظ على بقائه ونمائه وارتقائه، وعندما رأى الإبداع في كل تفاصيله وتفاصيل الوجود من حوله، أيقن بوجود قوة عظيمة فاعلة قادرة هي التي خلقت كل شيء في الوجود؛ لأنه لا نظام بدون منظم.

فالسببية ـ القانون الذي يستند إلى أن لكل حادثٍ مُحْدِثًاـ تؤكد وجود سبب أولي بدأ منه كل سبب؛ لذلك كان مسبب هذا الكون هو الأول والمبدئ.

فمثلًا، هذا الحاسوب الذي أعمل عليه إن كسَّرته أجزاءً، فلن يعود ليتركَّب كحاسوب مرة أُخرى وحده، ولو بعد مليارات السنين، إلا أن يأتي من يعلم قوانين تركيبه وإنشائه فيُعيد تصنيعه وتجميع أجزائه وتبديل ما تلف منها. فلا نظام من غير مُنظِّم.

القوانين والمعادن والأشجار موجودة قبل الإنسان بمليارات السنين، ولكن لم تظهر طاولة، أو كرسي أو بيت أو سفينة من الخشب، أو سيف، أو مقص، أو خاتم (شكل دائري بسيط) إلا من بعد أن جاء الإنسان الذي عرف القوانين وتملكها وفعل بها، فصنع الطاولات والكراسي والبيوت والسُّفن والسيف والمقص و... والإنسان يعلم أن خلقه الجسدي والنفسي مُعقَّد التركيب، وكذلك الحشرات والطيور و... فبالتأكيد أن وراء هذا الخلق جهة كونية عاقلة تعرف القوانين وتُسيطر عليها، وهي التي خلقت هذه الأحياء المُعقَّدة التي لن تظهر بدون وجود قوى عاقلة. كما أن مصنوعاته التي صنعها على بساطتها لم تكن لتظهر لولا ظهوره كعاقل، وتعلُّمه للقوانين وتفعيلها في المادة.

ومن هنا ثبت لدى الإنسان العاقل وجود قوى كونية عاقلة تعرف القوانين وتسيطر عليها وتُفعل بها. ومن هنا انطلق في رحلة بحثه وتعلُّمه لماهية وكُنه هذه القوى ومحاولة التقرُّب منها وبناء علاقة معها.

اتفق المفكرون -عدا النادر منهم- على أن لا حادث بدون مُحدث، ولا نظام بدون مُنظِّم، وأن هناك موجدًا مُحدثًا منظمًا وراء كل شيء، وهو السبب في ظهور وتجلِّي الأشياء. إلَّا أنهم لم يتفقوا على كُنهه وماهيته، وهذا طبيعي. وهذا ما وصل إليه الأنبياء والرُّسل (الحكماء والفلاسفة والمُستنيرون)، فقالوا عنه بأنه موجود، ولكن لا تُدركه الأبصار. فمهما تبصَّرنا في ماهيته فلن نصل لذلك، ولكنه موجود (علمًا أنه لا يوصف بوزن مفعول، ولكن لتقريب الفهم)؛ أي لا يمكن لبصيرة الإنسان أن تدرك ماهيته وكُنهه، وليس كمثله شيء، فلا يمكن مُمَاثَلَته وتشبيهه بشيء آخر، لكنهم اتفقوا على وجوده رغم اختلافهم في توصيفه، وأنه شيء ﴿قُلْ أَيُّ شَيْءٍ أَكْبَرُ شَهَادَةً قُلِ ٱللَّهُ شَهِيدٌۢ بَيْنِي وَبَيْنَكُمْ﴾ [الأنعام: 19]، فهو أكبر شيء شهادة. وهذي مباحث فلسفية عن وجوده وأنه شيء، ربَّما نُفرد لها كتابًا خاصًّا للحديث عنها. ولكن إمَّا أن يكون موجودًا أو غير موجود، وإمَّا أن يكون شيئًا أو لا شيء.

لكنَّ بعض المتكبرين زعموا أنَّهم وقفوا على ماهيَّة الله وكُنهه، ولا يجوز لغيرهم أن يقول عن الله إلا ما يتفق مع قولهم؛ أي إنَّهم احتكروا الله في ثقافتهم ومعانيهم وفهمهم وإدراكهم المحدود، وبذلك قصروا الحق والدين والقرآن على معارفهم وعلومهم وسلوكهم، وحكروا النبي على رواياتهم وآثارهم؛ ومن ثم احتكروا بذلك كل شيء في الدنيا والآخرة بعدما أخضعوا لهم العقول وساقوا الناس وراءهم كالقطعان. ونحن نعلم أن من احتكر في أي شيء فقد كفر.

بغضِّ النظر عن ذلك؛ فإن جميع ما قاله الإنسان عن الله هي محاولات ليصل إليه وليتعلَّمه بها ويبني علاقة واتصال معه كقوي ومُسيطر على الوجود ليحيا الإنسان ويتقدَّم ليستبيح الكون بحُجَّة أنَّ لديه تصريحًا من المالك لهذا الوجود؛ فهو خليفته. وهي أيضًا محاولات لتصور الكمال في الكون (الوجود) والسعي لاتباعه وبلوغه والوصول إليه والاتِّصاف بصفاته لنرتقي ونتطور في مفاهيمنا وسلوكنا. فنحن نصف الله بحسب وعينا ومعلوماتنا ولغتنا.

القرآن يُقدِّم المعبود للإنسان بالصفات التي بلغها علم الإنسان في الجزيرة العربية من ثقافات إنسان الجزيرة، وممَّا بلغه من الثقافات الأُخرى، وأسبغ عليه أكمل السِّمات، وخصَّه بالأسماء الحسنى: ﴿أَيًّا مَّا تَدۡعُواْ فَلَهُ ٱلۡأَسۡمَآءُ ٱلۡحُسۡنَىٰۚ﴾ [الإسراء: 110].

ويعلمنا القرآن أين الله بقوله: ﴿لَا تَحۡزَنۡ إِنَّ ٱللَّهَ مَعَنَاۖ﴾ [التوبة: 40]، ﴿وَٱللَّهُ مَعَكُمۡ﴾ [محمد: 35]، ﴿قَالَ كَلَّآۖ إِنَّ مَعِيَ رَبِّي سَيَهۡدِينِ ٦٢﴾ [الشعراء: 62]، ﴿وَنَحۡنُ أَقۡرَبُ إِلَيۡهِ مِنۡ حَبۡلِ ٱلۡوَرِيدِ ١٦﴾ [ق: 16]. الله ربنا بمعيتنا كأفراد أو كمجموعات، وسيهدينا وهو أقرب شيء في الوجود لنا. فالله مع الإنسان وبمعيَّته ومتصلٌ به لا ينفصل عنه أبدًا، وهو أقرب إليه حتى من الأشياء المادية (من حبل الوريد).

وقال:

﴿وَهُوَ ٱلَّذِي فِي ٱلسَّمَآءِ إِلَٰهٞ وَفِي ٱلۡأَرۡضِ إِلَٰهٞۚ﴾ [الزخرف: 84]، وهذا ينفي القول أنه في السماء، ويُثبت أنه في الأرض كما أنه في السماء.

وإذا جمعنا ذلك مع قوله: ﴿وَكَانَ ٱللَّهُ بِكُلِّ شَيۡءٖ مُّحِيطٗا ١٢٦﴾ [النساء: 126]، نفهم أنه محيط بكل شيء في السماء والأرض، فهو محيط بالذرَّة والمجرة، محيط بقلبك ومحيط بجسدك ومحيط ببيتك ومحيط بكوكبك ومحيط بمجموعتنا الشمسية وبالمجرة وبالوجود، فهو بكل شيء محيط.

وإذا جمعنا ذلك مع قوله: ﴿فَاطِرُ ٱلسَّمَٰوَٰتِ وَٱلْأَرْضِۚ جَعَلَ لَكُم مِّنْ أَنفُسِكُمْ أَزْوَٰجًا وَمِنَ ٱلْأَنْعَٰمِ أَزْوَٰجًا يَذْرَؤُكُمْ فِيهِۚ لَيْسَ كَمِثْلِهِۦ شَيْءٌۖ﴾ [الشورى: 11]، نفهم من الآية أن الوجود هو ذرء مذروء في الله. فكل شيء هو من الله وفي الله وبالله وإلى الله، بما في ذلك الإنسان. بل الإنسان هو أكثر شيء له صِلة وعلاقة بالله. فالملكوت الذي في النفس العاقلة هو أعظم ملكوت في الأشياء. ولذلك قال:

﴿وَكَانَ ٱلْإِنسَٰنُ أَكْثَرَ شَيْءٍ جَدَلًا ﴿٥٤﴾﴾ [الكهف: 54]؛ أي إن الزوجيات التي فيه هي أكثر من الزوجيات التي في الأشياء الأُخرى؛ فلذلك كانت جدلياته أكثر من غيره.

فالله واسع مُحيط بكل شيء وهو معنا، وهو في السماء وفي الأرض. والوجود مذروء فيه.

وبذلك نقع في فلسفة وحدة الوجود التي قال بها كثير من الفلاسفة من كل الثقافات تقريبًا.

ويقول البعض إن الله موجود معنا بعلمه، وهذا غير دقيق. فهو موجود معنا بعلمه وبقدرته وبسمعه وبصره وحكمته وقوته وعزته ولطفه وكرمه وحلمه و... وبجميع تجلياته.

لكن هناك من يحاول خطف الإله، وقال بأنَّه في أبعد نُقطة في الكون (فوق السماء السابعة)! علمًا بأنَّه في كتابه نفى ذلك، وأثبت أنه في السماء والأرض. ولم يقل إنَّ القرآن نزل من

السماء، ولا أنَّ الجنَّة في السماء، بل إن الجنة في الأرض: ﴿وَأَوۡرَثَنَا ٱلۡأَرۡضَ نَتَبَوَّأُ مِنَ ٱلۡجَنَّةِ حَيۡثُ نَشَآءُۖ﴾ [الزمر: 74]؛ فالجنَّة في الأرض وليست في السماء.

لو نشأنا على أن الله معنا ولا يُفارقنا مطَّلع على أفكارنا ومشاعرنا، لحرِصنا على الارتقاء حتى في أدقِّ وأخفى أفكارنا ومشاعرنا، ولظهر على أخلاقنا. لو نشأنا ونحن نفهم أنه بهذا القرب والاطلاع والاتصال بنا؛ لراقبت النفوس مشاعرها وأفكارها لأنها تعلم أن الله ربها معها ولا يُفارقها ومُطَّلع على ما فيها بشكل دائم ومستمرٍّ. فلو حقدنا على آخر فلن نتمادى بتصوُّر الانتقام منه في أنفسنا؛ لأن الله معنا، وسنتأدب في خيالنا وتصوراتنا لانتقامنا، وسنتجه لعقلنة وأنسنة حقدنا وغضبنا داخليًّا. وإذا تمكَّنَّا منه فسنتعامل معه بعدل أو بحلم.

ولو استشعرنا الوجود الدائم لله معنا، لتغيَّر بناؤنا النفسي؛ لأننا سنرتقي بمشاعرنا وأفكارنا، ومن ثم سيرتقي سلوكنا. ولكن تم خداعنا وقطع علاقتنا مع الله، وتقليل شأننا بأننا عوام ورعيَّة. وتم إنكار قُرب الله منَّا وقطع اتصالنا به؛ لنعاني الوحدة والشتات والفراغ النفسي، وضعفًا وهوانًا في قيمتنا في الحياة، حتى تمَّت تسميتنا بالعوام في ديننا، وحتَّى في أنفسنا.

أعظم مدد وامتداد لله ذي الطول في الوجود هو في قلب الإنسان، ففيه روح من ربنا ﴿وَنَفَخْتُ فِيهِ مِن رُّوحِى﴾ [الحجر: 29]. وهذه الروح التي فيه هي أوثق مدد وحبل لله في خلقه، سبحان من علا بحَوله وقرب بطَوله، حتى قيل إن قلب الإنسان هو عرش الرحمن.

ويكون مقبولًا القول بأن الله في السماء إذا فهمنا أن السماء هي السمو الروحي في النفس؛ أي هي المعاني والمفاهيم السامية في النفس كالسلام، والأمن، والإحسان، والرحمة، والحلم، والحق، والحكمة...، فهو السلام، المحسن، المؤمن، الحق، الرحيم، الحكيم.

فهذه المعاني السامية هي الروح الذي نفخه فينا. وهو المدد الممتد منه في أنفسنا والذي عرفناه به، وبه نحقق اليسر والسعادة (سيأتي تفصيل فلسفة السماء والأرض).

إذا تجاهل الإنسان روح ربهِ الذي فيه حتى يجهله فيكون جاهلًا بربه. فعندها لن يُحقق اليسر والسعادة ولن يستطيع معرفة الحق في أي شي؛ لأن الله هو الحق وهو رب كل شيء. فبالحق يربو كل شيء، فمن عرف ربه عرف كيف يربو (يزداد ويتكاثر) ويتربَّى (يتهذَّب ويتأدَّب) هو وكل شيء.

ومن جهل ربه جهل كيفية ربوِّه، وجهل كيفية ربو ونماء الأشياء، وجهل قيمته ودوره وهدف خلقه ومآله، فيسوء تعايشه وعمله ومصيره.

فمن علم ربه علم كل شيء ومن جهل ربه جهل كل شيء.
ولذلك قال: كونوا ربانيين ﴿وَلَٰكِن كُونُواْ رَبَّٰنِيِّـۧنَ﴾ [آل عمران: 79]؛ أي كونوا مُربين لأنفسكم وللوجود، لا تكونوا فقط مُستهلكين تمتصون طاقة الأشياء، بل كون مُثرين لأنفسكم وللأشياء.
فالحيوان المُفترس يصيد لسدِّ جوعه فقط ويختار المصاب والضعيف من فرائسه؛ كي لا يضر نمو القطيع (الفرائس).

فإذا تعلَّمنا من الأشياء وعاملناها بالقوانين التي تخضع لها وتصلح بها؛ أي بالحقائق التي تتحقق بها، فنحن نتبع ونطيع (نعبد) ربنا وربها (السُّنن والقوانين التي نربو وتربو بها) ونستنزلها من مكانتها وعليائها لتتحقق لنا. فلكل شيء حقائق وقوانين (رب يسجد له)، فإذا تعلمناها وعاملناه بها فسيستجيب لنا بأمر الله.
الحقائق والعلم والحكمة، مترابطة وممتدة في جميع أجزاء الكون برباط واحد، وبينها صِلات (علاقات) مُشتركة. فكُل قانون تفرَّع من آخر (كُلٌّ حقيقة سبقتها حقيقة).

إذا كُنت تتعلم (تدرس) الحقيقة في أي شيء فهذا يعني أنَّ الله يصِلُك ويُصلِّي عليك هو وملائكته. وأنت تُصلِّي بقلبك وتقليبك للحقائق وتدبُّرك وتفكُّرك بربك بتذكرك لحقائقه وحقوقه في

خلقه. وهذا هو ذكره: أن تتذكر الحق والعلم والحكمة و... بقلبك وتطبق بعملك.

فهو يقول: ﴿وَأَقِمِ ٱلصَّلَوٰةَ لِذِكۡرِيٓ ١٤﴾ [طه: 14]. يحدث ذلك بتواصلنا وتذكُّرنا للروح الذي نفخه فينا لنتعلَّم ونعمل بأحسن ما نجد من معانيه في أنفسنا.

وإذا تجاهلت وتباطلت وأبطلت التفكر بحقيقة أي شيء فأنت تجهل وتصد عن صِلات الله وصلاته ومدده لك في هذا الشيء.

فإذا جهلت الحق في أي جانب فأنت جاهل بالله في هذا الجانب، وقد يُهلكك الله بجهلك في هذه الحقيقة من حقائق خلقه، ولو كُنت مُحسنًا في الجوانب الأُخرى.

فاتبع الحق في كل شيء لتصل إلى رضا الله.

وإذا خالفت الحق في أي شيء فسيهلكك الله.

الله هو العليم ونعبده بتتبع العلم والعمل به فيما حولنا.

الله هو الحكيم ونعبده بتتبع الحكمة والعمل بها فيما حولنا.

إذا خالفت الحق والعلم والحكمة و... في الزراعة فسيفسُد زرعك. أو في الصحة فستمرض، أو في الغذاء فستجوع، أو في السياسة فستفشل في سياستك، أو في المال والتجارة والاقتصاد فستُفلس وتكون فقيرًا.

ولو خالفت قوانين العلم والحكمة والحق في الجاذبية أو الحرارة، فستهلك.

ولو خالفت قوانين العلم والحكمة والحق في التطور. فستتخلَّف وتخسر وترتد لأسفل سافلين، وتهلك (تنقرض).
وهذا هو غضب الله وعذابه؛ لأنك خالفت وعصيت سُننه وقوانينه في خلقه.

فتعلَّم واعمل (اتَّبع وأطع) الحق والعلم والحكمة... في أسرتك وفي عملك، تكن عابدًا لله مهما كان رمزك الذي دفعك لاتباع الحق. سواء اتَّبعت الحق طاعةً ليسوع، أو بوذا، أو للطبيعة، أو للإنسانية، أو الحسين أو شيڤا. المهم أن تتبع الحق والعلم والحكمة والسلام والأمن والعفو والحلم والرحمة لتكون عابدًا لله، مهما كان لسانك (لغتك) أو إيمانك أو مِلّتك أو طقوسك أو...

قوانين الحق صارمة لا تقبل إلا من المتقين الذين يتقون الضرر في تشريعاتهم وعلومهم وصناعاتهم وزراعتهم وسياستهم... إلخ.

فالمُتَّقون هم الذين يُطبقون "الوقاية خيرٌ من العلاج"؛ فيخافون النتائج الحتمية لحقائق الأشياء: فمن يشرب السم سيموت، ومن يهوي من الجبل سيتحطم، وإذا وقع في النار فسيحترق، وإذا لم يُفكِّر ويتدبر ويتعلَّم، فسيجهل ويفشل، وإذا لم يصنع فسيحتاج، وإذا لم ينافس ويجتهد في كل شيء فسيخسر ويتخلَّف.

فاتقاء قوانين الفساد والمرض والفقر والتخلُّف والموت... وعدم الفسوق والعصيان للقوانين -أي عدم مخالفتها والخروج عليها- هو تقوى الله. فعلاقتنا معه تكون بتطبيقنا لقوانينه في خلقه.

فمهما كان لسانك وجغرافيتك وبيئتك وعِرقك، إذا اتقيت الفساد والسوء والظلم والعدوان... فأنت من المُتَّقين.

فتقوى الله هي اتِّقاء معصية سُننه (قوانينه) التي إذا خالفناها فسد نظامنا الإنساني.
التَّقوى هي الميزان بين العباد، فأكرمنا هو الذي زاد في تقوى الله فلم يَعْصِ سننه وسِماته، وأطاعها فتعلَّمها وعمِل بها فتطوَّر في اقتصاده وصناعته وصحته وسياسته ....

فكلَّما زاد اتِّقاؤنا للتلف أكرمنا الله بالبقاء والنماء بأيسر وأسعد حال في الدارين (المدار الأدنى والمدار الآخر)؛ أي كلَّما فكرنا وتعلَّمنا كيف نسلم ونأمن وعملنا لتحقيق ذلك، فهذا هو تكريم الله لنا، وهو تقوى الله التي أكرمنا بها على غيرنا: ﴿يَٰٓأَيُّهَا ٱلنَّاسُ إِنَّا خَلَقۡنَٰكُم مِّن ذَكَرٖ وَأُنثَىٰ وَجَعَلۡنَٰكُمۡ شُعُوبٗا وَقَبَآئِلَ لِتَعَارَفُوٓاْۚ إِنَّ أَكۡرَمَكُمۡ عِندَ ٱللَّهِ أَتۡقَىٰكُمۡۚ إِنَّ ٱللَّهَ عَلِيمٌ خَبِيرٞ ١٣﴾ [الحجرات: 13]، الله

يريدنا مختلفين متنوعين لنتعارف ونتطور ونتقي الفساد؛ وهذه عبادته.

وأمرنا بعبادته؛ أي أمرنا بطاعة واتباع هذه السِّمات. والإنسان بطبيعته العاقلة يتتبع هذه السِّمات ويتطور بمدى تواصله معها. فالإنسان كعاقل مُركَّب على الرُّبو والنماء والرغبة في الزيادة (فخَّار فخور).

لو أنك دخلت مدينة (دولة)، والتزمت بقوانينها للصحة، والتجارة، والعمل، والأمن، والإقامة، والتعليم، والسير... فهل سيستدعيك النظام من خلال شرطته ليسألك عن اسم الرئيس كاملًا، وأسماء أعضاء مجلس الوزراء بلغة ولسان أهل البلد؟ وهل ستعاقبك الدولة إذا لم تكن تحب الرئيس أو مجلس وزرائه؟

المؤكد أن شيئًا من ذلك لن يحدث. وهذا في أنظمة الإنسان، فما بالك بخالقه؟ فالله أشد سعةً ورحمةً من قوانين الإنسان؛ أي إن الله يُحاسبنا على عصيان القوانين، وليس على اللغات أو الطقوس أو... فعملك هو كلمتك الأخيرة للوجود، وروح الإنسان التي أنتجت هذا النظام الرحيم، هي جزء من مدد الله.

﴿مَّآ أَصَابَكَ مِنۡ حَسَنَةٖ﴾ [النساء: 79] كل حسَنٍ من الله.

والحسنة تبدأ من الشعور إلى الفكرة إلى العمل الصالح النافع للإنسانية.

﴿وَيُحَذِّرُكُمُ ٱللَّهُ نَفْسَهُۥ﴾ [آل عمران: 28] من صفاته في كتابه أنَّ له نفسًا، وكل نفس في الوجود هي مدد ممتد من نفس الله. ولكل شيء نفس، حتى الحالات الفلكية كالنهار وأجزائه والليل وأجزائه، والفقر والغنى والصحة والمرض والسلام والحرب و... (سيأتي تفصيل النفس).

وهو يحذرنا الفقر والمرض والحرب والتخلف والجهل والتفرُّق و... إذا عصينا سُننه في الغنى والصحة والسلام والصناعة والتعليم والاجتماع و...

﴿كُلُّ نَفْسٍ ذَآئِقَةُ ٱلْمَوْتِ﴾ [آل عمران: 185]، فنفس الله تموت بموت أنفُس في الوجود والتي هي امتداد لنفسه، فهو يُميت أنفسًا ليُحيي أنفسًا أُخرى. كما أن بيته يُهدم ويُقتل أنبياؤه، ويقضي ويأمر، وقد لا يُطاع ويكفر به خلقه ويُحاربونه و...

فالله ليس نفسه. كما أنك أنت لست نفسك فقط. فأنت مصفوفة مُركبة من عدَّة عناصر، أحد هذه العناصر هي نفسك، فأنت لديك ذاكرة ووعي ونفس وروح وجسد و... وأنت متربع على عرش هذه المصفوفة، ومطلوب منك أن تُؤلِّف بينها وتخرج بسلوك صالح.

الحديث عن الله ومحاولة بلوغ قول دقيق في وصفه، أمرٌ في غاية الصعوبة. وأفضل حال هو أن نُسلِّم لقوله عن نفسه في كتابه، فلن يصفه خلقه بأحسن من وصفه لنفسه.

ولكنه أنزل ذلك لنتفكر فيه ونحاول فهمه، فهو يريدنا أن نتفكر فيه أكثر من أي شيء آخر؛ ولذلك كرر لنا أسماءه آلاف المرات في القرآن.

﴿وَإِذَآ أَرَدۡنَآ أَن نُّهۡلِكَ قَرۡيَةً أَمَرۡنَا مُتۡرَفِيهَا فَفَسَقُواْ فِيهَا فَحَقَّ عَلَيۡهَا ٱلۡقَوۡلُ فَدَمَّرۡنَٰهَا تَدۡمِيرٗا ١٦﴾ [الإسراء: 16]. المتحدِّث مجموعة، وهذا يعني أنها منظومة فاعلة في الوجود تُحقِّق إرادة الله. فهناك عِدَّة منظومات ومنها ما هو أعلى من الآخر. ونحن نعلم أن هذا الكلام الذي في القرآن قاله الله، ولكن ليس كما نقول نحن. فنحن تخرج منَّا موجات صوتية لنُعبِّر عن إراداتنا. بينما الله ليس كمثله شيء، فهو يقول ويفعل ما يريد بملكوته المتراكم في كل شيء. والذي هو بيده، وبيده تعني أنه يأتمر بأمره. وكيفية تواصله مع ملكوته الذي في الأشياء مجهول لنا، ولكنه بالتأكيد ليس بشكل مباشر كما نفعل نحن.

في الآية جعل إرادته وقوله هو أمره (أمرنا) = (فحق عليها القول). فالتوجُّه النفسي لأي شيء هو من إرادة الله وأمره و... فهو يريد ويأمر ويقول، ولكن ليس كما نريد ونأمر ونقول. ويتكلَّم، ولكن ليس ككلامنا، ونفسه ليست كأنفسنا. ويُدمِّر القرى ويهلكها وفيها الأطفال والعجائز والأبرياء و... ولم يقل في القرآن أن الله يشعر.

فلو أن قرية حاضرة البحر (بجوار البحر) عملت بالحق وأحسنت وأصلحت في كل شيء إلا قانون طغيان البحر، فكانوا يعتمدون على صيده وسكنوا شاطئه، وهم يعلمون عنه بالتجربة أو من أجدادهم أنه يطغى فيُهلك، ولكنهم تجاهلوا ذلك، ولم يعملوا الصالحات ليقوا أنفسهم مخاطر الطوفان (التسونامي)، كأن يرتفعوا بمساكنهم على الجبال، أو يصنعوا مصدات للأمواج؛ فذلك يعني أنهم كفروا بحقائق وسنن طُغيان البحر. وإن كانوا محسنين وفي غاية الصلاح في بقية جوانب حياتهم، فسيأتي يوم ويطغى عليهم البحر ويُهلك فاجرهم وبرَّهم، كبيرهم وصغيرهم، لا يستثني قانونه طفلًا أو عاجزًا أو بريئًا أو...

فالله حق لا يتجزأ، فسننه وقوانينه لا تتبدل ولا تتحول لا لنبي ولا لوليٍّ: ﴿فَلَن تَجِدَ لِسُنَّتِ ٱللَّهِ تَبۡدِيلٗاۖ وَلَن تَجِدَ لِسُنَّتِ ٱللَّهِ تَحۡوِيلًا ٤٣﴾ [فاطر: 43]. وسنة الله هي قوانين الخلق وعلى رأسها أنظمة الحياة.

﴿وَإِذَا سَأَلَكَ عِبَادِي عَنِّي فَإِنِّي قَرِيبٌۖ أُجِيبُ دَعۡوَةَ ٱلدَّاعِ إِذَا دَعَانِۖ فَلۡيَسۡتَجِيبُواْ لِي وَلۡيُؤۡمِنُواْ بِي لَعَلَّهُمۡ يَرۡشُدُونَ ١٨٦﴾ [البقرة: 186].

يصف نفسه بأنَّه قريب ويُجيب. وكيف لا يكون قريبًا، وهو ذو الطول! فليس هو في أبعد نقطة في الكون، أو كما يقولون: (فوق السماء السابعة!)

الإنسان منذ بداية ظهوره كعاقل، علم قيمة السلم والسلام وما يحققه له من يسر وسعادة. فعَبَدَ السلامَ؛ أي أطاع، واتبع السلام وألزم نفسه به، وربَّى سلالاته عليه وأمرهم به ليكون طبيعة للإنسانية، وبذلك استحقها فأصبحت محفورةً في جيناته، فيولد ولديه ميول للسلام، ومع إصراره في المستقبل ستكون ميولنا للسلام أقوى وأشد، وسنستمر حتى نبلغ أعلى مستوًى ممكن في السلام؛ ولذلك نُسمِّي معبودنا السلام.

وتعلَّم لعظمة الحكمة والعلم والحق والرحمة واللطف والقوَّة والعزة والحلم والكرم و... والصدق والعدل والحياء والعفة و... ورأى أنها تُحقق له البقاء والنماء بيسر وسعادة فأحب هذه السِّمات وعبدها (أطاعها واتبعها) وأسبغ بعضها على معبوده وربَّى نفسه عليها، تواصت بها سلالاته؛ يريدها أن تكون صبغات يصبغ نفسه بها، حتَّى أصبحت حقًّا مُستحقًّا له يولد بها. وبهذه الطريقة ارتقى بطبيعته عن الطبائع الأُخرى. وفي المستقبل ستتأصل لديه أكثر.

قبل مليون سنة لم تكن هذه السِّمات بنفس قيمتها التي لدينا الآن. وكذلك بعد مليون سنة ستكون أكثر ترسيخًا في أخلاقنا. ففي عصرنا أسسنا مراكز لترسيخها كالمدارس والجامعات ومراكز التأهيل و...

ما زلنا نبحث عن سِمات راقية نجعلها غايةً وهدفًا نسعى إلى الوصول إليه وبلوغ كماله. وهذه هي مسيرتنا لمصيرنا الكوني لنُحقِّق التطوَّر في بقائنا ونمائنا لنتمكن من الخلود في الوجود. فنحن نرى أن من يفسد عمله ينقرض، ويبقى فقط الكائن الذي استطاع أن يقوم بأعمال صالحة يصلح بها شأنه ومُحيطه.

وصف نفسه بأنه (الرحمن الرحيم). والرحمن الرحيم زوجية من (رحم)، وتمَّت إضافة الألف والنون للدلالة على الكثرة والامتداد والتوسُّع في الرحمة.

فكما نقول: (عمر + ا ن) = عمران؛ لِنُشير للامتداد والاتساع في العمارة.

وكما نقول: (غلا + ا ن) = غليان؛ لنُشير لكثرة وشِدة الغليان.

وصف نفسه بأنه الرحمن الرحيم، والرحمن من رحم. وتمت إضافة الألف والنون للدلالة على الكثرة والامتداد والتوسُّع.

فكما نقول: (عمر + ا ن) = عمران

وكما نقول: (شيط + ا ن) = شيطان

وكما نقول: (إنس + ا ن) = إنسان

لندل على امتداد العمارة والشيط والإنس.

وعليه، فالرحمن تعني الرحم الممتد والمتكاثر والمتوسع في الرحمة والتراحم، والذي فيه تنوُّع في المدد للكائن.

الرحيم: تمت إضافة الياء للدلالة على تأكيد شِدَّة تفعيله للرحمة. صيغة (فعيل) التي تدل على المبالغة في الفعل.

كما نقول: (سمـ ـع + ي) = سميع

وكما نقول: (بصـ ـر + ي) = بصير

وكما نقول: (حكـ ـم + ي) = حكيم

كرحم الجنين الذي يمد الجنين بكل ما يحتاج إليه. ولا يُعرِّضه لابتلاء ولا لصعوبات، بل يمده بما يحتاج إليه ليتكوَّن ويتخلَّق.

فعبادتنا للرحمن الرحيم هو منطق يجب أن نتبعه ونُطيعه في عبادتنا لله. والرحم ككل كلمة في القرآن لها معنًى واحد يتدرج من المادي إلى المعنوي (اللامادي). وبحسب السياق (النظم) يتم تحديد معنى الكلمة إمَّا ماديًّا/فيزيقيًّا وإما معنويًّا/ميتافيزيقيًّا/ما ورائيًّا، ولأي مستوًى يصل المعنى؛ لأن مسؤولية استنباط أحسن معنًى يحقق اليسر والسعادة للإنسان تقع على قارئ النص، بدليل قوله: ﴿وَٱتَّبِعُوٓاْ أَحۡسَنَ مَآ أُنزِلَ إِلَيۡكُم مِّن رَّبِّكُم﴾ [الزمر: 55]، فهو يأمرنا أن نستنبط أحسن المعاني التي نصل إليها في القرآن، وفي كل شيء.

هو يُخبرنا أنَّه الرحمن الرحيم لنتمثل ونسعى لهاتين الصفتين في أفكارنا وتعاملاتنا مع كل شيء، فنكون رحمًا حنونًا ورحمًا واسعًا ممتدًّا لآفاقٍ عُليا قد يُعاقب ويبتلى ليُصلح ويُقوِّم (يُعالج). ونقوم بتفعيل ذلك والعمل به في سلوكنا مع كل شيء.

الرحم هو المكان الذي تتم فيه الصناعة والإنشاء. فكُلُّ شيء يُولد (يظهر ويتجلّى في الوجود) فإنَّه يتم إنشاؤه وتكوينه في رحمه الخاص.

في القرآن يقرن اسم الرحيم بالمؤمنين. بينما الرحمن قد يأتي منه العذاب لتطهير وتنقية الكائن، كقوله: ﴿إِنِّيٓ أَخَافُ أَن يَمَسَّكَ عَذَابٌ مِّنَ ٱلرَّحۡمَٰنِ﴾ [مريم: 45].

الرحمن الرحيم هو قانون التخليق الذي يجب أن نتعلَّم منه لتتكوَّن لدينا الخبرات في الخلق. ويتضح ذلك بقوله: ﴿ٱلرَّحۡمَٰنُ فَسۡـَٔلۡ بِهِۦ خَبِيرٗا ٥٩﴾ [الفرقان: 59]. فإذا أردت أن تكون خبيرًا في أي شيء، فعليك أن تكون رحِمًا لهذا الشيء. فإن أردت أن تكون خبيرًا في الصِحة، فيجب أن تكون رحمًا للصحة، فتعمل وتُمارس وتقوم بتجارب في الصِحّة لتتكوّن لديك خبرات عنها، وإن أردت أن تكون خبيرًا في التجارة، فيجب أن تكون رحِمًا فتُمارس وتعمل في التجارة، وإن أردت أن تكون خبيرًا في أي شيء، فيجب أن تجعل نفسك رحمًا لهذا الشيء؛ لهذا قال: ﴿ٱلرَّحۡمَٰنُ فَسۡـَٔلۡ بِهِۦ خَبِيرٗا ٥٩﴾ [الفرقان: 59]. فاسأل به خبيرًا؛ أي اجعل منطق الرحمن وسيلتك لتكوين الخبرة عن أي شيء، فبه تتكوَّن الخبرة في أي مجال. فالخبرة تتكوّن لدينا إذا أصبحنا

رحمانيين؛ أي إذا جعلنا أنفسنا رحمًا للشيء فمارسناه وتعاملنا معه وابتلينا جوانبه، فعند ذلك تتكوَّن لدينا خبرة عنه.

الرحمن الرحيم تعني أن الوجود مترابط بعضه ببعض بأرحام مُتَّصلة متلاصقة بعضها ببعض، فكل رحم مرتبط بآخر. فكل جُزء من الكون هو رحم يتم تخليق كائنٍ فيه. ومصالحها (الأرحام) مرتبطة ببعضها، فإفساد أي جزء منها سيضر بالأرحام الأُخرى.

كل شيء يتكوَّن في رحم خاص به. فالبذرة تتكون في رحمها الخاص. كما أن الأرض تكوَّنت في رحم المجموعة الشمسية. والمجموعة الشمسية تكوَّنت في رحم المجرة.

والجنين يتكوَّن في رحم أُمِّه الذي يزوده بكل ما يحتاج إليه، ثم يخرج لرحم الأُسرة فيتسع رحمه أكثر وتبدأ عملية ابتلائه. ثم يخرج لرحم المدرسة ثم لرحم الوظيفة، ويزداد الابتلاء والتحديات ليُثبت جدارته واستحقاقه.

فإذا أردنا أن نكتسب الخبرة عن أي شيء، فيجب أن نجعل أنفسنا رحمًا لذلك الشيء. فالطبيب رحم للطب، والمهندس رحم للهندسة، والمزارع رحم للزراعة و...

فالرحمن تعني الرحم الممتد المنتشر برحمته؛ ففيه جميع الجوانب التربوية ففيه الثواب والعقاب، بينما الرحيم فيه جانب المدد والعطاء فقط.

فالرحم الذي تتكون فيه الموجودات له صفتان.

الأُولى: هو رحمٌ رحيم قريب يمد الكائن بكل ما يحتاج إليه لينشأ ويتكوَّن.
الثانية: هو رحمٌ رحمان واسع سيتعرَّض فيه الكائن لاختبارات (ابتلاءات وتجارب) ليُثبت أنه قادر على المحافظة على بقائه ونمائه.

ووصف نفسه بأنَّه رب كل شيء؛ أي به يربو كل شيء؛ أي إنَّه يحقق الربوَّ لكل شيء فهو منطق الربوِّ والنماء والثراء والتهذيب والتأديب للوجود. (رب): جاءت من ربب يربي ويربو ربوًّا رَبْوَة ربًا روابي رابية تربو... ورب هي أحد تجليات الله في الوجود. بل هو أعظم تجلياته التي عرفناه بها. لذلك جاء قبل الرحمن الرحيم في الفاتحة.
فربك هو الذي يربِّيك ويُربيك ويُثريك ويزيدك ويؤدبك، ويُهذبك. فالأم والأب كلاهما ربٌّ للأُسرة، والأُم ربَّتها. والملك ربٌّ للشعب. والرئيس ربٌّ لمرؤوسيه. ولذلك قال: ﴿سَبِّحِ ٱسۡمَ رَبِّكَ ٱلۡأَعۡلَى ۝١﴾ [الأعلى: 1]؛ لنفهم أن لنا أربابًا كثيرة. وجميعه تحت مظلَّة ربي الأعلى. فليس كل رب هو الله.
يوسف الصديق يقول لامرأة العزيز عن الذي أكرم وفادته: ﴿إِنَّهُۥ رَبِّيٓ أَحۡسَنَ مَثۡوَايَۖ﴾ [يوسف: 23].

وقال لصاحبيه في السجن: ﴿يَٰصَٰحِبَيِ ٱلسِّجۡنِ أَمَّآ أَحَدُكُمَا فَيَسۡقِي رَبَّهُۥ خَمۡرٗاۖ﴾ [يوسف: 41]. وقال لرسول الملك لما جاءه: ﴿ٱرۡجِعۡ إِلَىٰ رَبِّكَ فَسۡـَٔلۡهُ﴾ [يوسف: 50]؛ لنفهم أن كل ما حقق لك الربو والثراء والنماء فهو رب من أربابك، ويصلك بربك الأعلى الذي هو ﴿وَهُوَ رَبُّ كُلِّ شَيۡءٖۚ﴾ [الأنعام: 164].

علاوة على ذلك، فإنه وصف نفسه بأنَّ له ذوات، فهو ذو العرش: ﴿ذِي ٱلۡعَرۡشِ﴾ [الإسراء: 42]، و[التكوير: 20]. وهو ذو الطَّوْلِ: ﴿ذِي ٱلطَّوۡلِۖ﴾ [غافر: 3]. وذو الجلال والإكرام: ﴿ذِي ٱلۡجَلَٰلِ وَٱلۡإِكۡرَامِ ٧٨﴾ [الرحمن: 78].

والذات هي سِمة (صفة) تظهر على صاحبها، كما نقول: (رجل ذو لحية)، فصفاته كبقيَّة صفات الآخرين، ولكن اللحية جُزء ظاهرٌ عليه أكثر منهم، وهي أكثر ظهورًا عليه من بقيَّة صفاته. وكما نقول: ذو النون وذو نواس وذو القرنين. وكما قال: ﴿وَإِذَا مَسَّهُ ٱلشَّرُّ فَذُو دُعَآءٍ عَرِيضٖ ٥١﴾ [فصلت: 51].

وقال: ﴿ذَاتِ أَلۡوَٰحٖ وَدُسُرٖ ١٣﴾ [القمر: 13] ألواح؛ أي مواقع للحفظ، كقوله: ﴿فِي لَوۡحٖ مَّحۡفُوظِۭ ٢٢﴾ [البروج: 22].

اللوح لا تعني قطعة الخشب.
لوحة المفاتيح هي شيء تُحفظ فيه المفاتيح.
واللوائح القانونية هي حوافظ للقوانين.
واللائحة هي كل مادة يلوح بها شيء ما.
فاللوح المحفوظ هو المادة الكونية المحفوظة، والمحفوظ فيها قوانين وأنظمة الخلق.
فالذات ليست النفس، ولكنها جُزء ظاهر على النفس أكثر من بقية صفاتها الأُخرى.
النفس هي السلوك. وكل جُزء ظاهر على السلوك أكثر من غيره هو ذات.
أي إن الذات هي صفة ظاهرةٌ على الشيء فيتم تعريفه بها. كما نقول: (مركبةٌ ذات ألوان)، فالألوان من الصفات الشديدة الظهور على تلك المركبة.
فلله ذوات كثيرة ومُتنوِّعة؛ لأنَّ صفاته أيضًا كثيرةٌ ومتنوِّعة.
مما سبق نعلم أن الله بمعيَّة الإنسان متصل به لا ينفصل عنه، وروحه هو الذي يجب أن يُسيطر على النفس ويأمرها.
فالإنسان هو أكرم خلق الله؛ لأنَّ فيه من روحه الذي جعله عاقلًا يتفكَّر ويتدبَّر ويجمع المعلومات، فيعلم بوجود الله فيعبده بالعلم والعمل بسِماته (تجلياته).
وإنَّ أعظم امتداد لله في الوجود هو الإنسان؛ فالإساءة للإنسان هي أسوأ ما قد يفعله الإنسان.

الحرب على الله هي الحرب على السُّنن (القوانين والأنظمة) التي أنزلها الله ليتحقق بها رُقيُّ الإنسان والوجود وتطوره. والتكبُّر على الله هو التكبُّر على خلقه، وخصوصًا الإنسان.

فصل (2)

ذكر الله

ذِكْر

ذَكَر، يَذكُرُ، يَتَذَكَّر، ذِكْرَى، ذكريات، ذاكرة، ذاكر، يذاكر، مُذَاكَرَة، مذكرة، مذكور، تَذَاكُر، استذكار، يُذَكِّر، تذكيرًا، تذكرة، تَذَاكِر، أذكار.

﴿إِنَّ ٱلْمُسْلِمِينَ وَٱلْمُسْلِمَٰتِ وَٱلْمُؤْمِنِينَ وَٱلْمُؤْمِنَٰتِ وَٱلْقَٰنِتِينَ وَٱلْقَٰنِتَٰتِ وَٱلصَّٰدِقِينَ وَٱلصَّٰدِقَٰتِ وَٱلصَّٰبِرِينَ وَٱلصَّٰبِرَٰتِ وَٱلْخَٰشِعِينَ وَٱلْخَٰشِعَٰتِ وَٱلْمُتَصَدِّقِينَ وَٱلْمُتَصَدِّقَٰتِ وَٱلصَّٰٓئِمِينَ وَٱلصَّٰٓئِمَٰتِ وَٱلْحَٰفِظِينَ فُرُوجَهُمْ وَٱلْحَٰفِظَٰتِ وَٱلذَّٰكِرِينَ ٱللَّهَ كَثِيرًا وَٱلذَّٰكِرَٰتِ أَعَدَّ ٱللَّهُ لَهُم مَّغْفِرَةً وَأَجْرًا عَظِيمًا﴾ [الأحزاب: 35].

هذه الآية هي هرم لطبقات الناس في القرآن. فالقرآن يضع للناس مراتب (منازل) بحسَب سلوكهم وقيمهم الأخلاقية، حيث تبدأ من القاعدة التي فيها جميع المسلمين، ثم تأتي طبقة المؤمنين، ثم طبقة القانتين. وتظل تضيق القائمة حتى تصل إلى قمة الهرم وصفوته التي هي الأعلى والأقل (**الذَّاكِرِينَ اللَّهَ كَثِيرًا وَالذَّاكِرَاتِ**). وهذا يدل أن ذاكري الله والذاكرات هم قليل من الناس، وهم العلماء الذين يتذاكرون قوانين الله في خلقه. وهم قليل في كل مُجتمع. فذكر الله هو تذكر واستذكار قوانينه في خلقه.

إذا أردنا أن نكون من هذه الصفوة القليلة، يجب أن نُطبِّق قوله: ﴿فَٱذْكُرُواْ ٱللَّهَ كَمَا عَلَّمَكُم مَّا لَمْ تَكُونُواْ تَعْلَمُونَ ٢٣٩﴾ [البقرة: 239]. فذكره هو تذكُّر العلوم في كل شيء،

﴿ فَٱذۡكُرُواْ ٱللَّهَ كَذِكۡرِكُمۡ ءَابَآءَكُمۡ ﴾ [البقرة: 200]. فإذا كان ذِكرنا لآبائنا هو أن نذكر ونتذاكر ونستحضر أقوالهم وأفعالهم ومآثرهم وأوامرهم ونواهيهم و... فهذا يعني أن ذِكرنا لله يجب أن يكون كذِكرنا لهم. فنذكر ونتذاكر ونستحضر أقواله وأفعاله وأوامره ونواهيه و...

هذا يعني أن ذِكر الله ليس ترديد عبارات مثل: (لا إله إلّا الله) أو (سبحان الله) أو...

الله هو الحق السلام المؤمن العليم الحكيم العفو الحليم الرحيم المحسن... فذكره هو أن نذكر ونتذاكر هذه الأسماء (السِّمات) في كل شيء، ونوسِّع وعينا وفهمنا وآفاقنا النفسية عنها. ونُفعِّلها في مشاعرنا وأفكارنا وسلوكياتنا، وننشرها في تعاملاتنا الأُسرية والاجتماعية ومع كل شيء. فهي أسماؤه التي تحمل الصفات الحسنى. وهي روحه التي نفخها فينا، وأعظم مدد له في خلقه. وحبله الوثيق الذي به ننجو من الجهل والباطل والخسران. وهذا هو ذِكر الله الذي به يتطور ويرتقي الإنسان في تعايشه. فإذا ذكرنا هذه الأسماء الحسنى التي تحمل المعاني والمفاهيم الحسنى وتواصلنا وتبادلنا وتشاركنا معلوماتنا وخبراتنا حولها فستتسع آفاقنا وعلومنا ومعارفنا بالسلام والأمن والرحمة والإبداع والإحسان و... فنُقنن ونُنظِّم ونسنُّ التشريعات والمنهجيات لإصلاح وتطوير حياتنا وتعايشنا لنزداد يسرًا وسعادة.

الذِّكر يأتي من الذاكرة واسترجاع المعلومات المحفوظة والقيام بالربط بينها، فلن تتذكر إلَّا شيئًا محفوظًا لديك في ذاكرتك؛ مِمَّا يعني أن الله معك، لا مشقَّة عليك في التواصل معه.

﴿أَغۡفَلۡنَا قَلۡبَهُۥ عَن ذِكۡرِنَا﴾ [الكهف: 28].

ذِكر الله يكون بالقلب كما قال الله، ولا يكون باللسان كما يقول التراث.

﴿ٱذۡكُرُواْ نِعۡمَتِيَ ٱلَّتِيٓ أَنۡعَمۡتُ عَلَيۡكُمۡ﴾ [البقرة: 40].

﴿عَلِمَ ٱللَّهُ أَنَّكُمۡ سَتَذۡكُرُونَهُنَّ وَلَٰكِن لَّا تُوَاعِدُوهُنَّ سِرًّا﴾ [البقرة: 235].

﴿وَمَا يَذَّكَّرُ إِلَّآ أُوْلُواْ ٱلۡأَلۡبَٰبِ ٢٦٩﴾ [البقرة: 269].

﴿وَلَا تَأۡكُلُواْ مِمَّا لَمۡ يُذۡكَرِ ٱسۡمُ ٱللَّهِ عَلَيۡهِ وَإِنَّهُۥ لَفِسۡقٞۗ وَإِنَّ ٱلشَّيَٰطِينَ لَيُوحُونَ إِلَىٰٓ أَوۡلِيَآئِهِمۡ لِيُجَٰدِلُوكُمۡۖ وَإِنۡ أَطَعۡتُمُوهُمۡ إِنَّكُمۡ لَمُشۡرِكُونَ ١٢١﴾ [الأنعام: 121].

والأكل هو الاستعمال والاستخدام، مثل قوله: ﴿وَلَا تَأۡكُلُوٓاْ أَمۡوَٰلَهُمۡ إِلَىٰٓ أَمۡوَٰلِكُمۡۚ﴾ [النساء: 2]. وقد يكون هذا المال ذهبًا أو

نقدًا أو مصنعًا أو قطعة أرض، وهي أشياء لا يمكن تناولها بالفم طبعًا.

فالأكل في القرآن ليس هو الالتقام والمضغ والبلع فقط، بل معناه أوسع من ذلك؛ إذ يشمل فيه كل حركة تنال بها شيئًا وتستعمله، سواء بناء منزل، أو صناعة شيء، أو علاقة جنسية، أو... كل ذلك مما تأكله من محيطك وستُسأل وتُحاسب عليه. فالأكل هو الاستعمال والاستخدام والاستهلاك لأي شيء بأي طريقة كانت.

> (اسم الله) الاسم يجمع السِّمات (العلامات "الصفات") للشيء.
>
> فالذي لم يُذكر عليه اسم الله هو شيء فاسد.

فاسم الله هو سِماته وعلاماته التي ذكرها في كتابه كالحق والعلم والحكمة والإحسان و... التي يجب أن تظهر على الأشياء التي نأكلها (نستعملها ونستهلكها).

فإذا لم يكن على الشيء سمات وعلامات الحق التي تدل على جواز وصلاحية استعماله، فلا يجوز أن نأكل منه (نستعمله) سواء كان بيعًا أو شراءً أو أكلًا كغذاء أو كدواء أو شراب أو لباس أو صناعة أو...

﴿فَكُلُواْ مِمَّا ذُكِرَ ٱسۡمُ ٱللَّهِ عَلَيۡهِ إِن كُنتُم بِـَٔايَٰتِهِۦ مُؤۡمِنِينَ ١١٨﴾ [الأنعام: 118]. المؤمن لا يأكل (يستعمل) شيئًا ضارًّا بالإنسانية فهو بذلك ليس صالحًا للأكل (للاستعمال)؛ لأنَّه إما مسروق يتضرر بسبب سرقته شخص آخر، وإما يُضرّ بالصحة، أو البيئة، أو الفرد، أو المجتمع، أو لأي سبب آخر، فلا يجوز شراء بضائع لا تنطبق عليها شروط النظام الذي به يقوم اقتصاد الإنسانية.

فهدف هذه الآية هو ضبط أنظمة المجتمع كي لا تظهر فيه علامات الفساد والفسوق والشرك (للشرك معنًى مُختلف عن الذي في ثقافتنا السائدة سيأتي ذكره في الجزء الرابع).

فالآية هي قانون تجاري وصناعي وزراعي وأمني و... لحفظ صحة وسلامة الفرد والمجتمع. فهي تمنع استعمال واستخدام أي شيء لا تظهر عليه سمات وعلامات الحق والحكمة والعلم والإحسان و... التي تدل على أنَّه صالح للاستخدام؛ أي إن الآية تنهى عن استعمال أي شيء مخالف لأنظمة وقوانين السلامة للفرد وللمجتمع. فالآية قانون عامٌّ يفتح آفاق التشريعات ويتفق مع القوانين والمصالح الدولية.

وعمومًا، فإن القرآن نزل لتنظيم الإنسان فردًا ومجتمعات، فلا تأكلوا مما لم يُذكر اسم الله عليه؛ أي لا تستعملوا وتستخدموا شيئًا لا تظهر عليه سمات وصفات وعلامات تؤكِّد أن لا فساد ولا ظُلم فيه. لذلك قال بعدها: «أَنَّه **لَفِسْقٌ**»، والفسق هو

الخروج عن القانون. وقال بعد ذلك: «**لَمُشْرِكُونَ**» لأنَّ الشرك هو إشراك الهوى مع قوانين الحق، ومن ثم نسبة ذلك لله.

> **اسم الله** هو سمات وصفات وعلامات (الله) الحق والعلم والحكمة والتي تظهر على الشيء، حتى لو كان شعورًا أو فكرة في نفسك.

فذكر اسم الله هو تذكر واستذكار السمات والصفات التي تدل على الحق، والعلم، والحكمة، و... فالبضائع مُنتهية الصلاحية أو التي تظهر عليها علامات أنها ضارَّة بالصحَّة أو أنَّها مزوَّرة العلامة التجارية أو مسروقة (ليس لها شهادة منشأ أو تُباع في أسواق غير قانونية)، لا يجوز أكلها أي لا يصح استعمالها واستخدامها؛ لأن ذلك سيُفسد صحَّة الإنسان وسيُفسد أنظمة الاقتصاد المحلِّيَّة والعالمية وسيُثقل كاهل أجهزة الدولة؛ لأن له ارتدادات وعواقب كارثيَّة؛ وبالتالي سيُنهك ويُضعف أداء الحكومات وأجهزتها، وقد يؤدي لسقوطها إذا كثر الفساد وانتشر الأكل مما لم يُذكر اسم الله عليه، فتنشأ أسواق سوداء، وتكثر السرقة والتزوير والجرائم والأمراض الجسدية والنفسية، ويفسد النظام التجاري والصناعي والزراعي ويختل الأمن و... وهذا يُؤدِّي لتآكل وسقوط الأنظمة وانهيارها.

وهذه هي الحرب على الله ورسوله في القرآن؛ أي الحرب على الأنظمة التي أمر بها الله ورسوله لقيام الإنسانية، وهو أشد

الفساد؛ ولذلك نعته وسمَّاه بأنَّه فسق وشرك، وشدَّد في عقوبته، وعَدَّه كفرًا وجريمةً بقوله بعد الآية المذكورة: ﴿كَذَٰلِكَ زُيِّنَ لِلْكَٰفِرِينَ مَا كَانُوا۟ يَعْمَلُونَ ﴿١٢٢﴾﴾ [الأنعام: 122]، وقوله: ﴿أَكَٰبِرَ مُجْرِمِيهَا لِيَمْكُرُوا۟ فِيهَا﴾ [الأنعام: 123].

فمخالفة الأنظمة التي تَوافق عليها المجتمع المحلِّي والعالمي هو الفسق والشرك والكفر والإجرام والحرب على الله ورُسله؛ أي الحرب على قوانين وأنظمة الله ورسله.

وعقوبة من يفعلون ذلك هي: ﴿إِنَّمَا جَزَٰٓؤُا۟ ٱلَّذِينَ يُحَارِبُونَ ٱللَّهَ وَرَسُولَهُۥ وَيَسْعَوْنَ فِى ٱلْأَرْضِ فَسَادًا أَن يُقَتَّلُوٓا۟ أَوْ يُصَلَّبُوٓا۟ أَوْ تُقَطَّعَ أَيْدِيهِمْ وَأَرْجُلُهُم مِّنْ خِلَٰفٍ أَوْ يُنفَوْا۟ مِنَ ٱلْأَرْضِ ذَٰلِكَ لَهُمْ خِزْىٌ فِى ٱلدُّنْيَا وَلَهُمْ فِى ٱلْءَاخِرَةِ عَذَابٌ عَظِيمٌ ﴿٣٣﴾﴾ [المائدة: 33].

فمنها أن تُقطع أيديهم وأرجلهم. ومعنى قطع الأيدي هو مصادرة مكامن القوة التي سمحت لهم بالمخالفة ومكَّنتهم منها؛ لأن اليد في القرآن هي وسيلة تنفيذ الإرادة. ويشمل ذلك الأمر: مصادرة الأموال - العزل من المناصب التي منحتهم السلطة

والنفوذ - وسد الثغرات التي في الأنظمة - ومنع التواصل و...
ومعنى أن تُقطَّع أرجلهم هو تقييد حركتهم من خلال وسائل عدة، مثل منعهم من التنقل بحرية عن طريق مصادرة جوازات سفرهم، أو مركباتهم الخاصة، أو فرض إقامة جبريَّة، أو...
ومعنى قوله: **(مِّنْ خِلافٍ)** أي لا تُجمعُ العقوبتان معًا، بل يخالف بينهما؛ كي لا تُعطّل حياة المعاقب تمامًا.

فإذا ذكرنا اسم الله على مشاعرنا، وأفكارنا، وأُسرتنا، واجتماعنا، وصحتنا، وزراعتنا، وصناعاتنا، واقتصادنا، وسياستنا، وفنوننا، و... وإذا جعلنا سمات وصفات وعلامات الحق والحكمة و... على كل أعمالنا، واتبعنا الأنظمة التي بها صلاح الفرد والمجتمع؛ فهذا هو ذكر اسم الله الذي ينفع الناس ويُفيدهم، ويُحقق لهم البقاء والنماء بيُسر وسعادة.

فالآية فيها قانون تجاري وصحي وأمني و... لحفظ الإنسانية، ولكن تم تقزيم وتحجيم مدلول الآية على أنه أمر بالتلفُّظ باسم الله فقط، وقول (بسم الله والله أكبر) عند ذبح البهيمة، علمًا بأن الآية لم تذكر الذبح ولا النحر ولا البهيمة ولا الأنعام ولا اللحم ولا شيء عن ذلك. وليس في ذلك إصلاح للإنسانية سواء على المستوى الفردي أو الدولي، فتمَّ هجر المعنى العظيم والواسع للآية مصداقًا لقوله: ﴿وَقَالَ ٱلرَّسُولُ يَٰرَبِّ إِنَّ قَوۡمِي ٱتَّخَذُواْ هَٰذَا

ٱلۡقُرۡءَانَ مَهۡجُورٗا ۝٣٠﴾ [الفرقان: 30]. فتم هجر معانيه، وتحولت ألفاظه إلى أنغام يرددها ويترنم بها القارئ والمُستمع فقط، فأصبح القرآن كأنَّه ملحمة تاريخية يتغنَّى بها الناس ولا يُطبِّقون ما فيه من تعاليم تحت حجج كثيرة، كالقول بنسخ الروايات للآيات أو بتفاسير تحرف المعاني عن مواضعها أو بأسباب النزول التي تُحجِّم وتُقزِّم المعنى بربطه بحادثة وقعت قبل أكثر من ١٤٠٠ سنة، أو بحجَّة أنَّ الأُمَّة أجمعت واتفقت أو تواترت على ذلك. علمًا بأنَّ الأُمَّة لم تتفق ولم تُجمِع على شيء حتى على الله وكتابه. وقد ذكر الإجماع وتم ذمَّه في القرآن في قوله عن إخوة يوسف: ﴿وَأَجۡمَعُوٓاْ أَن يَجۡعَلُوهُ فِي غَيَٰبَتِ ٱلۡجُبِّۚ﴾ [يوسف: 15]. فالإجماع قد يكون على ضلال، ولو كان من أبناء نبي وإخوة نبي. فكيف بمن هم دونهم!

والتواتر أيضًا ليس مصدرًا من مصادر الحق، بل هو الذي أضل الأولين لأنهم اتبعوا تواتر آبائهم ولم يتكيفوا ويتطوروا مع خلق الله. كما أن التواتر القوليّ والعمليّ موجود لدى الأُمم الأُخرى. فكيف يردونه لدى الآخرين ويقبلونه كدليل لما لديهم من أقوال تاريخية وعادات وتقاليد اجتماعية؟!

فصل (3)

كلام الله

الكَلِم

كَلَمَ، يَكْلُمُ، كَلْمًا، تَكَلَّمَ، يتَكَلَّمُ، كلامًا...
الكلمة هي الفعل والأثر والشيء.
التكليم هو التأثير والتفعيل والتشييء.

الكَلْمُ هو التأثير المعنوي. والكلمات هي المادة التي تنقل الكلام. المفاهيم التي تقرؤها الآن هي الكلام. ورسم الحروف والمفردات هي الكلمات التي تنقل لك كلامي.

فالكلام هو المعاني. والكلمات هي المادة التي تنقل المعاني بأي شكل كانت.

﴿إِنَّ ٱللَّهَ يُبَشِّرُكِ بِكَلِمَةٍ مِّنْهُ ٱسْمُهُ ٱلْمَسِيحُ عِيسَى ٱبْنُ مَرْيَمَ﴾ [آل عمران: 45].

فالمسيح بَشَر، وقد خلقه الله بعمليات فيزيائية وكيميائية، وليس بموجات صوتية. فالكلمة والكلام ليسا الموجات الصوتية فقط، بل إن معناهما أوسع من ذلك بكثير، خصوصًا إذا كان الله هو المتكلِّم. فعيسى كلمة الله. وأنت كلمة الله. وكل المخلوقات وما تتركه من آثار هي كلمات الله. فكل شيء وأثر هو كلمة من الله يجب أن نسمعها ونقرأها ونتعلّم منها.

﴿وَجَعَلَ كَلِمَةَ ٱلَّذِينَ كَفَرُواْ ٱلسُّفْلَىٰ﴾ [التوبة: 40].

ومعنى (كَلِمَة) هنا أي كل ما أتى به الكافرون من أثر وتأثير. فأصبحت موجات تأثيرهم الفكرية التي فعّلوها في الواقع هي السفلى وليست موجاتهم الصوتية (ألفاظهم) فقط.

﴿يَحْلِفُونَ بِٱللَّهِ مَا قَالُواْ وَلَقَدْ قَالُواْ كَلِمَةَ ٱلْكُفْرِ﴾ [التوبة: 74].

الآية لا تعني أنهم قالوا بألسنتهم (الكفر)؛ فاستحقوا العذاب. فكلمة الكفر ليست لفظًا باللسان، بل هي فعل وعمل تكلّموا به ونشروه بجوارحهم (بأفعالهم)، فأفسد الحياة عليهم وعلى الآخرين.

﴿كَلِمَةً تَخْرُجُ مِنْ أَفْوَٰهِهِمْ إِن يَقُولُونَ إِلَّا كَذِبًا ٥﴾ [الكهف: 5].

أي إن هناك كلامًا ليس من الأفواه. فلو كان الكلام يتم عبر الموجات الصوتية التي تخرج من الأفواه (الفم) فقط لما احتاج النص إلى أن يقول: «**مِنْ أَفْوَاهِهِمْ**». لكنه قال ذلك؛ لأن هناك كلامًا ليس من الأفواه.

﴿إِلَيْهِ يَصْعَدُ ٱلْكَلِمُ ٱلطَّيِّبُ﴾ [فاطر: 10].

كيف يكون صعود الكلم الطيب إلى الله؟

إن المعاني والمفاهيم الحسنة هي التي تصعد إلى سماوات النفس وتتولى توجيهها، وكذلك تصعد في التاريخ (الزمان). فالنفوس تحبها وتحاول أن تحتفظ بها وتُحافظ عليها، فيتم تصعيدها ورفعها في الوعي. فالإنسان بفطرته التي تميل به لكل حسن سيحتفظ تلقائيًّا بها في ذاكرته. وبهذا يتم تصعيد الكلام الطيب إلى الله بالحفاظ على الطيبات من المفاهيم والمشاعر والسلوكيات بتناقلها بين الأجيال. وليس الذي يصعد إليه هو اللفظ فقط، بل كل معنًى وكل عمل صالح فإنَّه حقيقة من الحق الأوَّل الأعلى. وصعوده إلى الله هو بتفعيله كسلوك وبتناقله والحفاظ عليه في ملكوت الأشياء. وبهذه الطريقة تطوَّر الوجود بتصعيد قيمة الكلم الطيب (المعنى الحسن). تمامًا، كمفهوم رفع العمل الصالح (والعمل الصالح يرفعه).

أي إن حفظ الطيبات في ذاكرتنا وتفعيلها في سلوكنا هو تصعيد لها في الوجود. وهذا معنى صعود الكلم الطيب إلى الله.

فالصعود إلى الله هو ثبات الصفة في الوجود.

85

الله سيُحاسبنا بأعمالنا وليس بأقوالنا بألسنتنا: ﴿ٱدۡخُلُواْ ٱلۡجَنَّةَ بِمَا كُنتُمۡ تَعۡمَلُونَ ٣٢﴾ [النحل: 32]، ﴿وَلَنَجۡزِيَنَّهُمۡ أَحۡسَنَ ٱلَّذِي كَانُواْ يَعۡمَلُونَ ٧﴾ [العنكبوت: 7].

﴿أَفَمَنۡ حَقَّ عَلَيۡهِ كَلِمَةُ ٱلۡعَذَابِ﴾ [الزمر: 19]. كلمة العذاب هي فعل العذاب وليس أن يُقال له: (**أنت معذّب**)؛ أي إن وقوع العذاب عليه حقيقة لا مفرَّ منها.

﴿ٱلۡيَوۡمَ نَخۡتِمُ عَلَىٰٓ أَفۡوَٰهِهِمۡ وَتُكَلِّمُنَآ أَيۡدِيهِمۡ﴾ [يس: 65].

الأيدي والأرجل تتكلم، وكلامها هو الارتدادات لكل ما صدر عنها من أفعال قامت بها. أليس لكل فعل ردَّة فعل؟! هذا قانون كوني حاكم على كل شيء وهو منطق الحساب الذي يذكره القرآن. فكل ما يفعله الإنسان سيكون له ارتدادات ككل شيء. وهذه الارتدادات هي كلام مادة الكون وجوابها لما فعله الإنسان (انعكاسات لأفعاله). وهذا هو كلام الأيدي والأرجل.

﴿وَأَلۡزَمَهُمۡ كَلِمَةَ ٱلتَّقۡوَىٰ﴾ [الفتح: 26]. كلمة التقوى هي فعل التقوى، وليس أنَّهم رددوا بأفواههم: نتقي الله، أو نحن من المتَّقين.

﴿يَوۡمَ يَقُومُ ٱلرُّوحُ وَٱلۡمَلَٰٓئِكَةُ صَفّٗاۖ لَّا يَتَكَلَّمُونَ إِلَّا مَنۡ أَذِنَ لَهُ ٱلرَّحۡمَٰنُ وَقَالَ صَوَابٗا ٣٨﴾ [النبأ: 38].

لا يتكلمون أي لا يصدر عنهم أي حركة أو أثر. فالكون في حالة قيام وصمت تام، فليس هناك أي تعبير أو تأثير لأي كائن إلَّا من أذن له الرحمن **(وقال صوابًا)** ولم يقل **(وتكلّم صوابًا)**. والقول في القرآن هو التعبير. فالمادة قائلةٌ لكلام الله؛ أي إنها تُعبر بشكلها وسلوكها عن إرادة الله.

فالقول ليس هو الكلام وليس اللفظ وليس النطق وليس الحديث. وهذا أشبه ما يكون بوصف ليلة القدر الكونية التي تم فيها تقدير الأشياء للظهور الجديد. (سياق الآيات لا يتكلَّم عن نزول القرآن المسطور، بل عن أمرٍ أكبر وأوسع من ذلك؛ وهو نزول القرآن المنشور. فالنزول هو التركيب والتطبيق والتحويل).

وكذلك قيام الروح والملك في نهاية هذه المرحلة سينتهي بصمت كوني كأنَّه سكون ليلة القدر السلمي الذي يسبق مطلع الفجر.

﴿وَأُوذُواْ حَتَّىٰٓ أَتَىٰهُمۡ نَصۡرُنَاۚ وَلَا مُبَدِّلَ لِكَلِمَٰتِ ٱللَّهِۚ﴾ [الأنعام: 34].

كلمات الله هي الأحداث الكونيَّة التي تظهر على المادة. والتي لا تتبدل لا لنبي ولا لولي. لأنها مضبوطة بسنن ثابتة.

﴿وَمَا كَانَ لِبَشَرٍ أَن يُكَلِّمَهُ ٱللَّهُ إِلَّا وَحۡيًا أَوۡ مِن وَرَآيِٕ حِجَابٍ أَوۡ يُرۡسِلَ رَسُولًا فَيُوحِيَ بِإِذۡنِهِۦ مَا يَشَآءُۚ﴾ [الشورى: 51].

قال (**لبشرٍ**)، ولم يقل (**لنبي، أو لرسول، أو لوليّ**، أو لصالحٍ) لأنَّه يُريدنا أن نفهم أنَّه يُكلِّم البشر وبطُرق مُختلفة، حدَّدها بثلاث طرق فقط، وهو بذلك يُحدد لنا كيفية كلام الله وأنه لا يخرج عن هذه الطرق الثلاث، وأنها لكل ذي بشرة، وليست للإنسان فقط.

وهذه الطرق الثلاث هي التي نراها في الواقع والتي تتلقَّى بها جميع الكائنات المعلومات. فالقرآن المسطور (المصحف) هو مرآة تعكس لنا ما يحدث في القرآن المنشور (الكون). وكل ما يذكره هو انعكاس لما يحدث في الواقع. فما علينا إلَّا أن نقرأ ونُقارن لنفهم القرآن، ونرى صِدقه ومِصداقه من حولنا وفي أنفسنا، فلا يوجد كائن يتلقى أي معلومة بغير هذه الطرق الثلاث: إمَّا بإشعار من داخل النفس (جوع، أو نوم، أو فرح، أو حزن أو ...)، وإما بأن يرى أثرًا ولا يرى المُؤثِّر (من وراء حجاب)، أو أن يرى كائنًا فيعلم منه شيئًا. ولا توجد طريقة لتلقِّي معلومة بغير هذه الطرق الثلاث.

قبل نزول القرآن كان الناس يظنون أن الله يُكلِّم أشخاصًا مُحددين كالرسل والأنبياء، ولا يُكلِّم غيرهم. فنزل القرآن لِيُبيِّن لنا أن الله يكلِّم جميع البشر، وبِعدّة طرق. فأعاد ربط الإنسان

بخالقه ليزيده قوةً وثقةً. ولكن الكهنوت كالعادة قطعوا هذه العلاقة ونفوا اتصال الله بالآخرين، وأثبتوها فقط للرسل والأنبياء، وفي بعض الأحيان لأنفسهم؛ لتكون العلاقة مع الله لا تتحقق إلَّا عن طريقهم؛ ليخلقوا لهم سلطةً على الناس وعلى مُقدراتهم، وليزاحموا الملوك على عروشهم، ليصنعوا لأنفسهم قيمة ومصدر دخل، ويعلون على الآخرين، فالعلو في الأرض هو غايتهم.

فكلام الله ووحيه ليس خاصًّا بالأنبياء والرسل، بل هو عام للبشر، فهو يكلمني ويكلمك ويكلم الآخرين. وعلينا أن نتعلَّم كيف نستمع ونتلقى من الله، وكيف نُفرِّق بين كلامه ووسوسة النفس.

ففي الآية يخبرنا أنه يكلم البشر بثلاث طرق، وبدأ بذكر الطريقة المنتشرة أكثر من غيرها، وهي:

(1) الوحي: الذي يبدأ بالإحساس والشعور الداخلي (وهي أكثر طريقة تصدر منها إشعارات للكائن)، ثم يتدرَّج إلى التدبُّر والتفكُّر ويرتقي إلى الأُفق المبين والأُفق الأعلى في النفس، وهو سماء النفس الذي فيه المستويات العُليا والسامية من المفاهيم والمعاني الروحانية. وهي المعاني والمفاهيم التي تُريح وتهدي النفس وتُشعرها بالراحة، والسكينة، والطمأنينة، والهدوء.

برنامج الروح الذي نُفخ (رُكِّب) فينا، هو أوثق وأشدُّ اتصالًا لنا بالله، وميزنا به عن بقيِّة خلقه؛ لأنه نفخٌ (مددٌ) من روحه.
فأعظم مدد وامتداد لله في الوجود هو الروح الذي في الإنسان، فهو حبله الوثيق الذي يربط به على قلوبنا، وهو توسعة وتنشيط وتفعيل للمشاعر (السِّمات) الحسنة في النفس، كالحلم والصبر والصدق والرفق والعفو والعفَّة والحب والرحمة واللطف والود والكرم والعدل والبر والإحسان والحياء والإيمان والإسلام والحكمة والعلم، وغير ذلك من السمات الحسنى في أنفسنا، والتي ينتج عنها كلام (مَعانٍ) وأفعال تُدخل الراحة علينا كأفراد ومجتمعات.
وقلنا إن المادة قائلةٌ لأمر الله، فنحن نتلقَّى الوحي من كل شيء، فكل شيء يوحي بشيء لشيء. والعاقل يقرأ أكثر من غيره، ويتفاوت العقلاء بقراءتهم.
الوحي يأتي من داخل النفس كشعور ثم يتطور لفكرة يتم التحقق منها ثم لفعل.
أو يأتي الوحي من الخارج وهو ما نتلقاه من إيحاءات من الملكوت، سواء كان إنسانًا، أو نباتًا، أو حيوانًا، أو جماداتٍ أو....
فالوحي يأتينا من الداخل (من النفس) أو من الخارج (الكون/المحيط). ومن هذه الإيحاءات تشكَّلت الغرائز والفطر والسلوكيات لكل شيء. لذلك كرر مادة (وحي) في الطريقة الأُولى والثالثة.

قد يكون الوحي من الله وهو كل حسن نافع مُفيد.
وقد يكون الوحي من الشيطان وهو كل وحي شاطن عن الحق لا نفع فيه.
فهو يقول: ﴿شَيَٰطِينَ ٱلْإِنسِ وَٱلْجِنِّ يُوحِى بَعْضُهُمْ إِلَىٰ بَعْضٍ زُخْرُفَ ٱلْقَوْلِ غُرُورًاۚ﴾ [الأنعام: 112]. ففي كل نفس شيطان يوحي ويُوسوس لها وللآخرين بالسوء. فنفسك توحي وتوسوس لك وللآخرين، والآخرون يوحون لك.
فإذا تشكلت فكرة حسنة في النفس فهي حق، وهي وحي من الحق الأعلى الأوَّل (الله).
وإذا تشكلت فكرة سيئة في النفس فهي باطل، وهي وحي من الشيطان.
إي إنَّها شطوط وشطون وشيطان (خروج) عن الحقيقة والحق والحقوق. وبذلك نُفرِّق بين وحي الله ووحي الشيطان. (سيأتي تفصيل الشيطان بعد قليل).

فإما أن يتلقَّى الإنسان وحيًا من ربه (منطق الربو والنماء والزيادة و...)؛ أي يتم إشعاره بشيء يُحقِّق له الزيادة والنماء والتهذيب والتأديب و... أو يتلقى وحيًا من الشيطان. والشيطان من الشطون والخروج عن الربو والنماء الذي يصب في مصلحة الإنسان. وهذا لا شك أنَّه نقص وضعف للإنسانية؛

91

لذلك كان الشيطان عدوَّنا المبين. وهو سلوك الشطون (الخروج) عن الحق.

﴿مَن يَرْتَدَّ مِنكُمْ عَن دِينِهِۦ فَسَوْفَ يَأْتِى ٱللَّهُ بِقَوْمٍ يُحِبُّهُمْ وَيُحِبُّونَهُۥٓ﴾

[المائدة: 54]. من لا يتلقَّى وحي الله ويخرج ويشطن عن المسار الإنساني، فسيتم إهلاكه وإزالته واستبداله بآخر قادر على التلقِّي من الله والترقي إليه بالحب. فالحب في القرآن هو القانون الأول وشرط البقاء والنماء الرئيسي للعاقل. وحب الله هو حب الحق والعلم والحكمة والرحمة والإحسان والبر والعفو و... فمن أحب هذه السمات وتمسك بها وطبَّقها فهو الذي سينجو وتستمر سلالاته في الوجود. ومن تردَّد وارتدَّ عن حب هذه السِّمات والصفات ولم يتَّصفُ بها فسينقرض؛ أي إن سنن الله وقوانينه التي لا تتبدل ستُهلكه.

والطريقة الثانية التي يُكلِّمنا بها الله هي:

(2) من وراء حجاب: وهو الإشعار بشيء دون رؤيته. فنرى الأثر ولا نرى المؤثر. نرى الآثار فقط، ونقرؤها كوحي نتعلَّم منه ما يُحقق النفع للإنسان، كالجاذبية والضغط والكهرباء و... وآثار كل شيء.

والطريقة الثالثة التي يُكلِّمنا بها الله هي:
(3) أن يرسل رسولًا فيُوحي بإذنه ما يشاء: والرسول هو أي مخلوق يُقدِّم لنا معلومات متكاملة مسترسلة كرسالةٍ عن موضوع ما. ولاحظ استعماله لكلمة (يوحي) مرةً أُخرى.

﴿فَأَرۡسَلۡنَا عَلَيۡهِمُ ٱلطُّوفَانَ وَٱلۡجَرَادَ وَٱلۡقُمَّلَ وَٱلضَّفَادِعَ وَٱلدَّمَ﴾ [الأعراف: 133].

﴿وَأَرۡسَلۡنَا ٱلرِّيَٰحَ﴾ [الحجر: 22].

﴿وَأَرۡسَلَ عَلَيۡهِمۡ طَيۡرًا أَبَابِيلَ ٣﴾ [الفيل: 3].

﴿ٱللَّهُ يَصۡطَفِي مِنَ ٱلۡمَلَٰٓئِكَةِ رُسُلٗا وَمِنَ ٱلنَّاسِۚ﴾ [الحج: 75].

فالحشرات والحيوانات والطير والرياح والدم والماء والبشر والناس رُسل من الله. فكُلُّ شيء هو رسول يحمل معه رسائل توحي لنا بحكمة خلقه. وعلينا أن نتلقَّى ونتدبر معلوماته ونُحلِّلها ونربطها بما لدينا من معارف لنستفيد منها. وخيرنا هو أكثرنا إيمانًا وتصديقًا بهذه الرُّسل، وقراءةً، وتلقِّيًا لرسائلها وتفعيلها.

وهذا معنى قوله: ﴿فَتَلَقَّىٰٓ ءَادَمُ مِن رَّبِّهِۦ كَلِمَٰتٖ فَتَابَ عَلَيۡهِۚ﴾ [البقرة: 37]. المعنى هو أن آدم بحث وتعلَّم، فقرأ بوعيه رسائل الله مما حوله، فأصلح خطأه.

فمن تدبر وتفكر في الإنسان، أو الحيوان، أو الطير، أو الحشرات، أو الرياح، أو الماء، أو الدم أو ... أي إن من تفكَّر في الأشياء وفي حركتها وبواعثها ومراحلها ونهاياته و... وتعلَّم منها ما يُحقق اليسر والسعادة للإنسان فهو مؤمنٌ مُصدِّقٌ برُسل الله، ويستمع لوحي الله في نفسه وفي ملكوته. فالوجود بكل ما فيه هو الملكوت. فالملكوت هو مجموعات الأنظمة والمادة التي في الكون. فملكوت هو جمع الجمع لملك.

ملك + ملك + ملك = ملائكة.

ملائكة + ملائكة + ملائكة = ملكوت.

﴿أَوَلَمۡ يَنظُرُواْ فِي مَلَكُوتِ ٱلسَّمَٰوَٰتِ وَٱلۡأَرۡضِ﴾ [الأعراف: 185].

أي أولم ينظروا في كل شيء في الوجود (الكون) فهو الملكوت.

﴿قُلۡ مَنۢ بِيَدِهِۦ مَلَكُوتُ كُلِّ شَيۡءٖ﴾ [المؤمنون: 88].

فلِكلِّ شيء فيه ملكوت. وهو الملكات التي يملكها وتملكه بأمر الملك الله.

﴿وَكَذَٰلِكَ نُرِيٓ إِبۡرَٰهِيمَ مَلَكُوتَ ٱلسَّمَٰوَٰتِ وَٱلۡأَرۡضِ﴾ [الأنعام: 75]. إبراهيم رحَّالة تنقل بين الأُمم والشعوب وقرأ التاريخ

والحضارات والفلك والأحياء والجمادات و... وهذا هو ملكوت الله الذي أراه لإبراهيم.
فكل شيء -بما في ذلك مشاعر النفس- هو ملاك مُرسل برسائل وأنباء للعاقل ليتلقَّاها كما تلقَّى آدمُ من قبله ويتعلَّم منها ليستعين بها على تحقيق اليسر والسعادة في بقائه ونمائه.
فالعاقل يقرأ إيحاءات كل شيء حوله ليُحقق اليسر والسعادة للإنسانية. فهذا هدف الدين: ﴿طه ۝١ مَآ أَنزَلۡنَا عَلَيۡكَ ٱلۡقُرۡءَانَ لِتَشۡقَىٰٓ ۝٢﴾ [طه: 1-2]. فالهدف من نزول القرآن هو سعادة الإنسان. ومن يفعل ذلك فهو أكرم الخلق عند الله لأنَّه يتقي الضرر. ويقول: ﴿يُرِيدُ ٱللَّهُ بِكُمُ ٱلۡيُسۡرَ﴾ [البقرة: 185].
ويُؤكّد في نفس الآية بقوله: «**وَلا يُرِيدُ بِكُمُ الْعُسْرَ**». فالسعادة واليُسر هي إرادة الله لنا؛ ولذلك نزل القرآن.
فيقرأ الإنسان الصناعة ويتلقَّى ويتدبر وحيَ ربه منها. فيتعلَّم ويتنبأ بما يُربيه، ويزيده يسرًا وسعادةً ويقيه التخلُّف الصناعي.
ويقرأ العلم ويتعلم كيف يربو علميًّا. ويزداد منه كي لا يرتد للجهل والجاهلية.
ويقرأ الزراعة ويتلقى وحي ربه في النبات وغيره ويتدبره فيتعلَّم كيف يربو زراعيًّا وكيف يتغلب على عقبات ومعوقات الزراعة.

ويقرأ السياسة وحركتها، ويتدبَّر ما يتلقَّى من وحي ربه فيها ليتعلَّم كيف يسلم من نكباتها وكوارثها وكيف يربو سياسيًّا.
ويقرأ المجتمع ويتلقَّى ويتدبر إيحاءاته ليتعلم كيف يربو اجتماعيًّا ليحافظ على تماسكه ونموِّه كمجتمع ويتقي ما يؤدي لنزاعه وتفرُّقه.
وبذلك هو يتلقَّى من ربه.
فالحقائق والعلم والحكمة ممتدة من ذي الطول الحق الأول العليم الحكيم في كل شيء حولنا، وفي أنفسنا أعظم المدد، فأينما نولِّي فثمَّ وجهه؛ أي إن أي شيء نُوليه اهتمامنا ففيه توجهات يُريدها لنا لنستفيد منها فوائد تزيدنا رُقيًّا في حيويتنا.
ويقرأ حركة المناخ ويتلقى ويستمع ويتدبر ويتفكر لوحي ربِّه فيه فيتنبأ بحركة المناخ للفترات القادمة ويستفيد من ذلك في صيده، ورحلاته، وتجارته، وزراعته. ويقرأ تقلباته وأسبابها ليزداد سلامةً، وأمنًا، وسعادةً، ويُسرًا.
وكذلك يقرأ حركة الحيوان والحشرات في الطبيعة، ويتدبرها، ويتنبأ بها؛ ليستفيد منها علومًا ومعارف تُحقق له حياة راقية.
وكذلك يفعل في كل شيء. فيقرأ التطوُّر ووسائله وآلياته ويتدبره، ويستوحي ويتعلم كيف يحافظ على استمرار تطور يُسره وسعادته.
ويقرأ العلم ووسائله وآلياته ويتلقَّى وحي ربِّه له في العلم؛ ليتعلم كيف يرتقي به، ويزداد علمًا ومعرفةً.

فالإيمان بالرسل ليس خاصًّا برُسُلِ القرآن المسطور (المصحف) فقط، بل وبرسل القرآن المنشور.
فكل ما حولنا هو ملاك مُرسل ليُوحي لنا، لنتلقى ونتدبر ونتفكر، ونُحقق رسالته لنستفيد منها. وأكرم هذه الرسل هي الملَكات التي في أنفسنا، وهي المشاعر التي تتركَّب منها النفس.

فمن نظر تدبَّر وتفكر في نفسه، أو في النبات، أو الحيوان، أو الطير، أو الحشرات، أو الريح، أو الفلك، أو... فهو يستمع لكلام الله، ويتلقَّى وحيه، ويُصدِّق ويُؤمن بالله وبملائكته وكُتبه ورسله:

﴿أَوۡ يُرۡسِلَ رَسُولٗا فَيُوحِيَ بِإِذۡنِهِۦ﴾ [الشورى: 51]. إذنُ اللهِ هو التفويض والتصريح؛ أي المسوغات التي تسمح وتأذن للرسول بالإيحاء والتعبير عن شيء. كإذن من العمل أو من النظام (الدولة) للسماح بفعل شيء ما. فإذن الله هو الأنظمة والمُسوِّغات التي تأذن بفعل شيء ما.

ويقول: ﴿وَإِذۡ أَوۡحَيۡتُ إِلَى ٱلۡحَوَارِيِّـۧنَ﴾ [المائدة: 111]؛ يُوحي للمجموعات كما يوحي للأفراد. فالحواريون هم مجموعة مُثقَّفين مهنتهم الحوار وتحوير الأفكار، وصناعة المحاور الفكرية، والحوار الفكري.

حَوَرَ، يحور، يحاور، حوار، حوارهم، مِحور، محوري، حواري، حواريين، محاورين، يتحاورون. فالمفكِّرون يتلقون الوحي من الله ويستمعون إليه. علمًا بأن مُفردة «حوار» بهذا الفهم لم أقرأها في التراث الجاهلي. فقد تكون مادة فكريَّة جديدة قالها الرسول في القرآن، أو قد تكون موجودة في الجاهلية ولكن بمستوى محدود جدًّا من الاستعمال أو في منطقة ضيقة. فالجدل كان هو المعتاد والمُتَّبع في الجاهلية. وهو المُغالبة بالرأي. فأضاف النبي كلمة الحوار وما تحمله من معنى.

﴿وَٱللَّهُ يَسۡمَعُ تَحَاوُرَكُمَآۚ﴾ [المجادلة: 1].

﴿قَالَ لَهُۥ صَاحِبُهُۥ وَهُوَ يُحَاوِرُهُۥٓ﴾ [الكهف: 37].

﴿قَالَ ٱلۡحَوَارِيُّونَ﴾ [الصف: 14].

﴿وَحُورٌ عِينٞ ٢٢﴾ [الواقعة: 22].

والحور العين هي محاور معين العلم والخلق؛ أي إنَّها محارات وحوارات يحور بها الإنسان في عيون (منابع) العلم والحكمة والقدرة وفي الوجود.

الله يوحي للبشر أفرادًا وجماعات. ووحيه للحواريين ظاهر في قوله: ﴿وَإِذۡ أَوۡحَيۡتُ إِلَى ٱلۡحَوَارِيِّـۧنَ أَنۡ ءَامِنُواْ بِي وَبِرَسُولِي قَالُوٓاْ ءَامَنَّا وَٱشۡهَدۡ بِأَنَّنَا مُسۡلِمُونَ ١١١﴾ [المائدة: 111].

فالحواريون فكروا وتدبروا في قضايا مجتمعهم. وتدبرهم وتفكُّرهم في قضايا مجتمعهم هو وحي الله الذي نتج عنه فكرة من الحق؛ وهي أن يطلبوا من عيسى أن ينزل عليهم مائدة (مادة علمية) من السماء، تميد وتميل ويمليها عليهم من سماء فكره الجديد الذي يدعوهم إليه. فبهذه المادَّة الروحيَّة سترتاح وتطمئن قلوبهم. ويُريدونها عيدًا؛ أي عادةً يعتادونها ويأكلون منها (يستخدمونها) وينتفعون من تشريعاتها هم والأجيال من بعدهم.

فكان الجواب هو ﴿ٱتَّقُواْ ٱللَّهَ﴾ [المائدة: 112]؛ أي إنكم إذا طبقتم تقوى الله واعتدتم ذلك وأصبح عادةً لكم فستطمئن قلوبكم.

فالله يوحي للأفراد والجماعات من البشر. ووحي الله لنا هو كل معلومةٍ تدبرناها وتفكَّرنا فيها حتى استوت لتُحقق اليسر والسعادة لنا، أو أن تكون المائدة هي مائدة تميد (أي تميل) عليهم من السماء، وهي طيور السِّمان المهاجرة التي تسقط عليهم إذا أتعبها الطيران أثناء هجرتها، والمن كذلك هو طعام كالغبار تنقله الرياح. وتميد أي تميل به عليهم، أو غير ذلك. فمعاني مُفردات القرآن واسعةٌ بسعة المُتكلِّم الله الواسع، فهي تحتمل المعنى المادي واللا مادي. شرط أن لا تخرج بها عن سُنن الله، فلا مُعجزات ولا كرامات في القرآن. وسيأتي في الجزء الرابع تفكيك لكثير مما يُسمَّى معجزات الأنبياء

والرسل، لنكتشف أنها أحداث صناعية وعلمية وقراءات للطبيعة تمت على أيدي عظماء في تاريخ الإنسانية.

ويقول: ﴿وَأَوْحَىٰ رَبُّكَ إِلَى ٱلنَّحْلِ أَنِ ٱتَّخِذِي مِنَ ٱلْجِبَالِ بُيُوتًا وَمِنَ ٱلشَّجَرِ وَمِمَّا يَعْرِشُونَ ۝٦٨﴾ [النحل: 68]. فالله يوحي لكل شيء من مخلوقاته، وليس للنحل فقط، فهو يوحي للفَرَاش، والنمل، ولدودة القز، وللذباب، والبكتيريا، والفيروسات، والبعوض، وللحيوان، والطيور، وللنبات، وللكواكب، وللذرات، والمجرات، و... ولكل شيء. فالنحل يعرف كيف يختار بيوته بآليات وخبرات تركَّبت وتشكلت كفطرة وغريزة محفورة في جيناته من أجداده، فيُولد ولديه آليات ومهارات الطيران وإمكانية أن يتعلم قوانينه والسرعات والارتفاعات والمسافات والاتجاهات، والرياح، والمناخ، والنباتات. وكل ذلك بوحي من داخله، وبوحي من مُحيطه.

فالغريزة والفطرة بعد تدبرها والتحقق منها وإحكامها بربط معلوماتي مع مُعطيات المُحيط هي كلام من الله. فالنحلة تُولد بمهارات تُمكِّنها من اتخاذ بيوتها وسلوك سبل ربها المذللة. ويكتمل الوحي لها بما يُوحي به مُحيطها من قراءات وتسهيلات ذلَّلها الله لها. فتعرف كيف تُحقق بقاءها ونماءها وتبني مُستعمراتها وتسعى لرزقها وتصنع العسل و... بآليات

ومهارات تولد بها. وتتكامل بإيحاءات من محيطها. ولو انقطع الوحي عن النحل لما علم كيف يتخذ بيوته ولا كيف يسلك سُبل ربه لتحصيل الغذاء والشراب والدواء وإنتاج العسل؛ وبالتالي ستنهار ممالك النحل.

فالكون قائم على وحي الله فهو مدده، ولو انقطع الوحي عن أيِّ نوع أو كائن فسينهار ويهلك وتنقطع سلسلة الحياة في مُحيطه، فلا يوجد مخلوق لا يتلقى الوحي ويعمل به. فالوحي هو كل شعور وفكرة نتلقَّاها سواء من الفطرة والغريزة أو من المُحيط. فإن تدبَّرناها وتحققنا منها وأحكمناها لتكون حسنة فهي وحي من الله. وإن كانت سيئة فهي وحي من الشيطان. ولم يقل إن وحيه يختلف من شيء لآخر.

ويقول: ﴿وَأَوۡحَيۡنَآ إِلَىٰٓ أُمِّ مُوسَىٰٓ أَنۡ أَرۡضِعِيهِۖ فَإِذَا خِفۡتِ عَلَيۡهِ فَأَلۡقِيهِ فِي ٱلۡيَمِّ﴾ [القصص: 7].

فهو أيضًا يوحي لكلِّ أُنثى كما يُوحي لأُمِّ موسى. ووحيه لِأُمِّ موسى هو أن تُرضع وليدها. وهذا لا يحتاج إلى تعليمات وتوجيهات خارجية. فكل أُمٍّ تعرف بغريزتها، وفطرتها ضرورة وكيفية إرضاع وليدها. فلو سمعت الأُمُّ هاتفًا أو صوتًا في نوم أو يقظة يأمرها أن ترمي وليدها في اليم، فلن تفعل، وستقاوم هذا الصوت وسترفضه بغريزتها.

فوحي الله لأُمِّ موسى هو أنَّها فكرت وتدبرت كيف تصنع بوليدها الذي يبحث عنه الأعداء. ففكرت بتهريبه وبيعه، وربما فكرت بتسليمه أو بأسوأ من ذلك، حتى تركب وتنزَّل رأيٌ رأته في قلبها كرؤية لمُشكلتها، ﴿لَوۡلَآ أَن رَّبَطۡنَا عَلَىٰ قَلۡبِهَا﴾ [القصص: 10].

فالوحي الذي جاءها كان شعورًا تحوَّل لفكرة، ثم لأمر قلَّبته وتدبرته ودرسته وربطت بين جوانبه وبين المُعطيات والوقائع في المُحيط حتى احتكم عليه قلبها؛ أي إنَّها قامت بربط معلوماتي بعد أن قلَّبت الأفكار. وكان مضمون ما توصلت إليه هو أن تُرضعه لعدة مرات ليعرفها ويميزها ويستنكر غيرها. ولربما ميزت نفسها برائحة أو مسحت على ثديها ما يعطي حلمتها طعمًا خاصًّا، وأن تلبسه لباسًا لطيفًا وتطيِّبه وتضعه بصندوق حسن كقارب صغير أنيق يلفت النظر ليطلبه من يراه. وتلقيه في اليم فيكون كهدية لطيفة جميلة يزفُّها الماء.

والإلقاء في القرآن ليس الرمي أو الرجم، بل هو إيصال الشيء بأحسن وسيلة وطريقة، كإلقاء الله لكلمته عيسى على مريم، وكتلقِّي آدم ما ألقاه عليه ربُّه من كلمات. والنهر (اليم) يجري لقصر عدوِّه فرعون الذي لا ولد له، وخدمه مُشرفون على النهر، فلعلهم إن رأوا الصندوق يستنكرونه فيجلبوه، فإذا فتحوه وجدوا طفلًا بهيئة ورائحة حسنة. فيعطفون عليه وينظرون له بعين الرحمة والرأفة، وربما يتباركون به كهبة من النهر

فتؤويه امرأة الفرعون فتتخذه ولدًا لها. ومن المؤكد أنها قامت باحتياطات، لو أنهم لم ينتبهوا له فستأخذه من مكان آخر (كخطة بديلة).

وهذا الرأي المُحقَّق المُحكم الذي تشكَّل واستقر في قلب أم موسى بعد تدبر وتفكر وربط بين الحقائق والمعلومات هو وحيٌ تنزَّل على قلبها واستمعت له وتلقَّته ومررته على التجربة بالتصور والدراسة للمشاعر والسلوكيات وللأحداث والمواقف، والربط بينها حتى استوى واستقر لديها كمعلومة مترابطة ومؤكَّدة فهو ربط معلوماتي اطمأنت به واهتدت له لتحلَّ مُشكلتها لتهدأ وتسكن بدل أن تُبدي به.
ومعنى هذا أن كل معلومة أو قرار تدبرته وتفكرت به وتحققت منه وربطت بين جوانبه وأحكمته، سواء في غذائك، أو دوائك، أو راحتك، أو مالك، أو أخلاقك، أو صناعتك، أو تكاثرك، أو أي شيء، فهو كلام من ربك ومدد منه ليُربِّيك وتربو به (تنمو وتثرى وتتأدب وتتهذب)؛ لأنَّك شكرت له بتفعيل ملكاتك التي وهبها إياك، ولتصديقك لوحيه ولعملك به.

فاستخدام واستعمال هذه المَلَكات العاقلة لتحقق السعادة واليُسر لنفسك ولنوعك هو الشكر لله. وهو الدليل على أنَّك تستحقها لأنَّك تُفعِّلها ولا تكفُر بها وتجحدها وتُبطلها.

وهذا ما حدث لأُمِّ موسى. فهي فكَّرت ودبَّرت وخططت وسعت؛ فنجح سعيها وحدث لها ما أرادت؛ لأنَّها تعلَّمت وعملت ولم تتصرف بعشوائية. وفعلًا أخذوه من اليم وفرحوا واستبشروا به وتبنَّوه وأسموه موسى (ابن الماء أو هبة الماء). فوحي الله لأُمِّ موسى كوحي الله للنحل فطرةٌ، وتدبر وتفكر وتحليل ومُقارنات وتحقيق وتخطيط واستنتاج مدروس مُحكم، بناءً على معلومات وحقائق ومُعطيات تم الربط بينها.

ونحن كأُمِّ موسى والحواريين والنحل. فأكلنا بوحي من ربنا الذي خلق لنا أجهزة الغذاء لتوحي لنا بحاجتنا إلى الأكل، فنأكل بوحي الله، فنتدبر ونتفكر: هل نحتاج إلى الأكل الآن؟ وهل هذا مكانه ونوعه و...؟

فإذا درسنا وفكرنا وحققنا وتدبرنا الشعور ووجدنا أنه حق مُستحق تتكوَّن الفكرة. فعندها يكون وحيًا من ربنا ويجب اتباعه. وإذا كان في شعورنا أو فكرتنا مساوئ فهي نصيب الشيطان. فأكلنا وشُربنا وحي وآية من الله، وبناؤنا لبيوتنا وعلاجنا ونومنا وحي وآيات من الله، ﴿وَمِنۡ ءَايَٰتِهِۦ مَنَامُكُم بِٱلَّيۡلِ﴾ [الروم: 23].

فالنحل والحشرات ليست أكرم من الإنسان. فكما أن وحي الله لا ينقطع عنها، فكذلك نحن لا ينقطع عنَّا وحي الله في كل مسلك

104

مُذلَّل لنا من الله، فكل ما نفعله بعد دراسته وتحقيقه وتدبره فهو وحي من الله الحق؛ فلنتلقَّ وحيُه ولنعمل به ككلِّ خلقه.
تعلَّمنا الطيران من وحي الله في الطير لنا.
وتعلَّمنا كل شيء كوحي من المحيط بصلاتنا وعلاقاتنا وتعاملنا معه.

﴿قُلْ إِنَّمَآ أَنَا۠ بَشَرٌ مِّثْلُكُمْ يُوحَىٰٓ إِلَيَّ﴾ [الكهف: 110]؛ أي مثلكم يوحى إليَّ كما يُوحى لكم، فهو لم يقل: (**بشر مثلكم، ولكن يُوحى إلي**). فالوحي للجميع. وهناك وحي من الله ووحي من الشيطان. وهناك من يتلقَّى ويتدبر ويتفكر وهناك من يصد ويتبع هواه وينفر.

﴿إِذَا زُلْزِلَتِ ٱلْأَرْضُ زِلْزَالَهَا ۝١ ... بِأَنَّ رَبَّكَ أَوْحَىٰ لَهَا ۝٥﴾ [الزلزلة: 1-5]. فالزلازل وكل حركة الجمادات تحدث بالوحي؛ أي إن كل حركة الجمادات وحي من الله. وليس فقط الزلازل.

﴿وَأَوْحَىٰ فِي كُلِّ سَمَآءٍ أَمْرَهَاۚ﴾ [فصلت: 12]. السماوات تتلقى أوامر الله بالوحي، وهي مصدر الأوامر لكل شيء. فلكل شيء سماء وأرض، وسماؤه هي مصدر الأوامر والوعود والرزق والطموح والأمل والأماني و... فالوحي هو الإشعار والإعلام بشيء. الله يُوحي بكل شيء لكل شيء، وللإنسان ذكُورًا وإناثًا، أفرادًا وجماعات.

الكتاب حبر وورق، وهو يوحي لنا بمفاهيم ومعانٍ تتنزل وتتركَّب على قلوبنا، كما يحدُث عندما نقرأ القرآن أو أي كتاب. فالمعاني والمفاهيم التي نستنبطها من القرآن أو من غيره إن كانت حقائق حسنة تُحقق اليسر والسعادة للإنسان، فهي وحي من ربنا، فلا يوجد حق، أو علم، أو إحسان، أو إبداع أو... ليس من الحق العليم المحسن البديع الأول الأعلى الله.

وإن لم تكن حقائق حسنة لا تُحقق اليسر والسعادة للإنسان، فهي وحي من الشيطان. كمن خرج بمفاهيم من القرآن فقال بكفر وضلال الناس، أو دعا للعدوان عليهم، أو أباح ظلمهم أو قتلهم أو...

الشمس بحرارتها وضوئها توحي لنا. والنجوم وحركة الرياح والمناخ والطبيعة، وكل شيء يوحي بأمر الله بشيء لمحيطه. ونوحي لبعضنا بالكلام وبالإشارة وبالكتابة وبطرق مختلفة. وكل معلومة لم نقرأها ونتدبرها فهي وحي تلقيناه ولم نُتمَّه؛ أي لم نُحسن الاستماع إليه وتعلُّمه والعمل به. فالكلمة وحي والحركة وحي والنظرة وحي والكتابة وحي.

فالمعاني السامية التي تظهر في قلب الإنسان هي وحيٌ من الله؛ لأن الله بمعية الإنسان ونفخ فيه من روحه.

أخبرنا بعدَّة آيات عن البشر المسوّى: ﴿إِنِّي خَٰلِقُۢ بَشَرًا مِّن طِينٍ ٧١ فَإِذَا سَوَّيْتُهُۥ ... ﴾ [ص: 71-72]. البشر بعد التسوية هو

106

الإنسان العاقل، فهو مدده المُفضّل والمُكرَّم، وفيه روح منه. وهو الذي يُكلمه الله بطرق متنوعة ليعقل كلامه ويحيا به.

بُعث الرسل والأنبياء ليمنعوا احتكار الله، والعلاقة والصِّلة به، وتلقِّي كلامه ووحيه على فرد أو مجموعة. وليعلم كل إنسان أن ربه معه في كل زمكان وفي كل حال، كما أنَّه مع غيره ولا فضل إلَّا بالتقوى. والتقوى هي عدم الأذى والعدوان. ﴿وَتَعَاوَنُواْ عَلَى ٱلۡبِرِّ وَٱلتَّقۡوَىٰۖ وَلَا تَعَاوَنُواْ عَلَى ٱلۡإِثۡمِ وَٱلۡعُدۡوَٰنِۚ وَٱتَّقُواْ ٱللَّهَۖ إِنَّ ٱللَّهَ شَدِيدُ ٱلۡعِقَابِ ٢﴾ [المائدة: 2].

فالبر ضده الإثم، والتقوى ضدها العدوان. والبر هو زيادة فوق العدل والإنصاف. إذن، الإثم هو نقص عن البر وليس بالضرورة أن يكون مذمومًا؛ فهناك إثم مُباح ومستحب، ككل حالةٍ تنتقص فيها من قيمتك ودورك كعاقل لهدف نبيل، سواء كُنت تلاعب أطفالك أو تُضحك والديك أو... ولذلك قال: ﴿وَٱلۡإِثۡمَ وَٱلۡبَغۡيَ بِغَيۡرِ ٱلۡحَقِّ﴾ [الأعراف: 33]. فهناك إثم وبغي بالحق.

﴿فَلَمَّا تَجَلَّىٰ رَبُّهُۥ لِلۡجَبَلِ جَعَلَهُۥ دَكّٗا﴾ [الأعراف: 143].

فالله ذو الجلال، وهي صفة تعني أنه مُتجلٍ دائمًا. فجلاله لا ينقطع فهو متجلٍّ لنا؛ أي أننا نرى قوته وحكمته وعلمه وعزّته وعظمته و... في حركة خلقه.
فالتَّجلِّي هو الظهور الفائق والتميُّز في التأثير والفعل. فكما نقول: إن فلانًا يتجلَّى في عمله، أو نقول: ألقى قصيدة تجلَّت فيها قريحته الشعرية، فهو بنفسه لم يتغير به شيء. ولكن نقصد أنَّه أثَّر في المحيط أكثر من المعتاد.
فإذا تجلَّى الله، لا يعني أنَّ الله يمكن رؤيته كجسم ماديٍّ. فهذا لا يكون لأنه لا تُدركه الأبصار، ولأنَّه ﴿قَالَ لَن تَرَىٰنِي﴾ [الأعراف: 143] لموسى.. و(**لن**) نفي تام لرؤيته. فالتجلِّي هو زيادة الأثر والتأثير في المحيط. وليس الظهور المادي.
الله تجلَّى؛ أي إن سُنن الله وقوانينه تجلَّت وتفاعلت وأثَّرت في المحيط وتأثَّرنا بها بشكل مُبهر ومُتميِّز أكثر من المعتاد.
﴿وَكَلَّمَ ٱللَّهُ مُوسَىٰ تَكۡلِيمٗا﴾ [النساء: 164]. هذا يعني أن موسى قرأ وتنبأ وشهد من آثار وحركة وتفاعل الخلق الشديدة أكثر من غيره. فهو تدبر ووعى تلك الأحداث. وهذا ظاهر من مهاراته المتنوعة؛ لأنَّه شهد عدة أحداث طبيعية وكان مدركًا لعلاماتها أكثر من غيره. أحداث مثل: دك الجبل، وتفشي القمل والضفادع، وامتزاج الماء بالدم، والطوفان (الفيضان)، وانشقاق البحر، وتفجير المياه من الحجر، وغير ذلك مما قرأه ووعاه وتنبأ به قبل حدوثه، فهذه المعارف كلامٌ (معاني

"مفاهيم") تلقَّاه من ربه بالطرق الثلاث المذكُورة في كلام الله للبشر.

فكلام الله هو الأمر. وكلماته هي المادة التي تقول أمر الله لها. وليس المعنى من أنَّ الله كلَّم موسى تكليمًا أنَّه تكلَّم معه كالبشر بموجات صوتية، أو أنَّه طوَّل وزاد في الكلام مع موسى، أو كلَّمه بصوت مُرتفع. فتعالى سبحانه ليس كمثله شيء.

سورة النجم تفسر وتفصِّل نزول الوحي على نبينا وعلى كل إنسان، وأنَّه علم قوي شديد، ﴿عَلَّمَهُۥ شَدِيدُ ٱلۡقُوَىٰ ٥﴾ [النجم: 5]. تم تمريره على التحليل والتفكير حتى استوى، ﴿ذُو مِرَّةٖ فَٱسۡتَوَىٰ ٦﴾ [النجم: 6]. وتدلَّى كرأي ليُدلي به في المحيط، ﴿ثُمَّ دَنَا فَتَدَلَّىٰ ٨﴾ [النجم: 8]. فالقرآن تنزل على قلب النبي كوحي، ﴿إِنۡ هُوَ إِلَّا وَحۡيٞ يُوحَىٰ ٤﴾ [النجم: 4].

أي إنَّه مجموعة من الإشعارات التي تمت قراءتها، وتم تدبرها، والتفكر فيها، والتحقق منها بمقارنتها بالأحداث التي في الواقع. وتثبَّت من علاماتها التي برهنت عليها.
فهو تلقَّى مفاهيم من الطبيعة وراجعها ومررها عدة مرات؛ أي اختبر صحتها ودقَّتها بمقارنتها بالواقع الظاهر على جميع

الأشياء، حتى استوت واستقر رأيه عليها، فألقاها كروًى مُوثَّقة بدراسات وتجارب لا يمكن إنكارها أو تكذيبها.

فالوحي يتنزَّل بأعلى آفاق النفس، ﴿وَهُوَ بِٱلۡأُفُقِ ٱلۡأَعۡلَىٰ ۝٧﴾ [النجم: 7]. ثم يقرُب ويتدلَّى كرأي يدنو ليُدلي به للناس.
وهذا كلُّه يحدث في الفؤاد ﴿مَا كَذَبَ ٱلۡفُؤَادُ مَا رَأَىٰٓ ۝١١ أَفَتُمَٰرُونَهُۥ عَلَىٰ مَا يَرَىٰ ۝١٢﴾ [النجم: 11-12]؛ أي أفتُجادلونه على رؤاه ونظرياته الموثَّقة بالحق وبالعلم، وبالحكمة، والحجج، والبراهين.
وكما أسلفنا، فإن كلمة (رأى) في القرآن تعني رؤية من الرأي تشكَّلت لدى الإنسان، ولا تعني رؤية العين إلَّا إذا قرنها بكلمة (العين): ﴿يَرَوۡنَهُم مِّثۡلَيۡهِمۡ رَأۡيَ ٱلۡعَيۡنِۚ﴾ [آل عمران: 13]، أو إذا صرفنا السياق لذلك ولم يقبل غيره.
فالقرآن نزل بعد أن تم استنزال هذه الرؤى والإيحاء بها للنبي عدة مرات بعد منتهى السدور (التأمُّل) وكشف لستور (نهايات) متعددة ليرسخ ويرتقي الرأي كحقيقةٍ ووحي من الحق الأوَّل الأعلى.
فسدرة المُنتهى هي وعيك، وله آفاق ككل شيء. والأُفق الأعلى هو نهاية ومُنتهى التحقيق مع الفكرة. وجنَّة المأوى هي حالة من الراحة والسعادة تبلغها النفس وتأوي إليها. وهي ذاتها

الحالة التي تسعى لها كل نفس، كالصفاء والسلام النفسي الذي يجعلك تتمكن من التفكُّر والتدبر؛ فتصل لحقائق الوجود، وتتجلَّى الآراء والأفكار في قلبك. ولكل أُمَّة ممارساتها للوصول لهذه الحالة من الوعي.

وعند اكتشافك لمعلومة اجتهدت في تتبعها يغشى وعيك نشوة وحالة عالية من السرور.

إن ألذ الملذات هي المعرفة والكشف العلمي؛ ولذلك نرى العلماء في محاريب العلم لا يكادون يخرجون عنها، فيهجرون كل الملذات سواء لذة الثراء أو الأكل والشراب واللباس أو... فكل شيء يوحي لنا بحقائق وحكمة خلقه عبر وسائل كثيرة كشكله ولونه وحركته و... فمن يقرأ ويتفكر ويتدبر الخلق فهو مؤمن بالله ورسله ويتلقَّى ويستمع لرسائل الله ووحيه. ومن يقرأ ويتعلَّم ويتدبَّر ويُحقق في أي شيء فهو يتلقَّى؛ يستمع كلام الله، ويعيش لذة تفوق الوصف.

القول في القرآن هو التعبير عن الفِكرة المُوحاة.

فإذا قرأنا (قَالَ اللَّه) فلا نفهم أن الله خرج منه موجات صوتية أو ضوئية أو... وإذا قرأنا (كَلَامَ اللَّه) فلا يعني أنه يحتاج إلى إخراج موجات صوتية ليتكلم؛ لأنَّه يُكلِّمنا عبر مخلوقاته. فكل شيء أو حركة أو أثر لشيء فهي كلمة من الله ألقاها إلينا.

وخيرنا والمُحسن منَّا هو من يتلقاها ويُتمُّها (يحللها ويتعلمها ويربط بينها) ويُفعِّلها (يعمل بها).
مما سبق عرضه من الآيات نعلم أن لله ذي الطول مددًا ممتدًّا في كل شيء. وأعظم مدد واتصال لله هو في قلب الإنسان؛ لأنَّه نفخ فيه من روحه؛ ففيه روح الله وهو خليفته والمُكرَّم من خلقه. قلبك مدد من الله فلا تغفل عن كلامه ووحيه لك، فهو متصل بك لا ينفصل عنك. وإذا غفلت بأحلام، أو أماني، أو آمال، أو بمشاعر سوء أو... فما عليك سوى أن تتذكر أنَّه معك فتعود لتستمع إليه باستفتاء قلبك، فلا تغفل عن التحقيق في نفسك عن الحق، والعلم، والحكمة، و... فهذه هي عبادة الله ومن هنا تبدأ.

﴿فَأَجِرْهُ حَتَّىٰ يَسْمَعَ كَلَٰمَ ٱللَّهِ﴾ [التوبة: 6]؛ أي يفهم القوانين الجديدة التي نزلت في القرآن. وليس المعنى هو أن يُقرأ عليه القرآن فقط. (سيأتي تفصيل هذا المعنى في الجزء الرابع)
يسمع القرآن أي يعي معانيه؛ فالكلام هو المعاني.
وكلمات الله هي كل مادة الكون: فالشمس كلمته والمجرة كلمته و... والإنسان كلمته. ومفردات القرآن كموجات صوتية هي من كلمات الله. فالمعاني السامية هي كلام الله في الوجود.

فإذا أردت أن يُكلمك الله وتستمع لكلامه، فما عليك إلَّا أن تتفكر وتتدبر في قلبك عن حقيقة نافعة ومعنى سامٍ يرتقي ويسمو به

112

الإنسان، وتُحيط بجوانبها وتُقدِّمها للآخرين، لتكون قد استمعت لكلام الله واتبعته.

فاستمع واستمتع بكلامه لك.

فصل (4)

النفس

النَّفْس

من نَفَس، يَنْفُسُ، نَفَاسَة فهو نَفِيس، ومن نافس ينافس، تنافسًا، ويتنافس، منافسةً. ومنها نُفُوس، وأَنْفُسٌ، وتَنَفُّسٌ، وتنفيس، وأنفاس...

فالنفس تم تسميتها نفسًا لأنَّ مبدأها الأساسي قائم على التنافس والمُنافسة، فهو عندما يقول: ﴿وَفِي ذَٰلِكَ فَلْيَتَنَافَسِ ٱلْمُتَنَٰفِسُونَ ٢٦﴾ [المطففين: 26]، فهو يفصِّل لنا معنى النفس بتنويع استعمالاته بين الآيات. والهدف هو أن نفهم ماهية النفس ومبدأها الذي تتولَّد به. وفي الآية يكشف لنا أن مبدأ التنافس هو المبدأ الرئيسي الذي تتخلق به النفس. فكل نفس تتولَّد من رحم الموت وتظهر وتتجلَّى للوجود بناءً على تنافس يحدث بين طرفين. ولا شك أن هذا التنافس يحدث بسبب وجود مصالح مشتركة. وقد يكون عدائيًّا في بدايته ثم بعد مراحل من التنافس وبسبب المصالح المشتركة يتحول لعلاقة روابطها قويَّة تجعل الطرفين يتوافقان ليكونا أُسرة واحدة، يربطها مصيرٌ واحد.

فظهور وتجلِّي (تخلُّق) النفس بدأ بحركة تنافس.
إمَّا تنافس بين شيئين كانا في شيء واحد. وبسبب توفُّر الظروف المناسبة والعلاقات المشتركة. بدأ التنافس بينهما. فتميَّزا بسلوكهما الخاص الذي يُعبِّران به عن قيمتهما ودورهما (نفسهما)، وبدؤوا بتكوينهما الخاص (طبيعتهما الخاصة).
أو شيئين التقيا من جهتين مُختلفتين بظروف مناسبة وتفاوضا وتنافسا لتكوين بقية الأجزاء ليكتمل بناؤهما الخاص.

116

وفي كلتا الحالتين، بعد اكتمال البناء (يتكوَّن الشيء). ويستمر التنافس بينهما ومع محيطهما للحفاظ على البقاء والنماء. فهناك أنفس داخل كل نفس. تمامًا كنظرية التجزيء والسماء والأرض التي لا نهاية لها.

وتبدأ عملية تحديد المهام بينهما. فتحدث عملية الفتق. والتوسُّع في السلوك وتنتظم الحيوية (الحياة) بينهما.

وهذا لا يعني أنهما يستمرَّان إلى ما لا نهاية بهذا السلوك، بل إن عمليات التطوير لا تتوقف وليس لها حدود إلَّا ببلوغ أعلى مستوًى روحاني (الروح)؛ أي أعلى مستوًى في الراحة. وهذا هو المنتهى لكل نفس (غائية الكون).

تبدأ النفس بالتخلُّق بالتنافس بين أول عنصرين يجتمعان، ثم يتم توليد أو استقطاب بقية العناصر حتى تكتمل عناصر الشيء (النفس). ثم تتمايز العناصر لتتكون سماؤها وأرضها. فلكل شيء سماء وأرض. ففي البداية تجتمع عناصر بشكل بدائي. فالمهام والمواقع غير مُحددة بشكل دقيق. وبعد ذلك تُصبح بعض العناصر أرضًا (أرضية معرفية) ترتضيها النفس كمبادئ تنطلق منها (أُسس تقوم عليها) لتكون قاعدة يقوم عليها بناؤها. والجزء الآخر يسمو (يعلو) ويُصبح سماء تَطَّلِع منها على مُحيطها ومُستقبلها، ﴿وَفِي ٱلسَّمَآءِ رِزۡقُكُمۡ وَمَا تُوعَدُونَ ٢٢﴾ [الذاريات: 22]. هو يُخبرنا في هذه الآية عن ماهية السماء ودورها وقيمتها؛ أي إن السماء هي مصدر الأرزاق الموعودة

والمُخططات المستقبلية. ﴿وَأَوۡحَىٰ فِي كُلِّ سَمَآءٍ أَمۡرَهَاۚ﴾ [فصلت: 12]؛ أي إن السماء تكون هي مصدر الأوامر والتوجيهات للشيء. فهي تمثل الطموح والوعود والاستشرافات والأماني والأحلام والخطط والاستراتيجيات، وكل ما يتعلق بالمستقبل والآخر.

قاعدة علمية: (إن كل شيء يتكوَّن من عِدّة عناصر). هذا ما يقوله العلم. وهذا يتفق مع القرآن: ﴿وَأَحۡصَىٰ كُلَّ شَيۡءٍ عَدَدَۢا ٢٨﴾ [الجن: 28]. فكل شيء يتكون من عدة عناصر محددة العدد. ولكن القرآن يُضيف جزءًا آخر مهمًّا عن عناصر الشيء؛ وهو (أن جزءًا من عناصر الشيء يرتضيه الشيء ليكون أرضًا له. فيتأرَّض ليُصبح قاعدةً يقوم عليها البناء. وجزء من عناصر الشيء يسمو (يعلو) ليصبح سماءً للشيء). والنفس ككل شيء، لها أرض وسماء.

فالأرض هي قاعدة الشيء التي يقوم عليها بناؤه. والأرض النفسية هي المبادئ والقيم الأساسية التي يقوم عليها بناؤنا الإنساني. وهذه المبادئ تشكَّلت كمفاهيم ومعارف أوليَّة تكوَّنت قبل كل شيء. كالحيويَّة والبقاء والنماء (التكاثر) والذاكرة و...

فالنفس تتخلَّق بالتنافس بين أجزائها، وبالتنافس مع مُحيطها، ولذلك اسمها نفس؛ لأن ظهورها وتجلِّيها للوجود وبقاءها ونماءها قائم على مبدأ التنافس مُنذُ نُشوء أول أجزائها حتى اكتمالها وموتها.

فالنفس هي حركة الشيء وسلوكه الذي يتميَّز به عن غيره، ويُعبَّر به عن نفسه. فإن تغيَّرت حركته وسلوكه تغيرت نفسه. فإن كانت الحركة والسلوك غير منتظمين؛ فإنها نفس غير مُسَوَّاةٍ (لم تستوِ بعدُ). وإن كانا مُنتظمين فالنفس مسوَّاة (مستوية). ﴿وَنَفْسٍ وَمَا سَوَّىٰهَا ۝٧﴾ [الشمس: 7]. فالنفس إذن شكلٌ وسلوك يتم تخليقهما من الْتقاء الأجزاء (العناصر "الأعضاء") المناسبة.

وعليه، فإنه لا بدَّ من إسقاط هذا الفهم، لإدراك ما دل عليه القرآن بأن لله نفسًا: ﴿تَعۡلَمُ مَا فِي نَفۡسِي وَلَآ أَعۡلَمُ مَا فِي نَفۡسِكَۚ إِنَّكَ أَنتَ عَلَّٰمُ ٱلۡغُيُوبِ ۝١١٦﴾ [المائدة: 116]. ﴿وَيُحَذِّرُكُمُ ٱللَّهُ نَفۡسَهُۥۗ﴾ [آل عمران: 30].

والمؤكد أن نفسه ليست كأي نفس. كما أن كلامه ليس كأي كلام، وأياديه (وسائله لتحقيق إرادته) ليست كأي يد.

فكل نفس تتخلَّق هي مدد من النفس الأول الأعلى الله. كما أن كل شيء هو مدد منه؛ كالمال والبنين.

فكلام الله هو المعاني (اللا مادة) في الوجود. وكلماته هي المادة التي ينتقل عبرها الكلام.
والإنسان من كلمات الله التي ينتقل عبرها كلام الله. فكل إنسان إنما هو كلمة (أمر) ألقيت في رحم أمه، مثله كمثل عيسى ﴿وَكَلِمَتُهُۥٓ أَلْقَىٰهَآ إِلَىٰ مَرْيَمَ﴾ [النساء: 171]. وما مثل عيسى إلا كمثل آدم ﴿إِنَّ مَثَلَ عِيسَىٰ عِندَ ٱللَّهِ كَمَثَلِ ءَادَمَ ۖ خَلَقَهُۥ مِن تُرَابٍ ثُمَّ قَالَ لَهُۥ كُن فَيَكُونُ ﴿٥٩﴾﴾ [آل عمران: 59].
فالإنسان كلمة الله مثله كمثل بقية المخلوقات. فالشمس كلمة الله وتنقل كلام الله وتُعبِّر للوجود عنه بشكلها وحجمها ولونها وحرارتها وكل ما يصد منها. والشجرة كلمة الله وتنقل كلام الله للوجود وتعبِّر عنه بلونها ورائحتها وشكلها و... وكل الخلق كذلك. ولا تنفد كلماته.
فعالم الخلق (المادة) هو كلمات الله.
وعالم الأمر (اللا مادة) هو كلام الله.

وكلما فنيت كلمةٌ تغيرت صورتها إلى شكل آخر، فأصبحت كلمة جديدة. فالوجود بقسميه المادة واللا مادة لا يفنى ولا يستحدث من عدم، ولكن يتحوَّل من شكل لآخر.
وهذا ما يقوله العلم: (الطاقة لا تفنى ولا تُستحدث من العدم ولكن تتحوَّل من شكل لآخر).

والفناء لا يعني أن يصبح الشيء عدمًا، بل أن ينعدم سلوكه، ولكن مادته تتحوَّل لنموذج جديد.

فإذا قال: ﴿كُلُّ مَنْ عَلَيْهَا فَانٍ ٢٦﴾ [الرحمن: 26]، فلا يعني أنَّ كل من عليها سيختفي ويكون عدمًا، بل المعنى أن كل السلوكيات لكل الكائنات ستنتهي ولن يكون لها وجود، ولكن مادة الكائنات ستبقى، بل سيتم تطويرها لمادة أرقى من المادة السابقة، وتطويرها لحيوية أرقى من الأحياء السابقة؛ أي سيكون لها سلوكيات أحسن من السلوكيات السابقة؛ لأن قانون التطور هو ظاهرةٌ من ظواهر الوجود. ولولا ذلك لتخلف الكون وهلك.

والقرآن أيضًا ينفي وجود العدم، فهو لم يذكر كلمة العدم في القرآن أبدًا. وهذا يعني أنه لا قيمة ولا دور للعدم، فلا وجود للعدم في الوجود.

نحن نحذر الأمراض. فقوانين الصحة هي نفس الله؛ أي إن الله نفَّس عن الوجود لمعالجة أمراضه بهذه القوانين التي تُحقِّق له الشفاء. وحذرُنا من الموت بالمرض هو تقوانا لله وحذرنا من معصيته ومن غضبه. فلو أهملنا قوانين الصحة فنحن نتهاون بنفس الله؛ أي أنَّنا لا نبالي بسُننه (قوانينه).

فحذرُنا من معصية الحق والحكمة والعلم في كل شيء هو حذرٌ من نفس الله. فكل حق وعلم وحكمة و... هو نفس نفَّس به الله

عن الوجود؛ أي إن في الوجود عِلّة وفسادًا لا يصلح إلَّا بهذا القانون.
ولما لا ننسب النفس لله وتموت كغيرها.
كما ننسب الناقة لله (ناقة الله) وهي تموت كغيرها.
أو كما ننسب بيتًا لله وقد يتم هدمه.
أو يوم الله أو أرض الله أو... وهي ليست أكرم من النفس.
فنفس الله مُتجسِّدة بحركة وسلوك مخلوقاته. فهي نفسه التي يُحذِّرنا منها وبها. فمخلوقاته تُعبِّر عن إرادته وفعله ورضاه وغضبه.
فنفسه هي كل نفس في الوجود، وموتها يكون بزوال نفس وظهور نفس جديدة؛ أي بزوال سلوك وظهور سلوك جديد؛ لتتخلَّق نفس جديدة. وكل يوم هو في شأن. وهو أمر متكرر مصداقًا لقوله: ﴿كُلُّ نَفْسٍ ذَآئِقَةُ ٱلْمَوْتِۗ﴾ [آل عمران: 185]. وبذلك يزول التساؤل عن كيف يكون له نفس وهو يقول إن كل نفس ذائقة الموت.
فهو الذي أخبرنا أن له بيتًا: (بيت الله)، وناقة: (ناقة الله)، وأرضًا (أرض الله)، وعبادًا، وأيادي وعيونًا وأُذنًا وكلامًا و... فلا بأس من نِسبة الأشياء لله، بل هذا هو الأصل في الأشياء أنها مملوكة لله.
فما علينا إلَّا أن نُحسن الفهم ونسمو به إلى أعلى أُفق نصل إليه.
فالقرآن كلام الله الواسع، فمعانيه واسعة بسعته التي لا حدود لها.

فحركة وسلوك الوجود هي نفسها التي يُحذِّرنا بها ومنها، فهو الذي قال: ﴿وَيُحَذِّرُكُمُ ٱللَّهُ نَفْسَهُۥ﴾ [آل عمران: 28]؛ أي إن حقائق الوجود المُمتدَّة من الحق الأعلى تُخبرنا وتقول لنا: إن من لم يحذر من أسباب المرض، أو الفقر، أو الفساد، أو الضلال، أو الموت أو... فسيقع في هذه المصائب.

﴿وَٱلصُّبْحِ إِذَا تَنَفَّسَ ۝١٨﴾ [التكوير: 18].

فالصبح له نفس. وكل ما في الوجود له نفس، كالنبات والحيوان والليل والنهار و...

ولكل شيء نفس إمَّا مُستوية وإما غير مستوية. وهذه النفس تحيا وتموت وتمرُّ بين الحياة والموت في مرحلة البرزخ. وهي مرحلة تفصل بين مرحلتين، تكون فيها النفس مُختلفةً عن حالها السابق وعن حالها اللاحق، ويتم فيه إعداد النفس وتهيئتها لمستوًى مُختلف.

فللصبح نفس وهي تذوق الموت والحياة بشكل مستمر ككل نفس. فالصبح حالة فيزيائية فلكية لا تنقطع ولا تنتهي، لكنها تحيا وتموت. فحين يكون لديك ميتًا؛ أي لا وجود لحركته في منطقتك، يكون حيويًّا ونابضًا بالحياة لدى غيرك؛ لأنَّه يتنفس بحركته لديه. فنفس وأنفاس الصبح هي سلوكيات وحركة الشمس، وشروقها انجلاء الليل والظلام. وحركة الغازات في الغلاف الجوِّي متفاعلة مع ضوئها وحرارتها. وكل ما في

الصبح من أحداث فيزيائية وتفاعلات كيميائية، فهذه هي أنفاس الصبح.

فكما ذكرنا، فإن النفس هي سلوك وحركه تُعبِّر عن الشيء. لذلك حين تموت أنفاس الصبح تذهب وتفنى منه الحركة والسلوك الذي يعبر عن حيويته وحياته، وتتحول إلى حركة جديدة تشتد فيها الحرارة ويزيد الضياء، نسميها الضُّحى أو الظهر. وهي تتشابه مع الصبح لكنها مختلفة عنه؛ فهي ليست نفس الصبح رغم أنَّ لها نفس الأجزاء. فالشمس هي ذاتها والأرض والغلاف الجوِّي كذلك. لكن هناك فروقات دقيقة في السلوك (الحركة) والطبيعة بين الصبح والظهر. فالصبح موجود في ذاكرة وآلية الوجود كحالة فيزيائية. فإذا ظهرت حركته لنا، فهي أنفاسه التي يعبر بها عن نفسه، وهذا تنفسه (إذا تنفس). فالنفس هي ظهور حركة وسلوك الشيء. والنفس تنتقل بين حالتي الحياة والموت بعبور مراحل متدرجة تجدد انبعاثها تكون برزخًا بين حياتها وموتها.
وكما أن للنهار نفسًا، وداخله عدَّة أنفس. فلليل نفس، وداخله عِدة أنفس. وليس الصبح فقط هو الذي له نفس، ولكِن القرآن كعادته يضرب مثلًا عن شيء ما في مصداق من الواقع، كما ضرب مثلًا عن نظام وحي الخالق للنحل، فهو لا يوحي للنحل فقط، بل لجميع الحشرات وجميع الأحياء، ولكن يضرب مثلًا بنموذج متميِّز. وكذلك عن زلزلة الأرض بأنها وحي، فهو لا

يوحي للصفائح التكتونية فقط، بل لجميع الجمادات، ولكن يضرب مثلًا بوحيه للجمادات بنموذج مميز في الواقع.

النفس الحيَّة: هي التي لها سلوك حيوي تُعبِّر به عن نفسها وتحيا وتنمو به بانسجام مع محيطها.

النفس الميتة: هي التي لها سلوك غير مُنسجم مع مُحيطها؛ فليس لها حيوية، فلا تثرى ولا تنمو ولا تكتسب. فحركتها لا تُعبِّر عنها؛ لأنَّها ليست بإرادتها، بل مفروضة عليها. وهذه حال النفس الفاسدة بعد الموت.

البرزخ هو فترةٌ بين الحياة والموت لإعادة تخليق وتجهيز وإعداد للبعث بسلوك وحركة جديدة في مرحلة جديدة.

تمامًا كما يحدث للبحرين إذ يلتقيان، فتكون بينهما منطقة تنسجم فيها عناصرهما مع بعضها لتكون مرحلة ما بين البحرين في برزخ لا يبغي فيه أحدهما على الآخر. وعليه يكون البرزخ مكانًا ومرحلة تتبدل فيهما العناصر لتتوافق مع عناصر المجال الآخر قبل أن تدخله، ويكون ذلك بتطوير وترقية العناصر والسلوك، سواء زيادة أو نُقصان، وكلا الأمرين هو تطوير وترقية. وهذا ما يحدث للنفس الصالحة والفاسدة في البرزخ الذي بين الموت والبعث.

فالبرزخ هو كل مرحلة انتقال بين حالتين، يتجهَّز ويتهيأ بها الشيء للانتقال من حال إلى حال، ويكون أكثر جاهزيةً للانسجام. فالبرزخ ظاهرة في الوجود.
والنفس العاقلة من أرقى الأحياء، فبالتأكيد أنها ستمر بمرحلة برزخ (إعداد وتأهيل لمرحلتها القادمة) بين حياتها وموتها.
ولأنَّ النفس العاقلة متطورة فإنَّ برزخها سيكون متطورًا ومُميَّزًا عن برزخ الأشياء الأُخرى.

البرزخ مرحلة، قد تكون إيجابية أو سلبية. فحين تمرُّ النفس بمرحلة البرزخ أثناء تنقُّلِها بين الحياة والموت، إن كانت صالحة فستنمو في برزخها وتزداد وتربو و... لتكون مستوية سويَّة جاهزة لولادتها من جديد لتبدأ مرحلة جديدة متطوِّرة.
أو تكون النفس فاسدة، فيكون برزخها مرحلة جمود وخمول، كالراقد الخامل، فتكون نفسه نفسًا غير سوية.
فمرحلة البرزخ هي مرحلة انتقال يعيش فيها كل شيء مرحلة فوضاه الخلاقة ليجدد بها حركته ويطور سلوكه. وعليه، فإنَّ الشيء الذي يعيش في مرحلة برزخ (بين الحياة والموت) يستعد للبعث لمرحلة جديدة.

﴿وَمِن وَرَآئِهِم بَرۡزَخٌ إِلَىٰ يَوۡمِ يُبۡعَثُونَ ١٠٠﴾ [المؤمنون: 100].

فالبرزخ إمَّا أن يكون مرحلة لتكوين وتجهيز وإعداد الشيء فيكتسب ويزداد ويتطور ويترقَّى. سواء كان ماديًّا أو لا ماديًّا.

126

ليكون قادرًا على الانسجام مع قوانين المجال القادم (الآخرة "المدار الآخر")، ليعيش بأمن وسلام وانسجام مع السُّنن والقوانين الجديدة.

وإما أن يكون البرزخ مرحلة رقود وخمول ولبث وجمود؛ فيكون التجهيز والإعداد فيها عكسيًّا؛ أي تتراجع وتضعُف وتضمر صفات الشيء ويفقد قواه وقدراته. ثم يتم بعث النفس في عالم متطور، بينما هي على مهاراتها القديمة التي ضمرت وضعفت لأنَّها كانت في حالة رقود وخمول، فتتفاجأ لسوء وضعف مهاراتها أمام ما تراه من تطور وتغيُّر في الوجود الجديد. فتتعذب وتشقى أشد من شقائها في الدنيا، فتتعرَّض لعمليات تطهير وتصفية وتنقية (تعذيب) لما علق بها من شوائب في المرحلة السابقة (الدنيا)؛ لتكون صالحةً للانسجام مع المرحلة القادمة (الآخرة). وهذا معنى جهنَّم؛ أي منهج جديد مُشدَّد لتطوير النفس.

تمامًا كتعذيبنا للماء ليُصبح عذبًا صالحًا للانسجام مع قوانين الجسد؛ فيرويه ولا يُسبب له الضرر، فنقوم بتصفيته وتنقيته من الشوائب بعمليات فيزيائية وكيميائية؛ ليكون صالحًا مُنسجمًا مع المرحلة القادمة التي نُريده لها، وهي الانسجام مع الجسد وما يطلبه من صفات للماء. فالتطهير بمبدأ الحرارة هو سلوك الطبيعة.

[في الأجزاء القادمة سيأتي تفصيل لتعريف الموت والعذاب والبعث وغيرها].

﴿وَلَهُۥٓ أَسۡلَمَ مَن فِي ٱلسَّمَٰوَٰتِ وَٱلۡأَرۡضِ﴾ [آل عمران: 83].

أسلم، فعل ماضٍ. فكل شيء قبل أن يكتمل وهو في أضعف حالاته في طور ومرحلة التشيؤ وهو يجمع أجزاءه من مُحيطه، يتعلَّم الإسلام لقوانين مُحيطه ليجود عليه بها؛ ليكتمل ويكون شيئًا كاملًا. وبعد أن يكتمل يستمرُّ في ممارسة إسلامه للحق والحقوق في مُحيطه ليجود عليه بالماء، والغذاء، والدواء، والهواء، والمساحة، والعلاقات، و... وكل ما يحتاج إليه ليكتمل بناؤه، ويُحافظ على بقائه ونمائه.

فالنفس قبل أن تتكون، وهي في مرحلة التشيؤ، تبدأ بالتنافس بين أول عنصرين يجتمعان من أجزائها ويتنافسان ويتفاوضان، ويتفقان على إنشاء النفس وجمع بقيَّة عناصرها (أجزائها) بالتوليد أو بالاستقطاب من المحيط ليكتمل البناء (كما يحدث عند الإنسان). ولِفعل ذلك يجب أن يُسلما لقوانين الحرارة، والضغط، والجاذبية، والحركة، والغذاء، والهواء، و... في مُحيطهما. فالنفس تُسلم قبل أن تكون مكتملة مستوية. وكذلك بعد اكتمالها تستمر في إسلامها لقوانين مُحيطها لتحافظ على بقائها ونمائها بأيسر وأسعد حال مُمكن.

ويُقدَّم إسلام وسجود من في السماء على من في الأرض؛ لأن عناصر الشيء السامية هي الأقرب للمحيط والأكثر احتكاكًا

به. فهي تعي طبيعته أكثر من عناصر أرض الشيء. لذلك هي تُسلِّم لقوانين المحيط وترضى وتتصاغر لها قبل عناصر أرض الشيء.

﴿كُلٌّ قَدْ عَلِمَ صَلَاتَهُۥ وَتَسْبِيحَهُۥ﴾ [النور: 41].

كُلٌّ: للجمع والحصر؛ أي كل شيء دون استثناء. وكذلك النفس وهي في طور جمع أجزائها من مُحيطها لتكتمل وتتكوَّن. وقبل أن تكتمل تتعلَّم أيضًا الصلاة؛ أي تتعلَّم كيفيَّة تواصلها وإقامة صِلاتها (علاقاتها) مع سُنن وقوانين الله المحيطة بها. فتتعلَّم التواصل بين أجزائها (مع نفسها) وكيفية التواصل مع بيئتها لتُجَمِّعَ أجزاءها وتستمر في إقامة (تفعيل وتطوير) صلاتها مع محيطها لتحافظ على بقائها وتزداد ربُوًّا. وأيضًا قبل أن يكتمل بناؤها تتعلَّم التسبيح، وهو السَّبْح مع سُنن المحيط. فتتعلَّم كيفية التعامل مع بعضها ومع محيطها لتسلم وتنجو في معركة تخلُّقِها. كما يفعل السابح في الماء الذي يتعلم ممارسة الطفو لينجو من الغرق، وكالسباحة مع أمواج البحر، فلا نُعارضها. ونحن كذلك بشكل عام نسبح مع قوانين المحيط والمجتمع فلا نُعارضها، فنسبح مع قوانين الصناعة والاقتصاد والزراعة و... ولا نعارضها.

وللنفس زوجية؛ لأن الله يقول إنه خلق من كل شيء زوجين. والنفس شيء فلا بد أن لها زوجًا؛ ولذلك قال:

﴿كُلُّ نَفْسٍ تُجَادِلُ عَن نَّفْسِهَا﴾ [النحل: 111]. ففي داخل النفس زوجية. كما أنك أنت لك زوجيةٌ داخلك. وهو ما يسميه القرين؛ وهو محاور لك يجادلك، وقد تُطوِّعه حتى يكون موافقًا لك لا يحتج على ما تريد. وقد تعطيه حُريته ليراجعك في كل شيء.

ويجب أن تصلُح العلاقة بين سماء الشيء وأرضه. وإذا لم تصلح العلاقة بينهما فهذا دليل على هلاك هذا الشيء وقُرب زواله.

(السماوات) اسم أصله: (س م و)، ومنه: سما، يسمو، سامٍ، يتسامى، سمو، سماء. جميع الاشتقاقات تدل على العلو، والارتفاع، والترقِّي والصعود. فنفهم أن معنى (السماء) هو كل ما علا وارتفع وسما من الشيء.

السماء والأرض يُقدِّمها القرآن كثنائية (زوج) من ثنائيات الوجود. فلكلِّ شيء سماء وأرض: ﴿وَمِن كُلِّ شَيْءٍ خَلَقْنَا زَوْجَيْنِ لَعَلَّكُمْ تَذَكَّرُونَ ﴿٤٩﴾﴾ [الذاريات: 49]. فالوجود قائم على زوجيات (ثنائيات).

فالذرةُ تتكون من عدة عناصر: إلكترونات، وبروتونات، ونيوترونات، وكواركات، وخيوط طاقيَّة، و... وهذه العناصر جزء منها سما وعلا فأصبح سماء الذَّرَّة، وجُزء تَأَرَّضَ

(ارتضته الذرة) وأصبح أرضيَّةً وقاعدة يقوم عليها بناء الذَّرَّة (النواة). فتمايزت عناصر الذرّة لِتكوّن سماءها وأرضها. فالسماء والأرض ثنائية في المخلوقات ككل ثنائيات الوجود: كالحياة والموت، والليل والنهار، والحق والباطل، واليمين والشمال، والجهل والعلم، والصدق والكذب، والجن والإنس، والسالب والموجب، والإسلام والإجرام، و...

كذلك جسم الإنسان له سماؤه وأرضه، فرأسه سماؤه، وأقدامه أرضه التي يقف عليها. كذلك الحصان له سماء وأرض، فظهره سماؤه وأرضه قوائمه. كما أن للغرفة سماءً وأرضًا، فسقفها سماؤها وأسفلها أرضيتها. أيضًا النفس لها سماؤها التي هي طموحاتها وخططها ووعودها وأمانيها وأهدافها ووعودها وآمالها، ولها أرض وهي القيم والمبادئ والمفاهيم والمعلومات الرئيسية التي تنطلق منها وتقوم عليها مشاعرنا وأفكارنا، والتي نُسمّيها (الأرض المعرفية).

وبيَّن أن السماء هي مصدر الرزق والوعود والأوامر بقوله: ﴿وَفِي ٱلسَّمَآءِ رِزۡقُكُمۡ وَمَا تُوعَدُونَ ۝٢٢﴾ [الذاريات: 22]، وقوله: ﴿وَأَوۡحَىٰ فِي كُلِّ سَمَآءٍ أَمۡرَهَاۚ﴾ [فصلت: 12]. فكل وعد ورزق وأمر هو يتنزَّل من سماء الشيء.

وللوطن سماء وأرض؛ فأرضه المواطنون، وسماؤه أصحاب السمو من وزراء وقياديين و... وهم عدَّة طبقات، وأعلى طبقة هي التي فيها الملك أو رئيس الدولة. ومنهم تتنزل الوعود والأرزاق والأوامر والتعليمات والخطط والاستراتيجيات و...

ويجب أن تتم المحافظة على صلاح العلاقة بين سماء الوطن وأرضه، وإذا لم يتحقق ذلك، فهذا دليل على هلاكه وتفككه وزواله.

وكذلك كل سماء وأرض يجب إصلاح العلاقة بينهما. وإذا لم يتم ذلك، فهذا يعني بداية فساد الشيء وهلاكه.

فلو لم نُصلح العلاقة بين أرض وسماء الصحة، أو الصناعة، أو الاقتصاد، أو السياسة أو... فهذا يعني فساد هذه الأشياء.

وإصلاح العلاقة بين سماء وأرض هذه الأشياء يكون بدراسة أرضها وسمائها، وماضيها وحاضرها ومستقبلها، ووضع الخطط والاستراتيجيات والبدائل لحالات التغيرات المفاجئة والطوارئ؛ ليتم الربط وخلق انسجام بين سماء وأرض الشيء ليصلح حاله وحال من له علاقةٌ به كالمواطنين والحكومة والعالم الآخر و...

وكل سماء وأرض هي عبارة عن طبقات. ولكل طبقة سماء وأرض؛ أي إن الأرض الأُولى لها سماء وأرض. وطبقات الأرض الأُخرى كذلك. وللسماء الأُولى أرض وسماء. وطبقات السماء الأُخرى كذلك.

132

وطبقات أرض الوطن تتكوَّن من المواطنين الأصليين الذين هم أهل الأرض، وهم الذين نشأت بهم وعليهم الدولة، ولهم تاريخ طويل على الأرض. وطبقاتها هي: طبقة الأغنياء وطبقة الفقراء و... وطبقة الأرض الثانية هم المواطنون الذين وُلدوا في الوطن وليسوا من أهله الأصليين. وطبقة الأرض الثالثة هم الذين أتوا حديثًا للعمل أو لأي سبب آخر و... (وكما قلنا إن لكل طبقة سماء وأرض). وغير ذلك من التقسيمات.

فيجب على سماء الوطن (أصحاب السمو والمعالي إلى السماء العليا "الملك أو الرئيس") دراسة هذه الطبقات وحقوقها واحتياجاتها، وتلبية ما تحتاج إليه كل طبقة بحسب الإمكانيات المتوفرة.

وكذلك على أرض المواطنين (أرض الوطن) أن يطالبوا بما هو ممكن التحقيق وما يستحقونه، ولا يشتطون في طلباتهم. فيجب خلق توازن بين السماء والأرض؛ لتنشأ علاقة حسنة وتتفق التوجهات لتحفظ سلامة الوطن من التمزُّق والشتات والهلاك.

وللسماء الدور الرئيسي في حفظ سلامة الوطن بين الجميع.

وكما أنَّ العلاقة بين السماء والأرض يجب أن تكون صالحة، فكذلك العلاقة بين طبقات الأرض يجب أن تنسجم بينها. وكذلك العلاقة بين طبقات السماء يجب أن تكون صالحة ومنسجمة.

فأي فساد بين أي طبقتين سينتج عنه أضرار، وخصوصًا الفساد بين الطبقات الرئيسية (العليا من السماء والأرض).

فطبقات السماء يجب أن تنسجم بينها. والسماء السابعة هي المسؤولة عن تحقيق هذا الانسجام بين السماوات، وبين السماء والأرض.

وطبقات السماء الأُولى للوطن هم موظفو الدولة ذوو الوظائف البسيطة. وطبقة السماء الثانية هم الرؤساء والمُديرون. وطبقة السماء الثالثة هم الأعلى منهم. ثم الوزراء ثم المجالس و... وفي النهاية السماء السابعة وهي التي فيها الملك وحاشيته الذين هم محل ثقته وعلى قدر كبير من الثقافة والوعي والاتصالات.

وقد يحدث صِدام في المصالح أو التوجهات سواء في السماء أو الأرض أو بين السماء والأرض.

فربما تتعارض مصالح بعض الطبقات في الأرض فتسوء العلاقات بينهم؛ فيجب أن تفصل السماء السابعة بينهم، وتشُد الروابط بين طبقات الأرض.

وربما تختلف سماوات الوطن أو تتداخل مهامها فتحدث صدامات أو معارضات بين أهلها (الدوائر والوزارات والمجالس). فتفصل السماء السابعة بينهم بتنزيل توجيهات يلتزم بها الجميع.

فالقرآن حين يتكلم عن السماء والأرض، وأن لها بروجًا مُشيَّدة وأنها محفوظة من كل شيطان ومن كل مرود أو تعفرت

وانفلات فهو يتكلّم عن كل سماء وكل أرض بأنها يجب أن تكون كسماء الكون، فيتم ضبطها بقوانين وأنظمة تحفظ الشيء (الوطن أو غيره) من الفساد والهلاك.

﴿وَلَقَدْ جَعَلْنَا فِي ٱلسَّمَآءِ بُرُوجًا وَزَيَّنَّٰهَا لِلنَّٰظِرِينَ ﴿١٦﴾ وَحَفِظْنَٰهَا مِن كُلِّ شَيْطَٰنٍ رَّجِيمٍ ﴿١٧﴾ إِلَّا مَنِ ٱسْتَرَقَ ٱلسَّمْعَ فَأَتْبَعَهُۥ شِهَابٌ مُّبِينٌ ﴿١٨﴾﴾ [الحجر: 16-18]... الآية تقول: إن هناك نظامًا قويًّا بُنيت على أساسه السماء، وأن الأنظمة التي تُسيطر عليها وتُسيِّرها وبرامج (بروج) الحماية التي أُعدَّت ونُصبت لحمايتها وضمان سلامتها هي أنظمة وبرامج مُحكمة وقوية، وأن لها أنظمة أُخرى قويَّة لحمايتها من أي انفلات أو اختراق قد يحدث من الداخل أو من الخارج، وأن كل برنامج فيه مكونات مرتبة ومنسجمة مع بعضها البعض (بروج كبرج المراقبة الذي في الطيران أو الأجهزة العسكرية، الذي يكون له إعداده ونظامه الخاص ليقوم بدور محدَّد) تُشكل بروجًا في سمائها بحيث تكون محمية لِتُحافظ على المكونات من كل شطن أو انفلات لأي عنصر من عناصرها. فسيجد إغراءات وإغواءات تدفعه للقيام بدور ضد مصالح المنظومة فيتسبب بالضرر لها. يعني كي لا ينفلت أي جزء ويُفسد نظام الشيء. وهذا هو مفهوم استراق السمع.

وهذا ينطبق على سماء النفس وما يحدث من شطون لبعض المشاعر والأفكار. إلا أن أنظمة الحفظ المُعدَّة، تقوم بحفظ سماء وعينا، من تلويث وإفساد سموّها بمشاعر أو أفكار شاطنة عن الصواب، تُخرجنا عن السلوك العاقل. فيحدث صعقات كهروكيميائية، فيرد تلك المشاعر والأفكار الشاطنة ويمنعها من إفساد نظامنا السماوي (وعينا السامي).

﴿إِنَّا زَيَّنَّا ٱلسَّمَآءَ ٱلدُّنۡيَا بِزِينَةٍ ٱلۡكَوَاكِبِ ۝٦ وَحِفۡظٗا مِّن كُلِّ شَيۡطَٰنٖ مَّارِدٖ ۝٧ لَّا يَسَّمَّعُونَ إِلَى ٱلۡمَلَإِ ٱلۡأَعۡلَىٰ وَيُقۡذَفُونَ مِن كُلِّ جَانِبٖ ۝٨ دُحُورٗاۖ وَلَهُمۡ عَذَابٞ وَاصِبٌ ۝٩ إِلَّا مَنۡ خَطِفَ ٱلۡخَطۡفَةَ فَأَتۡبَعَهُۥ شِهَابٞ ثَاقِبٞ ۝١٠﴾

[الصافات: 6-10]. يتكلم عن البرامج التي تحفظ حركة الكواكب في المجرات من السلوكيات الشاطنة المؤثِّرة عليها. لا شك أن البرامج التي تؤثر عليها قوية، والتي يصفها بأنها متمرِّدة؛ أي تتمرَّد على قوتها الحافظة التي تقوم على حفظها؛ لذلك لا بد أن تكون برامج الحماية هي أيضًا قوية وقادرة على منع أي انفلات، وصد أي عدوان قد يضر بمصالح الشيء. ولا شك أن السماء هي من يتلقى الضرر الأكبر من أي عملية مقاومة ودفاع. (ولذلك كانت المكافآت في القرآن للمؤمنين لأنهم هم سماء الوطن. سيأتي تفصيل ذلك في الجزء الرابع).

استعمال السمع للتعبير عن خطورة تلك البرامج الشيطانية؛ لأن السمع هو الوصول لأقرب نُقطة من الإدراك. فهي إذًا إشارة إلى قوَّة برامج الحماية وخطورة برامج التهديد. وواضح أن الكلام ينطبق على كل تكوين؛ أي كل سماء سواء الذرة أو المجرة أو المجتمع.

الإلكترون الذي يدور حول النواة هناك قوى مُحيطة به وتؤثِّر عليه وتدفعه للخروج عن القوانين التي يعمل بها لتُزيغه ولِتُزلَّه عن سلوكه الصحيح المضبوط بالنظام الذري الذي يحفظه بالمسار الصحيح. وهذا النظام هو القوى الذرية وهي برامج الحماية المستمرة التي تحفظه بهذا المسار، وهي قوى ضبطها الله ورتبها ونظمها ليصلح بها النظام الذري. ولكن المؤثرات المُجاورة تحاول إخراجه عن السلوك الصالح النافع له ولأرضه، لينفلت ويجن فيشطن عن قوانينه الصحيحة التي تحفظه وتحفظ مجموعته، فلا تستطيع برامج القوى المجاورة أن تؤثر عليه إلا إذا كانت أقوى من برامج الحماية الداخلية التي تحفظه بسلوك محدد يحفظ الكائن (الشيء) من الفساد أو الفناء، (كما تؤثر الأرض على غلافها الجوي كي لا ينفلت أو تفسد أنظمته وطبقاته). وكما يحدث عندما نُفجِّر الذرة. وقس على ذلك أنظمة المجاميع النجمية وأنظمة المجرات، وكذلك أنظمة المجتمعات الإنسانية والأوطان. فالفرد مضبوط ببروج من أنظمة الحماية في المجموعة، كالثقافة سواء اللغة، أو القوانين الاجتماعية، أو العرقية، أو النشوء ضمن هذه

المجموعة والعادات والتقاليد والولاء والانتماء والطباع وغير ذلك مما يحفظه من إفساد منظومته الاجتماعية. وكذلك في عالم الحيوان والنبات.

تكوين السماء والأرض مُوحَّد من نفس العناصر تقريبًا. مع اختلاف بينها في السلوك والتوجُّهات. ففي كوكبنا نرى أنَّ السماء (الغلاف الجوي) يتركَّب من غازٍ تم رفعه من الأرض سواء كان ماءً تم تبخيره أو انبعاثات من البراكين أو مما أثارته الرياح أو غير ذلك. وهذا يعني أنَّ صلاح ما في الأرض يؤدي لصلاح ما في السماء، كما أن السماء هي المسؤولة عن صلاح الأرض. فالعلاقة بينهما مُعقَّدة ومترابطة بحيث يصعب تمييزها أو فصله. لذلك حدَّد القرآن بعض المهام السماوية وبعض المهام الأرضية ليتم بناء فكرة منطقية عليها.

فصلاح أرض الوطن يؤدي لصلاح سماء الوطن؛ لأن سماء الوطن (الموظَّفين والمستشارين بكل مستوياتهم) تتكوَّن من أرض الوطن. فإذا قامت سماء الوطن بتطوير التعليم والصحة والاقتصاد و... فهذا يعني أنَّ كل من سيصعد لسماء وينتمي لمنظومته التي تديره سيكون صالحًا. وإذا لم تهتم سماء الوطن بتعليم وبأخلاق أرضه فكل من سينتقل من أرضه لسمائه، سيكون فاسدًا وسيضر بالوطن أكثر؛ لأنه سيكون مصدرًا للأمر والرزق و... أو أحد مفاصلها.

فيجب أن تعتنيَ السماء بإصلاح الأرض لأنهما يتبادلان العناصر بشكل دائم.

138

وهذا ينطبق على ما في النفس من سماء وأرض. فيجب على الإنسان أن يفهم نفسه وأجزاءها وعناصرها وقُدراتها ومهاراتها وحاجاتها وحدودها و... وأن يضع أهدافه وخططه ضمن ما لديه من إمكانيات واستحقاقات. وأن لا يشيط في تكليف نفسه ما لا تستطيعه فيرهقها ويكلِّفها ما لا طاقة لها به. فبذلك يصنع جنته فيحيا سعيدًا ولا يأسى على ما فاته وما لا قُدرة لديه على إدراكه. ويجعل هناك أبوابًا في سمائه مفتوحة للنفوذ إذا أمكنته الفرصة.

﴿وَلِلَّهِ يَسْجُدُ مَن فِي ٱلسَّمَٰوَٰتِ وَٱلْأَرْضِ﴾ [الرعد: 15].

السجود قانون كوني، تتعلَّمه الأنفس (الموجودات). فالسجود لله هو الرضا والتصاغر لسُنن وقوانين الله. وضدُّه الإباء والكبر. (سيأتي تفصيله).

﴿وَلَهُۥ مَن فِي ٱلسَّمَٰوَٰتِ وَٱلْأَرْضِۖ كُلٌّ لَّهُۥ قَٰنِتُونَ ٢٦﴾ [الروم: 26].

القنوت ظاهرةٌ من الظواهر الكونية؛ لأنه قال: ﴿كُلٌّ لَّهُۥ قَٰنِتُونَ ١١٦﴾ [البقرة: 116]. فكل شيء دون استثناء يمارس القنوت له. ولم يقل (كلٌّ لله قانتون). يشير إلى وعي الأشياء بضرورة القنوت للنظام الكوني. (سيتضح ذلك عند الحديث عن معنى الإسلام في الجزء الرابع).

139

القنوت هو مهارةٌ لدى كل شيء. وهي ككل مهارة تتفاوت بين الأشياء. وهو وعي من سلوك سابق، والاستفادة منه في السلوك القادم. فكل شيء لديه وعي، ولكنه محدود بحدود قيمته ودَوره في الوجود. فالذرات تحتاج إلى تريليونات التجارب لتستوعب كيفية إجراء العلاقة الصحيحة، التي تستطيع أن تقاوم عمليات التفكيك في المحيط؛ لتبني سلسلة حمض أميني. وكلَّما ارتقت الحيوية في الشيء ارتقت مهارة القنوت لديه. لذلك فإن الإنسان هو أرقى من يقنت لربه؛ أي أرقى من يرتقي بقوانينه ليربو.

القنوت هو مراجعة ما كان، والاستعداد لما سيكون (مراجعة ما فات والاستعداد لما هو آت). وتتعلَّم النفس غير ذلك مما ذكره القرآن من القوانين الحاكمة والمُسيطرة في الكون، والتي تُحقِّق البقاء والنماء للكائن بأيسر حال وأسعده.

القنوت من قنت يقنت قانت قانتة قناة... وهي قناة ينتفع بها الكائن ليحقق بقاءه ونماءه. فالقنوت ككل الظواهر الكونية التي تساعد الشيء لينجو في معركته في الوجود.

وحرف القاف يدل على قوَّة وقراءة. وحرف النون يدل على نشوء ونفع ونبات. وحرف التاء يدل على تفعيل لشيء.

وكلمة قانون تطورت من كلمة قنوت، وكلتاهما جاءت من كلمة (قن)، والتي تعني نظامًا، يقنن (يقونن) شيئًا ما.

مثال على معنى النفس.

السيارة موجودة، فإن كانت لا تعمل فهي ميتة ولا نفس فيها، فإذا شغلتها أصبحت تتنفس؛ أي أنَّك أحييتها وبعثت فيها الحيوية والحياة لتتحرك وتسير وتمارس سلوكها الذي يُعبِّر عنها كسيارة. فهي حين كانت واقفة لم تكن تعدو؛ كونها مجرد مركبة (شيء يُركب) ولم تصبح سيارة بعدُ؛ لأنَّها لم تَسِر بعدُ. وحين كانت مُفكَّكة قبل تجميعها لم تكن لا مركبة ولا سيارة؛ لأنَّها لا تسير وغير مُركبة لِتُركب، فلا يمكن ركوبها قبل تركيبها، فهي ميتة كسيَّارة قبل تشغيلها، رغم أنَّها موجودة. ولكنها كانت في حالة رقود وخمول وجمود؛ لأنَّها لم تكن تتحرك وتسير لتُعبِّر عن نفسها كسيارة.

وكذلك العاقل إذا لم يتصرَّف كعاقل فهو ميِّت؛ لأنه لا يسلك سلوكًا يُعبِّر عنه كعاقل. فموت النفس هو عدم تعبيرها عن نفسها؛ أي عدم قيامها بسلوكها الرئيسي الذي يُعبِّر عنها. وهذا يعني أن الإنسان قد يكون ميتًا وهو يأكل ويشرب ويتكاثر ويتكلّم، ولكنَّه لا يتصرف بسلوك العاقل، فيكون قد فقد صفته الأساسية التي تُعبِّر عنه وتُميِّزه عن غيره من الأحياء (السلوكيات العاقلة). لهذا فإن قوانين الحق في الوجود ستحكم عليه بالهلاك؛ لأنه لا يشكر ما لديه من نِعَم وهبات من حقائق

الخلق؛ أي إنه لا يُفَعِّل مهارته ويعبر عن نفسه العاقلة. فلذلك هو لا يستحق هذه الهبات وسيتم نزعها.

وهذا هو مدلول ما قاله المسيح لأحد أتباعه: «**دَعِ الْمَوْتَى يَدْفِنُونَ مَوْتَاهُمْ، وَأَمَّا أَنْتَ فَاذْهَبْ وَنَادِ بِمَلَكُوتِ اللهِ**» (لوقا 9: 60) فهو قد وصف أناسًا أحياء يتحركون ويدفنون أمواتهم والذين فقدت أنفسهم حيويتها بأنهم موتى؛ وذلك لأنهم كانوا لا يتصرفون بسلوك العاقل الذي يُعبِّر ويدل على أنه إنسان عاقل؛ أي إنهم لا يُعَقْلِنون وجودهم ومُحيطهم. فالذي لا يعقلن وجوده ميت وإن كان يأكل ويشرب ويمشي بين الناس.

فالنفس الإنسانية الميتة هي التي تعيش بسلوك غير عاقل؛ لأنها فقدت التعبير عما يميز الإنسان وهو عقله الذي يدرك ويعي ويحكم التصرف؛ لذلك وصف الله لنبيه الذين يبلغ آذانهم دعاؤه ويدبرون عنه بأنهم موتى وأنهم لا يسمعون:

﴿إِنَّكَ لَا تُسْمِعُ ٱلْمَوْتَىٰ وَلَا تُسْمِعُ ٱلصُّمَّ ٱلدُّعَآءَ إِذَا وَلَّوْاْ مُدْبِرِينَ ٨٠﴾ [النمل: 80]. وكذلك بيَّن الفرق بين الإنسان الميت والحي في قوله: ﴿أَوَمَن كَانَ مَيْتًا فَأَحْيَيْنَٰهُ وَجَعَلْنَا لَهُۥ نُورًا يَمْشِى بِهِۦ فِى ٱلنَّاسِ كَمَن مَّثَلُهُۥ فِى ٱلظُّلُمَٰتِ لَيْسَ بِخَارِجٍ مِّنْهَا﴾ [الأنعام: 122].

فالنفس الحيَّة هي التي تعيش وتُعبِّر عن حيويتها مع نفسها وفي محيطها.
الإنسان تلقَّى نفخة الروح التي تجلَّى وظهر له بها الله (الظاهر ذو الجلال) كعلم وصل إليه في قلبه، فزاده علمًا وأخلاقًا. فتوسعت المفاهيم لدينا وزاد وعينا في كل شيء. وأخذ ذلك ملايين السنين، حتى ظهرت وعلت واستقرَّت هذه البرامج والمفاهيم النفسية الجديدة التي غيَّرت سلوكنا ومسارنا ومُخططاتنا المستقبلية. حتى ظهر الاستيطان والتدجين وبناء العلاقات الواسعة مع الآخرين رغبةً في التعارف والمشاركة بكل شيء. ثم ظهرت أنظمة المدنية والحضارة، ثم الدولة، ثم تمكنَّا من بناء مستعمرات كبرى، ونشأت الإمبراطوريات بسعينا الفطري (الغريزي) للاجتماع. وتوسعت مفاهيمنا التي دفعتنا تلقائيًّا إلى العلمانية، فهي قدرنا المحتوم.

فمُنذُ تكويننا للأُسرة، ثم للقبيلة، ثم للقرية إلى الإمبراطورية، ونحن نسعى للتعارف وتوسيع علاقاتنا ومعارفنا وعلومنا وقوانيننا والاستفادة من قوة بعضنا البعض. ولن تتوقف غريزتنا عن دفعنا للعلمانية حتى نتَّحد بجميع أطرافنا في العالم ونتصل ببعضنا بسهولة لنتبادل خبراتنا وتجاربنا وأفكارنا ومشاعرنا وصناعاتنا وزروعنا وجيناتنا، تحت نظام التعايش السلمي. وهذا هو دين الإسلام. فالدين هو النظام. والإسلام هو

التسليم للسلام. وقد أشار القرآن لهذه المعاني في مواضع عدَّة: ﴿وَجَعَلۡنَٰكُمۡ شُعُوبٗا وَقَبَآئِلَ لِتَعَارَفُوٓاْۚ﴾ [الحجرات: 13].

فالنفس تسعى لتوسيع آفاقها واتصالاتها وعلمنة حقوقها وعلاقاتها، ﴿ٱلۡحَمۡدُ لِلَّهِ رَبِّ ٱلۡعَٰلَمِينَ ٢﴾ [الفاتحة: 2]؛ دلالة على عالميَّة الله، فلا يجوز احتكار الله لفئة، أو طائفة، أو فرقة، أو مذهب، أو مجتمع، أو جيل، أو كتاب، أو... لأنَّه رب العالمين ورب الناس ورب كل شيء.

الحمد: بلسان القرآن هو القضاء (الحكم) بالحق. فالحمد لله تأتي في القرآن بعد أن يقضي الله بأمر أو يحكم بشيء كقوله: ﴿وَقُضِيَ بَيۡنَهُم بِٱلۡحَقِّۚ وَقِيلَ ٱلۡحَمۡدُ لِلَّهِ رَبِّ ٱلۡعَٰلَمِينَ ٧٥﴾ [الزمر: 75].

الله: هو الذي يؤول إليه كل الوجود، فهو الحق ﴿ٱللَّهَ هُوَ ٱلۡحَقُّ﴾ [الحج: 6]، و[الحج: 62]، و[النور: 25]، و[لقمان: 30]. وهو منتهى العلم والحكمة ﴿وَٱللَّهُ مَوۡلَىٰكُمۡۖ وَهُوَ ٱلۡعَلِيمُ ٱلۡحَكِيمُ ٢﴾ [التحريم: 2].

رب: وهو مصدر الربُوّ والنماء والزيادة الذي يرعاها ويربيها وينميها. ﴿ٱرْجِعْ إِلَىٰ رَبِّكَ فَسْـَٔلْهُ﴾ [يوسف: 50].

العالمين: كل من هو قادر على تعلُّم (تلقي) المعلومة والتعامل معها (المتعلم/العاقل)؛ لأن غير العاقل لا يتلقى المعلومة ولا يتعامل معها، فلا يقضي بحق ولا يربو.

الحمد لله رب العالمين: أي إن القضاء والحكم للحق والعلم والحكمة، يُربي ويُثري كل من يتلقَّى العلم ويعمل به.

لذلك، فإن عبارة «اللَّهَ **هُوَ الْحَقُّ**» هي المنطق القرآني لعالميَّة وعولمة الحق والحقوق بين البشر، فلا يجوز احتكار منطق الحق والحقوق لفئة، أو فرقة، أو عرق، أو دولة، أو مجتمع، أو...

والروح هو البرنامج الذي توسعت به مداركنا، وتطورت وتغيَّرت به أخلاقنا؛ فمِلنا إلى توسيع بعض مشاعرنا النفسية؛ فزاد لدينا حب الحق والحقيقة وتتبع الحقائق، فعَبَدنا الحق، وزاد لدينا حب العلم والعلوم وجمع المعلومات والربط بينها؛ فعَبَدنا العليم، وحب السِّلم والسلامة والتسليم للسلام؛ فعَبَدنا السلام، وحب الأمن والأمان والأمانة؛ فعَبَدنا المؤمن.

فالمعاني السامية للنفس كالحب، والحكمة، والأمانة، والحياء، والحلم، والعفو، والعِفَّة، والوفاء، والعدل، والبر، والإحسان، والسكينة، والرحمة، والصدق، والإحسان، واللطف، والود، و... ويمكن أن نعدد حتى نصل إلى مليارات السِّمات (الصفات) والمشاعر للنفس التي تشكلت وتكاملت عبر مليارات السنين من قبل فترة البشرية وإلى اليوم، وهي تتركب وتتكامل في النفس كصفات يتم اكتشاف قيمتها وأهميتها من التجارب والمُلاحظات. ومن مُشاركة وتبادل المعلومات والخبرات والتطور والتَّرقي بين الجنس، فيتم اصطفاؤها وانتخابها والرغبة بتثبيتها. بإصرار النفس على ترسيخ هذه الأخلاق (الصفات) الجديدة بتناقلها ورعايتها في كل جيل لتكون حقًّا مُستحقًّا بالجد والاجتهاد (الجهاد) والسعي الصادق لتحقيقها كَسِمات وصفات رئيسية للإنسان.

فقامت العوامل والفواعل (السنن "القوانين") بحفر هذه الصفات في الجينات كحقٍ مُستحق بالسعي والجهاد والالتزام والتواصي بها بتربية النشْء عليها وتبنِّيها والمُحافظة عليها واكتسابها كمُورِّثة أساسية في تركيبنا النفسي ثم الجسدي. فتمت تسوية نفس إنسانية عاقلة تنقَّلت وتركَّبت في عدة أطوار وفي عدَّة أطباق مختلفة ومتنوعة حتى تطورت النفس والجسد لما نحن عليه الآن. وما زلنا نرتقي ونتطوَّر ونكتسب. فالجسد مستمر في تَرَقِّيه وتطوُّره مدفوعًا بإرادة النفس وتوجيهاتها. فإن دفعته لبناء جسد قوي، أو ضعيف، أو مرن، أو... وأصرت

على ذلك فسيتغير الجسد ليكون كما تريد النفس، ولكن بالتدريج بعد أجيال عديدة.

التسوية، والاعتدال نفسيًّا وجسديًّا، ونفخ الروح، وتعليم الأسماء و... هي منعطفات مهمة يذكرها القرآن عن تاريخ تطورنا وقصَّتنا في الوجود ووصولنا لمرحلة الإنسان العاقل (الهوموسيبيان). وهي مراحل حققنا فيها تقدمًا مميزًا يمثل نقلةً نوعية لنا. فمستوى آدم آخر مُنعطف مهم في مسيرة التطور النفسي للإنسان. وآدم عدَّة أجيال بدأت بحركة التمييز (التقليم) والتعلُّم والتلقِّي: ﴿وَعَلَّمَ ءَادَمَ ٱلْأَسْمَآءَ كُلَّهَا ثُمَّ عَرَضَهُمْ عَلَى ٱلْمَلَٰٓئِكَةِ﴾ [البقرة: 31]؛ أي بدأ ظهور آدم بحركة علمية نشأت في النفس بقراءة محيطها لتتعلَّمه، وتفهمه، وتتعرَّف على سماته وصفاته، وتُميِّز بين أشيائه، وتُحلِّلها، وتُصنِّفها، وتربط بين معلوماتها، لتستنتج ما ينفعها، ويُطيل بقاءها، ويحقق نماءها بأيسر وأسعد حال.

وهي مرحلة ظهور اللغات والقدرة على نعت كل شيء باسم يُميِّزه عن الأشياء الأُخرى التي في المحيط.

﴿هُوَ أَنشَأَكُم مِّنَ ٱلْأَرْضِ وَٱسْتَعْمَرَكُمْ فِيهَا﴾ [هود: 61].

استعمركم أنتم وليس الأرض؛ أي إن المطلوب منكم هو إطالة أعماركم في الأرض. وليس المعنى عمارة الأرض فهو لم يقل: (استعمرها بكم) بل قال: (واستعمركم فيها).

نفخ الروح عملية استمرت لقرون كثيرة (أجيال كثيرة)، وليست كما تُصوِّرها كُتب التراث بأنها نفخ للهواء في جسد طيني (كنفخ الهواء في المزمار). فالنفس العاقلة فيها مليارات الصفات رسخت وتطورت عبر مراحل كثيرة ومتنوعة من الترقِّي الحيوي، حتى قيل بأن أعمق كلمة هي النفس. ولو كتبت مواصفات وسلوكيات الطائرة حديثة الصنع فسنحتاج لعدَّة مُجلَّدات، فكيف بالنفس المُتركبة من أقدم حيوات الوجود!

النفس لها جوانب وأبعاد وأعماق ومستويات فصَّلها وفسرها القرآن. فكل كتب الله، والأنبياء، والرسل، والحكماء، والفلاسفة، والمُستنيرين، يستهدفون قراءة الوجود، وتحليل حركته وأنظمته التي تُحقق البقاء والنماء بأيسر حال وأسعده، وخصوصًا قراءة النفس، وتقديم هذه المعلومات للإنسان؛ ليرتقي في بناء نفسه وتطويرها ليصلُح حاله.

فالقرآن نزل لإصلاح هذه النفس وتقويمها وعلاجها، فذكر جميع حالاتها وتحولاتها، وتربيتها، وتركيبها، وفصَّل وبيَّن أمرها لنتعلم صدقها وكذبها (خداعها). فمدار آيات القرآن كله

على النفس، فكأنَّه كتاب علم نفس؛ لأنه يُفسِّر ويُفصِّل النفس أكثر من أي شيء آخر.

النفس شكَّلت وطوَّرت الجسد ليخدم حاجاتها، وهي مستمرَّة ومُصرة على تطويره أكثر. لكن جزءًا منها أبلس عنها، وهو (إبليس)، الذي يمثل مجموعة صفات نفسية متعددة تجمعها صفة (إبليس): يأبى ويستكبر عليها؛ لأنها تُبعده، وترجمه، وتُنحِّيه، وتُهبِّط وتُضعِف قوَّته ودوره وفعله، في النفس؛ لِتُقدِّم صفاتٍ أُخرى عليه. بينما كان هو الفاعل والمُؤثِّر الأكبر لملايين السنين. كما أن طبيعته نارية لا تقبل أن يُسيطر عليها. ولأنَّ نفخ الروح وسَّعَ المشاعر والمفاهيم الحسنة لدى الإنسان، فزاد حيِّزَها داخل النفس كصفات تعلمتها وتلقَّتها حديثًا من ربها (منطق ربوِّها ونمائها). فأصبحت هذه الصفات قوية جدًّا؛ فتمَّ تأميرها في النفس لتتأمَّر عليها وتقوم بقيادتها، وتوجيهها، وتم إعطاؤها صلاحيات لتقوم بأي تعديلات في النفس، وقراراتها، وسلوكها، وتحديد نوع المُكتسبات، بمعنى أنَّ الإنسان بأمر قوانين الحق (الله). قام بترقية صفات وتنحية صفات. وذلك في محاولة لتطوير نفسه. فتلك الصفات التي يجب تنحيتها وعقلها بعقال من الوعي جمعها لنا باسم (إبليس).

عن طريق الإلهام، النفسُ عرفت الفجور قبل التقوى ﴿فَأَلْهَمَهَا فُجُورَهَا وَتَقْوَىٰهَا ۝٨﴾ [الشمس: 8]، والضلال قبل الهدى ﴿وَوَجَدَكَ ضَآلًّا فَهَدَىٰ ۝٧﴾ [الضحى: 7]؛ فكان الإنسان ضالًّا حتى اهتدى لربِّه. وهذا ممَّا يؤيد أن الفوضى الخلَّاقة (على اختلاف في مفهوم الفوضى) هي نظام الخلق في الوجود، حتى بالنسبة للعاقل. فالتنظيم والنظام يولد من رحم الفوضى والعشوائية، بل إن الحياة نفسها جاءت من الموت. فأنظمة الإنسان جاءت من الظلمات والجهل الفساد والفجور إلى العلم والإصلاح والتقوى (التنظيم والقوننة).

فمن الجهل والعدوان والظلم والفساد خرج الإنسان العاقل.

والإلهام هو التلقي بغير جهد. بينما الوحي هو التلقي بجهد من الشيء. تمامًا كقولنا عن الجسد إن له حركات إرادية وحركات لا إرادية.

فالإنسان الواعي العاقل جاء من عصور مُظلمة، ومن شريعة الغابة، ومن الجهل والإفساد، وسفك الدماء ﴿يُفْسِدُ فِيهَا وَيَسْفِكُ ٱلدِّمَآءَ﴾ [البقرة: 30]؛ فتغيَّرت الأهداف والمُخططات، وتغيَّر السلوك بعد التسوية ونفخ الروح من

مرحلة الإفساد والفجور إلى الإصلاح والخلافة والتعارف والتكريم وسجود الملائكة وتسخير ما في السماوات والأرض.

فزادت وعلت وارتفعت قيمة الإنسان ودَوره ومهمته في الوجود؛ لأنَّه تحمَّل الأمانة، وهي مسؤولية الخلافة على الأرض، والتساؤل عن كل شيء وعقلنته (إرادة إدارة ما حوله) فتغيَّرت الاستراتيجيات وتغير المسار والمُخطط والأهداف وانتقلنا لمرحلة أنْسَنَة سلوكنا والارتقاء بأخلاقنا والتخطيط لإنسانيتنا كجنس مميز مسؤول عمَّا يفعله وعمَّا حوله. ولم تعد أهدافنا هي بناءنا الفردي؛ أي إن وعينا بقيمتنا اتَّسع لكل إنسان في كل زمكان، ولكل شيء.

فتم رفع قيمة الإنسان، فمصلحة الإنسانية هي مصلحة الفرد ومصلحة الفرد هي مصلحة الإنسانية. وأصبح يؤمن ويفكر بالغيب (المُستقبل)، ويحاول قراءته ليضع خططًا واستراتيجيات تقينا نكباته وعقباته، كقراءته لمستقبله الزراعي، والسياسي، والاقتصادي، والاجتماعي، والصناعي، ووضع مخططات لتلافي عوائق التطوُّر والترقِّي.

وما زلنا نعيش فوضى إنسانية خلَّاقة حتى تستوي وتستقر أنظمتنا وسلوكياتنا الإنسانية، فالحروب والنزاعات تتناقص مع التقدُّم الإنساني. فحروب ونزاعات الإنسانية قبل عشرة

آلاف سنة أكثر منها الآن، وستكون أقل من ذلك بكثير بعد عشرة آلاف سنة أخرى؛ هذا لأن الأخلاق تراكمية، وكذلك العلم. فكل جيل تكون أخلاقه وعلومه أوسع وأفضل من الجيل السابق. فأجيال المستقبل ستكون علومها وأخلاقها أفضل من أجيال الحاضر. كما أنَّنا أفضل من الأجيال السابقة؛ لأن التطور قانون حاكم على كل شيء. والأخلاق والعلوم تتراكم وتتسع مع كل جيل. فمن آمن بالغيب (المُستقبل) وتفكَّر وتدبَّر في مُستقبله وفعل الأعمال التي يصلح بها حاله فهو المؤمن الذي حقق الأمن والأمان (الإيمان) بالتعلُّم والعمل وسيُنجيه الحق من الخسران والارتداد لأسفل سافلين.

الله في القرآن يدفع الإنسان ليستبيح الوجود ويستكشفه بتأييد من مالك الملك الذي اصطفاه خليفة له، وسخَّرَ وأباح له كل شيء ليُحقق لنفسه اليُسر والسعادة. وأخبره عن الشرطين الأساسيين للنجاة من الخسران ومن الارتداد لأسفل سافلين، وهما: (الإيمان) و(عمل الصالحات): ﴿إِنَّ ٱلْإِنسَٰنَ لَفِى خُسْرٍ ۝٢ إِلَّا ٱلَّذِينَ ءَامَنُوا۟ وَعَمِلُوا۟ ٱلصَّٰلِحَٰتِ﴾ [العصر: 2-3]، ﴿ثُمَّ رَدَدْنَٰهُ أَسْفَلَ سَٰفِلِينَ ۝٥ إِلَّا ٱلَّذِينَ ءَامَنُوا۟ وَعَمِلُوا۟ ٱلصَّٰلِحَٰتِ﴾ [التين: 5-6].

فالإيمان وعمل الصالحات هي ثنائية (زوجية) البقاء والنماء للإنسان، وهي التي بدونها يخسر الإنسان ويتخلّف؛ أي يرتد لشريعة الغاب؛ أي إنه إذا فقد مهارة العقلنة، فإنه يخسر ويرتد لمستوًى دون البهيمي، وهو مستوًى دوني عاشه في عصور ظلماته، فكان يُفسد ويسفك الدماء حتى كاد أن ينقرض بسبب جهله وظلمه وعدوانه.

جديرٌ بالملاحظة أن الآية لم تقل: (الذين آمنوا «بالله» وعملوا الصالحات)، فلم تحصر الإيمان بالله، أو بالقرآن، أو بالرسول، أو بالملائكة، أو بالكُتب. وليس ذلك نسيانًا، أو أو جهلًا -تعالى عن ذلك سبحانه-، وإنما قال -وهو الفعَّال لما يُريد- عدة مرات: «**الَّذِينَ آمَنُوا وَعَمِلُوا الصَّالِحَاتِ**» وفيها يُطلق الإيمان ويجعله محررًا من الاقتران بشيء، فجعل الإيمان متعلقًا بمعناه فقط وبما يشتق منه من دلالات الإيمان، والأمانة، والأمان، والتأمين، (آمِن مَأمُون مُؤمِن مُؤَمَّن أمين مُؤتمن). فيصبح الإيمان المطلوب هو الإيمان المطلق القائم على إيمان الإنسان بذاته، ونفسه، وعقله، وبدنه، وماله، وأسرته، ومجتمعه، ووطنه، وإنسانيته، ووجوده، ليكون صانعًا للأمن والأمان في كل توجُّهاته.

فأوّل الإيمان هو إيمان الإنسان بالحقائق والحقوق. ويبحث عنه ويحققه بنفسه، وبنوعه، وبالحياة، وفي كل ما حوله، فإذا آمن

153

بهذه الأشياء، وصدَّق بها، وتعلَّمها، وعمل الصالحات لتحقيقها؛ أي فعل ما يصلح به شأنه (حاله)، فهو المؤمن في القرآن (سيأتي تفصيل الإيمان في الجزء الرابع).

فصل (10)

الفجور والتقوى

فَأَلْهَمَهَا ﴿... فُجُورَهَا وَتَقْوَاهَا ٨﴾ [الشمس: 8]. الفجور والتقوى زوجيتان (ثنائيتان) في النفس. والفجور مقدم على التقوى، وهو أمر له دلالته كما سنعلم. وكلاهما إلهام للنفس المسوّاة؛ أي إن النفس اكتسبتهما بشكل تلقائي. بدون جهد ولا مشقة؛ أي إنهما تركّبا في النفس فورًا بعد ولادتها وتسويتها (تسوية العلاقة بين طاقتها النارية وطاقتها الطينية).

﴿بَلۡ يُرِيدُ ٱلۡإِنسَٰنُ لِيَفۡجُرَ أَمَامَهُۥ ۝٥﴾ [القيامة: 5]. الفجور طبيعة الإنسان الأولى الخلّاقة. فغالبًا بها يخلق ويبتكر ويخترع ويتطور الإنسان، ويتجاوز الأقطار وينفذ إلى الآفاق المادية واللا مادية (آفاق الخلق والأمر) لكل شيء (أمامه) بطبيعته التي تميل به للتقدم في الوجود ليكون إمامًا له، حتى استحق ما ناله من علوٍ على غيره.

الفجور: طلب الزيادة مع المغامرة بالمكتسبات. وهو خروج وتجاوز للمألوف والمُعتاد والطبيعي، والمُغامرة بالمكتسبات لاقتحام أفق جديد لاكتشافه أو الارتقاء إليه. فبالفجور استحققنا التكريم والتسخير. وبالفجور غامرت النفس، وتحدَّت، وجازفت، وتعرضت للمخاطر، وتجاوزت المنطقي، والمتوقع، والمألوف؛ لِتكون فكانت ونالت فوق ما توقعت وأمَّلت. وأثناء مغامراتها، ومُجازفاتها، لتتكون وتتكامل (أثناء فجورها) أُلهمت التقوى لتقليل الآثار
الجانبية لفجورها. ففي الأصل هي فجرت لتخترق حاجز الموت وتتخلق وتظهر وتتجلّى في الوجود.

فجرنا أمامنا في آفاق الأشعة بفضل ماري كوري (رحمها الله)، فسخرناها في الطب، والاكتشاف، والفضاء، وغيرها. ولم نكن لنعرف كل هذا لولا فجور ماري كوري، ومُجازفتها،

ومُغامرتها، وإصرارها الذي عرَّضها للخطر فماتت بالسرطان بسبب تعرضها المتكرر للإشعاعات. إنَّه فجورٌ يُحبه الله، ويجعله مكافأة، وعملًا لعباده في الدار الآخرة.

﴿يُفَجِّرُونَهَا تَفْجِيرًا ۝٦﴾ [الإنسان: 6]؛ أي إن في الآخرة مجالات

إبداع، وابتكار، واكتشاف، واختراعات، وتجديد، مستمرَّة. وكل من تجرأ على ذلك في التجربة الأولى (الدار الدنيا "المدار الأدنى") سيكون أكثر إبداعًا في التجربة الثانية (الآخرة). فَجَرْنا أمامنا في آفاق وأقطار الذرَّة فسخرناها في مجالات متنوِّعة لخدمة الإنسانية.

الفجور هو من الطاقة النارية (الجنية) المُركَّبة فينا، فهي أقدم من الطينية في العمل في النفس، وتوجيهها؛ ولذلك قدم الفجور على التقوى؛ مما يعني أنَّ النفس بدأت ظهورها مُعتمدةً على أقوى مهاراتها وطاقاتها، فكان فجورًا غير مُعقلنٍ، لم يكن مُنظمًا في البدايات، وكان هو سلوكنا المُعتاد في عصور الظلمات، في زمن الفساد وسفك الدماء. وبعد ذلك أُلْهِمنا التقوى. فبدأ يتسلل الوعي لأنفسنا، فأصبحنا نُمَنْهِج الفجور ونُنظمه لمصلحة الإنسانية حتى أصبح راعيًا لأهم تطوراتنا العلمية. فنحن انتبهنا إلى أن ممارسة الفجور في كل شيء وبدون التقوى يُدمِّر حياة الفرد والمجتمع. ورغم أننا لاحظنا ذلك، فإن رغبة الفجور لدينا ما زالت مُؤثرة وفاعلة، لدرجة

أننا أحيانًا نفقد السيطرة عليها إذا رأينا وراءه نتائج كبيرة، سواء كانت نافعة أو ضارَّة. فالتقدُّم للأمام ورغبة الإنسان ليفجر أمامه تتجاوز سيطرته على نفسه ولو كان الثمن حياته.

ولكن الفجور يكون مُدمِّرًا لو مارسناه في كل مجال؛ لذلك وضعنا له حدودًا، ولكنه ككل طاقة نارية ينفلت منها أحيانًا.

فلو وجدنا فردًا أو مجتمعًا يفجر في كل شيء كقوانين الغذاء، والدواء، والأمن، والنوم، والعمل، والسلامة، والصناعة، والزراعة، والتعليم، والصحَّة، والسياسة، والاقتصاد، و... فيتعدى، ويُخالف، ويُغامر ضد كل مُعتاد، ومألوف، ومعروف، وطبيعي، و... فبالتأكيد سيهلك سريعًا.

فجورنا جعلنا نصل لحقائق، وعلوم، ومعارف لم نكن لنعرفها لو لم نَفجُر أمامنا، بدءًا من تفجير الماء إلى تفجير الذرَّة. ولولا أنَّنا أُلْهِمْنَا الفجور؛ لكُنَّا كغيرنا مُسخَّرين لمن قدَّم ملكة الفجور في نشوئه.

الفجور يكون حقًّا مُستحقًّا للإنسان أن يفجُر أمامه إذا رأى أمامه عملًا فيه أملٌ لنفعه ولنفع أخيه الإنسان. عندها يجوز للإنسان أن يفجر ويتجاوز المعتاد، ويُغامر بما لديه، ولو بحياته ليرى آفاقًا علمية أو عملية جديدة، فيطَّلع على غيب الله؛

لينفع به نفسه وعباد الله، كما فعل العلماء والمُكتشفون الَّذين جاهدو في سبيل الله (الحق/العلم/الحكمة) حقَّ جهاده، وتعرضوا للمخاطر ليطَّلعوا على الغيب، ويشاهدوه، ويشهدوا عليه، وينقلوا لنا أمره، وعلمه؛ لنتعلَّمه، ونستفيد منه ونُسخِّره لخدمة الإنسانية، كما فعل كل علماء التاريخ، الذين عرَّضوا أنفسهم للخطر وللموت أحيانًا، ليقدموا لنا معلومات تُفيدنا، سواء أكانوا رحالة يكتشفون أرجاء الكوكب، أو كانوا يستكشفون الفضاء والكون الفسيح، أو كانوا باحثين من مكتشفي الطاقة والأشعة والأدوية، أو مُفكِّرين من مبدعي النظم ولغات البرمجة، ومؤسسي العلوم الحديثة أو مخترعين، أو... فهؤلاء هم الشهداء في القرآن، الذين أشهدهم الله على غيبه الذي خصَّهم به.

الفجور سبق التقوى، وهذا طبيعي؛ فالحياة ليست سهلة المنال، والمُحافظة عليها أصعب. فالنفس مرَّت بصعوبات كبيرة، وكثيرة لتتجلى وتظهر للوجود؛ فقاومت، وقاتلت، وغامرت، واعتدت، وجازفت بكل شيء في البدايات، لتتكوَّن وتكون؛ فانتزعت نفسها مما حولها انتزاعًا مُستحقًّا جعلها حقيقةً تفرض نفسها في مُحيطها، وبلغت أعلى آفاق الحياة والحيويَّة؛ بممارستها للفجور لعدَّة أجيال. فاستحقَّت هذا المستوى العاقل الذي لم يتأتَّ لغيرها.

﴿يَٰٓأَيُّهَا ٱلنَّاسُ ٱعۡبُدُواْ رَبَّكُمُ ٱلَّذِي خَلَقَكُمۡ وَٱلَّذِينَ مِن قَبۡلِكُمۡ لَعَلَّكُمۡ تَتَّقُونَ ٢١﴾ [البقرة: 21]؛ أي يجب أن نعبده لنتقيه؛ فلا نتعرض لغضبه، أو لعذابه، ولا نخسر، أو نرتد لأسفل سافلين. فالعبادة تُحقق لنا التقوى من عذاب الحق، وغضبه، وناره، و... وعبادته هي اتباع قوانينه في كل. شيء. والكفر به هو معصية قوانينه.

ومن عبادته أن نتعلَّم كيف خلق ولماذا خلق وكيف نتعايش بسلام وأمن وسعادة ويُسر. أن نتمثل الله (الحق، العليم، الحكيم، و...)؛ أي أن نتمثل الحق والعلم والحكمة في أنفسنا وفي سلوكنا مع كل شيء. فمن لزم الحق ولم يتجاوزه فهو من المُتّقين، فتقواه هي ألا نفجر في التعامل مع الأشياء. فخلافته هي أن نطبِّق سِماته في سلوكياتنا.

فلا يُمكن أن نتقي الله في صحَّتنا ليرضى عنَّا فلا نمرض، حتى نتدبَّر ونتفكَّر ونعرف طُرق تحقيق صحَّتنا، وسبلها، وأسبابها، فلا نتعرَّض للمرض، ونعلم كيف نتقيه، وما هي أدواؤه. وهذا يعني العلم والعمل بقوانين الصحة والمرض.

ولا يمكن أن نتقي الله في تجارتنا حتى نتعلَّم مهاراتها، وجوانبها، وأسبابها، وطرقها؛ كي لا نتعرَّض للخسارة، أو الإفلاس، أو الفقر، أو... وهذا يعني العلم والعمل بالقوانين التجارية.

ولا يمكن أن نتقي الله في زراعتنا حتى نتعلم الزراعة ونمارسها ونجرِّب ونبتكر ونتطور بها؛ كي لا نتعرَّض لفساد المحاصيل والبذور أو... وهذا يعني العلم والعمل بقوانين الزراعة.

وعليه، فإننا نتعلم، ونتفكر، ونتدبر، ونعمل؛ لنتقي مخاطر الخسارة في التجارة، والزراعة، والصناعة، والصحة، والتعليم، والسياسة، والفن، و... ولكي نفعل ذلك لا بد أن نفجر (نُغامر) ونقع في الخطأ لنتعلَّم منه الصواب.
فكل مدار الدين والقرآن يدور حول هذا الأمر، وهو أن نتعلم ونعمل. فكل أمر في القرآن يدفعُ بالإنسان للعلم والعمل.
فالعبادة، والشكر، والحمد، والذكر، والتسبيح، والاستغفار، و... كُلُّها علم وعمل، وسلوك حياة يُحقق اليسر والسعادة.

«اعْبُدُوا رَبَّكَم»، «لَعَلَّكُمْ تَتَّقُونَ»
التقوى هي غاية العبادة؛ أي إن هدف العبادة هو التقوى.

فالعبادة هي طريقنا لتقوى الله. فإذا عبدنا ربنا بتعلُّمِنا وعملنا، فسنكون اتقينا مخاطر الوجود.

التقوى: هي طلب الزيادة مع المُحافظة على المكتسبات، والحذر من الضرر.
و**الفجور**: هو طلب الزيادة والمغامرة والمجازفة بالمكتسبات.
اتقاء الموت كيلا تتعرض لما يُهلكك؛ هو من تقوى الله،
واتِّقاء المرض فلا تتعرض لما يُمرضك؛ هو تقوى الله.
واتقاء الشر، والضرر، والفساد، والظلم، والجهل، و... في السياسة والاقتصاد والزراعة و...؛ كلها من تقوى الله.

(**الوِقَايَةُ خَيْرٌ مِنَ العِلَاجِ**) هذه الحكمة هي أيضًا من تقوى الله.
فمن يتَّقِي المرض؛ فهو يتقي قوانين الله في صحته، فهو يعبد الله، وإذا لم يمرض؛ فقد قَبِلَ الله عمله وتقواه ورضي عنه، فحفظه من المرض.

الفجور والتقوى ضدَّان في النفس يجب أن نُحقق توازنًا بينهما.
التقوى برنامج يحفظ قوام النفس وقليل المخاطر.
الفجور برنامج يحفظ قوام النفس وكثير المخاطر.

فصل (5)

الجن والإنس

الجِنّ

جَنَّ، جنونًا، مجنون، جان، جنى، يجني، جناية، جنَّة، جنين، أجِنَّة، وجين، وجينات. كل شيء في الوجود قائم على قانون الثنائية (الزوجية من الظواهر الكونية) ﴿وَمِن كُلِّ شَيْءٍ خَلَقْنَا زَوْجَيْنِ لَعَلَّكُمْ تَذَكَّرُونَ ۝٤٩﴾ [الذاريات: 49]، فلا يوجد شيء إلّا وله زوج يتكامل معه ويتحقق وجوده به، سواء تكامل أو تضاد.

مثال ذلك: الخير والشر، النور والظلامات، الحق والباطل، والضعف والقوَّة، والبرد والحرُّ، والليل والنهار، والموت والحياة، والسالب والموجب، والذكر والأُنثى... فكل شيء يقوم على وجود قوى متناقضة داخله تتجادل وتتنافس فيما بينها، وقوى خارجية تتزاوج معه في مُحيطه. والنفس العاقلة -كأرقى كائن حي- فيها الكثير من ثنائيات الوجود. ولذلك قال الله: ﴿وَكَانَ ٱلْإِنسَٰنُ أَكْثَرَ شَيْءٍ جَدَلًا﴾ [الكهف: 54]. الآية تُقارن بين الإنسان وكل شيء، وتقول إن الإنسان أكثر جدلًا من أي شيء آخر؛ أي إن النزاعات والصراعات والتكامل والتضاد في النفس الإنسانية أكثر مما هي في أي شيء آخر.

الجدل تنازع وتنافس بين طرفين. والجدل داخل كل شيء يكون بين ما فيه من أزواج حتى يغلب طرف على الآخر، أو يتوازنان فيما بينهما بحسب إدارة الشيء للصراعات التي تحدث داخله. وأيضًا يحدث ذلك في الصراعات والتحديات بين الجدليات التي في الخارج. ففي المجتمع تحدث صراعات وتحديات بين الطبقات. وطبيعة المجتمع هي التي ستُحدد من سينتصر على الآخر، أو يحدث توازن بين الطبقات. وهذا هو الحل الذي ينتفع به المجتمع ليستقر ولا يتمزَّق.

وفي النفس أيضًا يجب أن تقوم أنت بخلق توازن بين الزوجيات داخلك، فلا تسمح بعلو وانفراد زوجية على الأُخرى. فلو حدث

ذلك فهذا يعني أنك ستفقد قيمة ذلك الزوج الذي تم إضعاف دوره. وفقدانك له لن يحدث بشكل لحظي، بل سيحدث تدريجيًّا، وستألف الزوجية التي علت وغلبت دون أن تشعر، وستكون ذاتًا ظاهرةً عليك دون أن تشعر؛ لأنك ألفتها واعتدت عليها. ومع طول الزمن ستظن أن هذا هو السلوك الطبيعي لك، بينما الحقيقة أن هذا السلوك ليس طبيعتك، وإنما هو ظهر عليك بسبب تقصيرك وضعفك عن محاكمتك لنفسك قبل وبعد ما يصدر منك من سلوكيات. ومع تكرار ذلك فقدت جزءًا من طبيعتك حتى أصبحت لا تعرفه. وبالتأكيد أن ما فقدته جزء ضروري من تكوينك، وقد تحتاج إلى بذل جهد كبير لاسترجاعه وإعادة تفعيله ليقوم بدوره؛ أي إنك ستحتاج إلى إعادة إحياء أحد مشاعرك أو مجموعة من المشاعر التي ماتت بسبب كثرة إهمالك لها.

فأنت كإنسان قائم على مصفوفة مُعقَّدة من الجدليات التي في نفسك. وعليك أن تخلق التوازن بينها بتفعيل كل شعور أو مهارة في وقتها.

وأشد الثنائيات ظهورًا وجدلًا في النفس البشرية هي ثنائية الجن والإنس؛ فلها الدور الأكبر في تحديد شخصيتك، وهي التي بسببها تحدث أكثر الصراعات والنزاعات وأكبرها

داخلك، والتي تقف خلف الكثير من الحالات النفسية التي تمر بها، وتؤثِّر على قيمتك ودورك في أُسرتك ومجتمعك، وهي التي تُحدد قيمتك ومستوى تأثيرك سواء سلبًا أو إيجابًا. فإن أدرت الصراع بين هاتين الطاقتين بشكل سليم فستصنع شخصيتك. وكلتاهما فيها الخير والشر.

وهي تتشابه مع ثنائية السالب والموجب (الإلكترون والبروتون) في الذرة. فلو غلب واستحوذ أحدهما وانفرد بالتأثير والفعل في الذرة؛ فهذا يعني تغيير طبيعة الذرة.

فعلى الإنسان أن لا يغفل عن قُواه الداخلية، وأن يخلق توازنًا بينها ليستوي ويستقرَّ على عرشه. وكذلك المجتمع.
فالمتأمل، يجد أن داخل كل شيء طاقتان، والنفس كذلك:
طاقة تدفعها لزيادة الاكتساب (الفجور)، وهذه هي الطاقة النارية.
وطاقة تدفعها للمحافظة على مكتسباتها وعدم المغامرة بها (التقوى)، وهذه هي الطاقة الطينية.
الفجور والتقوى ﴿فَأَلْهَمَهَا فُجُورَهَا وَتَقْوَاهَا ۝٨﴾ [الشمس: 8].
النفس العاقلة تمتاز بأنَّها تميل إلى الفجور والمغامرة بالمكتسبات لتحقيق النفع والفائدة والتقدم للأمام.

ولكل طاقة صفات تتكامل مع الأُخرى. فوجودهما وتنافسهما ضروري لخلق حيويتك وتحقيق مصالحك وتطويرك وترقيتك في كل مجال.

فالجن والإنس زوجية في النفس وفي الوجود، ولكل طاقة منهما برامجها الخاصة التي تُعبِّر عنها وتعمل بها.

فالفجور سلوك ناري؛ لأنه يخرج عن المعتاد والمألوف والرتيب ويكسره بالمغامرة والتحدِّي للمنطق والمحيط والمجازفة الممتلكات من أجل تحقيق مكتسبات جديدة.

بينما التقوى سلوك طيني؛ لأنها اتِّقاء الضرر والالتزام بالمعتاد والمألوف والركون لمساحة الراحة دون مغامرة أو مجازفة غير مضمونة العواقب، حتى لو كانت المكتسبات كبيرة أو مهمة.

ولأن الجنَّ خلق قبل الإنس؛ ذُكِر الفجور قبل التقوى؛ أي إن برامج الجن النارية تركَّبت في النفس وتأمَّرت عليها قبل برامج الإنس الطينية. وهذا طبيعي لنفس تُعتبر هي أرقى الأحياء. فبالتأكيد أنَّها بدأت تجلِّيها وظهورها بقوَّة وعزيمة لاختراق حاجز الموت والاندفاع للحياة بكل حيوية يمكن تفعيلها. وبعد ظهورها كنفس حيَّة أيضًا استمرت في الاعتماد على طاقتها القوية؛ أي إن النفس ظهرت للحياة معتمدةً على أقوى مهاراتها وطاقاتها، وهي الطاقة النارية المارجة

المُتمرِّدة المُتعفرتة، وبعد ذلك استمرت بتفعيلها لتعلو على كل شيء في الوجود.

فالطاقة النارية هي الجن؛ وهي مجموعة المشاعر التي تدفع الإنسان للتصرف بسلوكيات مارجة (خارجة) من النار، ﴿وَخَلَقَ ٱلْجَآنَّ مِن مَّارِجٍ مِّن نَّارٍ ۝١٥﴾ [الرحمن: 15].

والسلوكيات التي تمرج (تخرج) من النار هي التي تجعلك تتصرف كما تتصرَّف النار. فللنار سلوكها الذي تتميَّز به، وهي أنها متلونة، خفيفة، تستعصي على المكافحة وتُقاوم وترفض أن يُسيطر عليها، ظاهرة وفاعلة ومؤثِّرة في محيطها أكثر من غيرها، وعالية ومتميِّزة ومتكبِّرة، وتحطم وتُحرق كل شيء تطاله لتبني نفسها لتزداد اضطرامًا واستعارًا وتأجيجًا وضوءًا وحرارة. فهي تمتص طاقة كل شيء تصل إليه لتبني نفسها.

وهذه هي سلوكيات الجن في القرآن. وكل من تصرَّف بهذه السلوكيات فيجوز أن نشتقَّ له اسمًا من كلمة (جن).

فكل شعور يدفع الإنسان للتصرف بعلو وتمرُّد على المُعتاد والمألوف والظهور والتأثير ويدفعه للسيطرة على ما حوله والعلو عليه وامتصاص طاقته فهو من المشاعر الجنية الناريَّة.

ومثال ذلك: شعور الإباء، والكبر، والحسد، والغضب، والكره، والبُغض، والشك، والإبداع، والابتكار، والبغي،

والعلو، والانفراد، والتميُّز، والصيت (الشهرة)، والتملُّك، والتحدِّي، و... وكل هذه المشاعر لها جوانب إيجابية وجوانب سلبية. ولكنها مشاعر خطيرة وآثارها قد تكون مُهلكة ومُدمِّرة للفرد وللمجتمع، كأي طاقة نارية في أي شيء، فيجب أن تكون حَذِرًا ويقظًا عند انفلاتها وتمرُّدها لأي سبب. فربما كانت هناك ضرورة لتفعيل أحد هذه المشاعر.

وزوجية الجن في القرآن هي الإنس. وهو مخلوق من الطين؛ أي إن المشاعر الإنسية هي المشاعر التي تجعلنا نتصرَّف بسلوك كسلوك الطين. والطين صفته أنَّه ساكن هادئ ينسجم مع مُحيطه. تتعامل معه بشكل مباشر فلا يؤذيك كالنار، بل يتشكل على هيئات متعددة كما تريد، ويتبادل العلاقات والمنفعة مع ما الآخر، ويتشارك معه المصالح، ويستأنس به ويألفه ويميل إليه. فلو وضعت بذرة في الطين فلن يحرقها ويمتص طاقتها ليبني نفسه كما تفعل النار، بل سيتشارك معها الحياة والمصالح، وسيمدها بالعناصر لتنمو وتورق وتزهر وتثمر. فكل شعور يدفع الإنسان للتصرف بهدوء ومرونة وعطاء ورضا وقَبول وتآلف وتبادل للمصالح والمشاركة فهو من المشاعر الإنسية (الطاقة الطينية). ومثال ذلك: شعور الحب، واللطف، والودِّ، والإحسان، والعطاء، والإيثار، والحلم، والكرم، والعفو، والعجز، والكسل، و....

البعض يتخذ هذه الآية دليلًا على أن الجن لا يمكن رؤيته:

﴿يَٰبَنِىٓ ءَادَمَ لَا يَفۡتِنَنَّكُمُ ٱلشَّيۡطَٰنُ ... إِنَّهُۥ يَرَىٰكُمۡ هُوَ وَقَبِيلُهُۥ مِنۡ حَيۡثُ لَا تَرَوۡنَهُمۡۗ إِنَّا جَعَلۡنَا ٱلشَّيَٰطِينَ أَوۡلِيَآءَ ...﴾ [الأعراف: 27].

وهذا بسبب عجز ثقافتنا التراثية عن الفصل بين الجن والشيطان وإبليس، فثقافتنا تخلط بينهم وتجعلهم شيئًا واحدًا. فالآية تتحدث عن الشيطان وليس عن الجن (إذا قرأت موضوع الجن والإنس والملائكة وإبليس والشيطان وآدم، فستتضح لك الرؤية عن هذه المُسمِّيات، وستزول عنك الخرافات التي في التراث).

وسنكتشف الآن من القرآن أنه ليس الخفي والمُغيَّب وغير المرئي، بل إن الصواب هو العكس تمامًا، فالجن هو الظاهر والمتجلِّي والفاعل والمؤثِّر في الواقع أكثر من أي شيء آخر. الأسماء في القرآن تحمل سمات وصفات المُسمَّيات؛ أي إن الاسم يحمل سمات وصفة المسمَّى. فيتم تركيب الاسم بحروف محددة وبترتيب محدد؛ لأن كل حرف له قيمة ودور يتميَّز به مُختلف عن الحروف الأُخرى. كما أن لكل كلمة قيمة ودورًا محددًا تتميَّز به، مُختلفًا عن الكلمات الأُخرى.

فلكل كلمة دلالتها الخاصة التي تتميَّز وتختلف بها عن الكلمات الأُخرى. وكذلك لكل حرف دلالته الخاصة التي يتميز بها عن الحروف الأُخرى.

172

القرآن تم بناء كلامه بنظام رياضي، فهو خوارزميات من الحروف تمامًا كخوارزميات الأرقام.

فكل رقم له قيمته الخاصة التي يتميز بها عن الأرقام الأُخرى. وكذلك كل حرف له قيمته الخاصة التي يتميز بها عن الحروف الأُخرى.

ونستطيع معرفة قيمة ودور (دلالة) الحرف بالنظر في الكلمات التي جاء في مُقدِّمتها ثم نبحث عن السِّمة المشتركة بين هذه الكلمات، فنجعلها لهذا الحرف فهو لم يأتِ في مقدمة هذه الكلمات عبثًا.

كلمة (جن) تحمل معنى الجن في حرفَي: الجيم (ج)، والنون (ن)، بهذا الترتيب (جن).

وحرف الجيم (ج) له قيمته الخاصة التي يدل عليها، وهي الموجودة في هذه الكلمات التي جاء في مُقدِّمتها (جمع، جهد، جهر، جلال، جعل، جاع، جرد، جرز، جمل، جنح، جاء، جبل...). كلمة (جهد) تدل على شيء ملحوظ ومرأي. وكلمة (جهر) تدل على العلن وهو ضد السر. وكلمة (جلال) تعني التجلِّي والظهور وهو عكس الخفاء. وكلمة (جاع) تدل على قوة مُجتمعة أثَّرت في محيطها. وكلمة (جرد) تعني تمت إزالة الزوائد عن الشيء وأصبح واضحًا تمامًا؛ أي تم تجريده حتى

173

أصبح واضحًا مُعبرًا عن نفسه بدون زوائد عليه. وكذلك جنح وجزر وجمل و... جميعها لا تدل على شيء مُغيَّب أو خفي أبدًا. حتَّى كلمة (جوف) هي تبدأ بحرف الجيم ولا تدل على شيء خفي، بل تدل على وسط الشيء. فجوف الشيء وسطه وحيزه الواسع الذي يحفظ به أشياءه.

فيستحيل أن يأتي حرف الجيم بمقدِّمة كلمة تدل على التفرُّق أو الخفاء أو الكسل في القرآن.
وكذلك حرف النون، فهو أوَّل حرف في كلمة (نبت) وكلمة (نشأ) وكلمة (نزل) وكلمة (نار)، جميعها لا تدل على شيء خفي أو مغيَّب. فكلمة (نزل) تدل على تنزُّل الشيء. والتنزيل هو التأليف والتركيب والتحويل من حال لآخر. فنزل تدل على شيء كان غير متوفِّر ولا متهيئ فأصبح موجودًا ممكنًا، كقوله: ﴿وَأَنزَلَ لَكُم مِّنَ ٱلۡأَنۡعَٰمِ ثَمَٰنِيَةَ أَزۡوَٰجٖ﴾ [الزمر: 6]، أو كقوله: ﴿أَنزَلَ مِنَ ٱلسَّمَآءِ مَآءٗ﴾ [الرعد: 17]. فالشيء إذا تم إنزاله؛ فيعني أنه لم يكن موجودًا فيتم إنزاله ليصبح موجودًا متوفِّرًا. فكلمة (نزل) تدل على عكس معنى عدم الرؤية والخفاء. ومعناها هذا مُركَّز في حرف النون؛ لأن حرف الزين (ز) له دلالته الخاصة، وهي الزيادة فهو أوَّل حرف بكلمة (زاد) وكلمة (زين).

وكلمة (نار) تدل على ما نعلم. وهي الحالة المادية البلازمية المرئية والمؤثِّرة في المكان أكثر من غيرها.

وبذلك يتضح لنا أن كلمة (جن) يستحيل أن تدل على شيء خفي ومُغيَّب وغير مرئي؛ لأن الحروف التي تتركَّب منها تدل على أضداد ذلك.

فكل مجتمع مجتهد جاهر ناشئ نابت فهو جن.

فلا يمكن أن يكون معنى الجن هو كائن خفي مُغيَّب لا يُرى، بل إن المعنى هو العكس تمامًا. فالجن هو المرئي والفاعل والمُؤثِّر في المحيط أكثر من غيره. كالنار تمامًا.

فكلُّ شيء يتصرف بسلوكيات النار ويحمل صفاتها في سلوكه، يجوز أن يشتق له اسم من الأصل (ج ن)، وسنلاحظ ذلك في الأمثلة الآتية.

الجَـــــنِين

اسم أصله (ج ن ن)، وهو من جنَّ يجن يجني جانٍ جان جني جنين. وجمعها (أجنة). ﴿وَإِذْ أَنتُمْ أَجِنَّةٌ فِي بُطُونِ أُمَّهَٰتِكُمْ﴾ [النجم: 32].

وتم اشتقاق اسم جنين من جن؛ لأنَّ الجنين له نفس تصرفات النار، فهو شديد الظهور بتعاظم حجمه داخل بطن الأُم؛ مما يجعل بطن الأُم يكبر بشكل ملحوظ ومرأي يدل على وجود

175

شيء عظيم يحدث في جسدها، فيتغيَّر شكل المرأة الحامل بشكل لا يمكن أن تغفل عنه.
وليس لأنه خفيٌّ، فالرئتان خفيتان، فلماذا لا نسميهما الجنَّتين أو الجنينَتَينِ. وكثير من أعضائنا الداخلية هي خفية غير مرئية ولا نشتق لها أسماء من مادة (جن).

لكن الطفل نسميه جنينًا لأن له سلوكًا كسلوك النار، فهو فاعل ومؤثِّر في الأم أكثر من غيره، ويستهلك ما حوله ويمتص طاقة محيطه (أُمِّه)، ويتكبَّر ويتلوَّن ويتفلَّت من سيطرة الرحم عليه، فهو قوَّة حياة قادمة تُريد أن تنفلت من محيطها لتخرج للدنيا لتفعل الأفاعيل.

الجَـــنَّـــة

اسم أصله (ج ن ن). والجنة اسم مكان وجمعها: جِنان. ﴿وَدَخَلَ جَنَّتَهُۥ﴾ [الكهف: 35]. وهي مكان كالمزرعة والبستان.

الجنة (البستان) مكان حيوي ظاهر وليس خفيًّا، بل هي أظهر شيء في المحيط. وهي تتكاثر وتتكبَّر وتنمو وتمتص طاقة محيطها لتزداد حيويَّة؛ كامتصاص النبات للماء وعناصر التربة والضوء والأُكسجين وثاني أُكسيد الكربون. وتتلوَّن أوراق الأشجار والزهور والثمار المتنوَّعة. وهي أكبر مؤثِّر

في مُحيطها، وظاهرة تمامًا، وليست خفيَّة. فسلوكها كالسلوكيات المارجة من النار. كما وصف الله الجان بأنَّه مارج من نار.

الجَنَــــى

اسم أصله (ج نّ) يجن يجني ويجتني وجنًى.

والجنى: هو الثمر، والمحصود من النتائج. ﴿وَجَنَى ٱلۡجَنَّتَيۡنِ دَانٍ ۝٥٤﴾ [الرحمن: 54]. وهذا الجني (الثمر) يسلك مسلك النار كذلك، فهو يمتص الطاقة والغذاء من الشجرة ويتلوَّن (الثمر دائمًا يختلف لونه وشكله عن بقيَّة أجزاء الشجرة؛ ليكون ظاهرًا وبارزًا)، ويتكبَّر، ويتفلَّت؛ لينفرد ويتميز ويفعل في محيطه؛ ليقوم بدوره وهو نشر البذور وتكرار ونشر الحياة. فسلوك الثمر كالسلوكيات المارجة من النار عند إشعالها؛ لذلك سُمِّيَ جنًى، من (جن).

المَجْـنُون

اسم على صيغة مفعول من (ج ن ن) جنَّ يجن جنونًا، فهو مجنون. ﴿وَمَا صَاحِبُكُم بِمَجۡنُونٖ ۝٢٢﴾ [التكوير: 22]. والمجنون من انفلت وتمرَّد على السلوك الطبيعي، وتكبر على مُحيطه بسلوك منفرد ومُتميز. وسبب الجنون يكون قوًى فاعلة علت وغلبت وسيطرت على وعيه وقهرته فجعلته مجنونًا. وقد

يكون هناك عدَّة أسباب لذلك؛ كأن يأكل أو يشرب أو يستنشق شيئًا يُتلف له بعض خلايا دماغه، فتظهر عليه سلوكيات غير طبيعية، سواء بسبب خوف زائد، فيتعطل النفس لديه لدقائق وتقل كمية الأُكسجين التي تصل للدماغ فتموت بعض الخلايا، أو صب ماء على رماد وصعدت أبخرة سامة كثاني أُكسيد الكربون واستنشقها بكثرة، فتلفت لديه خلايا في الدماغ؛ فيفقد جزءًا من ذاكرته، أو يفقد مهارة الكلام، أو قُدرته الجنسية، أو يفقد قدرات أُخرى فيتغيَّر سلوكه، فيقولون: دخلته الجن. بينما الحقيقة أنه تلفت لديه بعض خلايا الدماغ بسبب تعاطيه لمواد سامَّة.
أو يكون قد تعرض لصدمات نفسية لم يُحسن التعامل معها، فدفعته للتصرف على نحو غير طبيعي.

فالمجنون هو من فقد عقله بظهور (غلبة) شيء عليه. لذلك اسمه مجنون؛ لأن سلوكه كسلوك النار خفيف ومتلوِّن، ويمتص طاقة محيطه، ومُنفلت من القوانين العاقلة. فلو كنت مع مجموعة وبينهم مجنون، فسيكون هو محل تركيز انتباه الجميع، وأكثر شيء ملحوظ بين المجموعة، فهو فاعل في المحيط أكثر من غيره. وليس لأنه أصبح خفيًّا لا يرى، بل هو مرئي ومشاهد وملحوظ ومُؤثِّر أكثر من غيره بسبب سلوكه

المنفلت عن القوانين، والمختلف عن الطبيعي؛ ولذلك اسمه (مجنون)، من (جن).

وعليه، فإن الجن والجنون والجنين والجنة والجنى و... لا يعني الخفاء والإخفاء أو الاستتار. فالجنين يظهر نفسه بزيادة وتضخُّم حجم بطن أُمِّه. وفي تأثيره عليها جسديًّا ونفسيًّا. كما أن الجِنان (المزارع "البساتين") ظاهرة على وجه الأرض، وهي أظهر شيء في المحيط بما فيها من أشجار وثمار وأعمال و... والثمار (الجنى) هي من أظهر أجزاء الشجرة وأكثرها تلوُّنًا واختلافًا بالشكل.
فليس في كلٍّ منها ما هو خفي ومُستتر، بل جميعها كائنات ظاهرة وتُعلن عن نفسها وفاعلة ومُؤثِّرة أكثر من غيرها.
وعليه، فإن الجن هو كل من له سلوك ناري فاعل قوي مؤثّر وظاهر أكثر من غيره. وليس هو الخفي المُغيَّب. فتعريف الجن بأنَّه الخفيُّ والمُغيَّب هو تعريف قاصر وغير دقيق.
فمن الواضح أن الجن هو كل ذي سلوك جاهر جلي (ظاهر ومرئي) وغالب ومؤثر وفاعل في المحيط أكثر من غيره.
وليس الجن هو الخفي أو المغيب والمُستتر وغير المرئي كما تقول كتب التراث، وكما هو ثابت في ثقافتنا السائدة.

ومن يتفكر في معنى ومدلول (جنَّة الآخرة) و(جنات النعيم)، فسيجد أنها أمكنة تملؤها الطاقة والحيوية والمعرفة والعلم؛ ﴿وَإِنَّ ٱلدَّارَ ٱلْءَاخِرَةَ لَهِىَ ٱلْحَيَوَانُ﴾ [العنكبوت: 64]. فهي تُزوِّد الخلق بكل ما يشتهونه، وتكون لهم ظاهرة بائنة معروضة أمامهم كعرض السماوات والأرض، ليست شيئًا خفيًّا، ولا تُخفي ساكنها بداخلها، بل إن ساكنيها يتنقلون ويتفرجون في ملكوت الله كيفما شاءوا. ولذلك الله يُسمِّيها جنَّة؛ لأنَّها تمتص طاقة الوجود وتتسع وتزداد بإبداعٍ وابتكارٍ ونعيمٍ وعبقريٍّ حسانٍ و... تؤثِّر في ساكنها أشدَّ تأثير. وليس المعنى أنها غابات مُظلمة كثيفة الأشجار. (تفصيل ماهية الجنة في الجزء الثاني).

وكذلك جنون الليل، ﴿فَلَمَّا جَنَّ عَلَيْهِ ٱلَّيْلُ﴾ [الأنعام: 76].

وجنون الليل أن يتصرف بسلوك النار، فيظهر ويغلب ويتعاظم وينفرد ويتكاثر ويتفوق على كل شيء في محيطه، فيكون عندها من جِن؛ لأن سلوكه أصبح كسلوك النار.

فبعد أن كان الليل مأنوسًا يرخي ستوره بالتدريج، من بداية الغروب إلى ظهور الشفق إلى المغيب التام إلى اشتداد الظلمة، عندها يكون تحول من سلوكه المأنوس وأصبح جنًّا، بعد أن تكاثرت ظلمته وغشى وغلب سواده كل شيء، واشتد أثره في

المُحيط، فهو لم يقل (أجنَّه الليل) أو (جنَّه الليل) لنفهم أن إبراهيم استتر واختفى بالليل، وأن الليل أخفى إبراهيم.

بل قال: ﴿فَلَمَّا جَنَّ عَلَيۡهِ ٱلَّيۡلُ﴾ [الأنعام: 76] ؛ أي إن الليل أصبح جِنًّا، وعند ذلك رأى إبراهيم كوكبًا.

الجن والإنس طاقتان في النفس، فمن يُفعِّل طاقته النارية ويتفاعل بها، وهي المشاعر التي تجعله يتصرف بسلوك كسلوك النار، كالغضب والإباء والكبر والتحدي والحسد والعلو و... يكون جِنِّيًّا من الجن.
ومن يُفعِّل طاقته الطينية ويتفاعل بها، وهي المشاعر التي تجعله يتصرَّف بسلوك كسلوك الطين. كاللطف، والكرم والحلم والعطاء والإحسان والإيثار و... يكون إنسيًّا من الإنس.

وهناك مشاعر تجمع الطاقتين النارية والجنِّية، فكل زوجية في الوجود يكون بينها منطقة وسط تجتمع فيها الزوجيتان. كما نرى في الإلكترون المتعادل في الذرة، والذي إذا تمَّ قسمه يخرج من السالب والموجب. فكذلك لدينا مشاعر تجتمع في الطاقتين. ففيها الطاقة الطينية والطاقة النارية. كشعور الحب الذي يجعلك تتشارك المصالح والعلاقة و... وأيضًا قد يشتعل كالنار في النفس ويدمِّر الإنسان، أو يجعل الإنسان يُدمِّر المحيط.

مما سبق نعلم أن القرار بيدك أنت: فإما أن تختار أن تفعِّل طاقتك النارية فتكون جنًّا وإما أن تُفعِّل طاقتك الطينية فتكون إنسيًّا.

والصواب هو أن تُوازن بينهما فتُفعِّل الطاقة التي تحتاج إليها في الزمان والمكان المناسب لها.

فبين هاتين الطاقتين صراع في نفسك. وعليك كعاقل أن تُدير هذا الصراع وتخرج بسلوك صالح.

ولكن في كثير من الحالات تنتصر إحدى الطاقتين لديك. وقد يكون السبب هو الظروف الخارجية، فتجد نفسك مجبرًا على تفعيل طاقتك النارية بشكل دائم، أو تجد نفسك مجبرًا على تفعيل طاقتك الطينية بشكل دائم.

وعليه من يُفَعِّل طاقة الجن، يكون منطقه منطق النار؛ فتتفَعَّل عنده القوة، والتكاثر، والمهارة، والتميز، والانفراد، والإبداع، والتَّعَفْرُت، والعلو، والتكبر. فيكون جنِّيًّا ناري السلوك، يحرص دائمًا على بنائه الخاص وحفظ مصالحه، وأن يكون مُتميزًا وعاليًا وغالبًا على غيره.

ومن يفعِّل طاقة الإنس، يكون منطقه منطق الطين؛ فيتفعل لديه الاستئناس، والأُنس، والمشاركة، والانسجام، والتعاون، والإيثار، فيكون إنسيًّا طينيَّ السلوك يتبادل المصالح من الآخرين، وربما يُؤثِرُ على نفسه أحيانًا.

ولأنَّ النفس تحمل كل هذه الصفات، فكذلك المجتمع، ففي كل مجتمع توجد طبقتين من الناس: (طبقة جن، وطبقة إنس). والله يريد منَّا أن نخلق توازنًا بين هاتين الطاقتين داخل أنفسنا. وكذلك في المجتمع. فهناك أفراد وشرائح من الجن وأفراد وشرائح من الإنس، فلا يجب أن يطغى الإنسيُّون على الجِنِّيين أو العكس. فالتوازن مطلوبٌ بين الإنس والجن في النفس والمجتمع.

وفي كلتا الطاقتين خير وشر، فعلى الإنسان أن يسيطر عليها ويوجهها لتكون نافعة له. فشعور الغضب ناري السلوك (من الجن). فالإنسان إذا غضب يتصرف بسلوك كسلوك النار فهو يصبح خفيفًا وطائشًا ويحطم ويدمر (يحرق) كل شيء ليُرضي نفسه. وكذلك شعور الكبر يجعل الإنسان يتعالى، يريد أن يتفوق ويعلو ويتميز على كل شيء ليلفت النظر لنفسه فقط. وكذلك شعور الحسد يجعل الإنسان يتكبر ويتعالى على الآخر ويستهلك ما في محيطه له وحده ليتميز عن غيره. وكذلك التحدي والإباء والبغض و... وكثير من المشاعر التي إذا ظهرت علينا تجعلنا نتصرَّف بسلوك كسلوك النار.
وجميعها لها نفعها الضروري لارتقائنا. فلولا الحسد والتحدي ورغبة العلو والتكبر لما تنافس الإنسان مع الآخر ولما تطوَّر وأبدع ليثبت تفوقه واستحقاقه أكثر من غيره. وكذلك شعور

الغضب هو ضروري إذا تم الاعتداء على الحقوق والكرامات و... فلولا الغضب الذي يدفعنا للدفاع عن حقوقنا لفسد نظامنا. ولكن لو انفلتت هذه المشاعر بغير زمانها ومكانها فستُدمِّر الإنسانية. لذلك نبَّهنا إلى ضرورة بلسها وتهبيطها (إضعافها) والحد من طاقتها النارية وتصغيرها وتغييبها (رجمها)؛ لأن نتائجها إذا لم تكن بإدارة عاقل ومسيطرة عليها ستكون مُهلكة سواء للفرد أو للمجتمع.

طاقة الجن لدينا قوية وخطرة كأيِّ نار تحتاج إلى التنظيم والتحكم والسيطرة، حتى لا تنفلت فتكون آثارها مدمرة وذات عواقب وخيمة. وهو ديدن كل طاقة نارية في الوجود، فكلما زادت قوتها كانت نافعة بالسيطرة عليها، ومدمرة عند انفلاتها؛ كالطاقة النووية على سبيل المثال، حين يسخرها الإنسان ويسيطر عليها تكون أكثر نفعًا وفائدة واستدامة في الحصول على مصدر رخيص وفعال للطاقة، لكنها تكون خطرة جدًّا إذا فُقِدَت السيطرة عليها، فيحدث عندها ما لا يحمد عقباه[1].

فالطاقة الناريَّة إذا فعَّلتها في نفسك، فستجعلك نشيطًا وتدفعك للتفكير وللجهد والعمل على شيء ما لتتميز وتُبدع فيه، وتعلو به في مُحيطك لتستفيد منه. وعليه، فإن الجن من الناس هم

[1]. مثل ما حدث في كارثة تشيرنوبيل التي وقعت في إبريل من عام 1986م، وكارثة مفاعل فوكوشيما التي وقعت في مارس من عام 2011م. فكل طاقة نارية تكون مُدمِّرة إذا لم نُسيطر عليها.

المُتميزون من العلماء، والمُفكرين، والصناعيين، والسياسيين، والرياضيين، والفنانين، والحرفيين، وغيرهم من المبدعين في أي مجال، فإبداعهم غالبًا يكون بسبب تفعيلهم لأعلى طاقاتهم في الشيء الذي يتعاملون معه.

والمبتكرون والمُتميزون في كل مجال هم أصعب من يمكن تسخيرهم؛ لذلك بيَّن القرآن أنهم قد سُخِّروا لسليمان بقوة القانون والنظام (الملك)، ليخدموا دولته ويحققوا له أهدافه، ومن يزغْ منهم فإنه يذوق عذاب السعير.

أما بقية الناس الآخرين فهم الإنس. وهم من يمكن استئناسهم وتطويعهم من الناس. وهم الذين يُمكن مشاركتهم التعايش، والأعمال، والمشاعر، والأُنس في الوجود، والأخذ، والعطاء معهم بكل شيء، فالكبر، والعلو لديهم غير مُفعَّل في النفس بشكل كبير، بل يميلون لاستئناس الآخر والتفاعل والتعاون معه لتحقيق مصالحه. ومنهم من يكون شيطانًا فيتعفرت بإنسانيته ويعلو بما لديه من مهارات ويرفع قيمته فوق غيره لأنه يرى أنه يستحق ذلك لأن لديه قُدرات ومهارات يتفوَّق بها على الآخرين.

لذلك قال: ﴿قَالَ عِفۡرِيتٞ مِّنَ ٱلۡجِنِّ﴾ [النمل: 39]. فلو كان العفاريت فقط من الجن لما قال: (من الجن)، لكنه قال ذلك لنفهم أن هناك عفاريت من الإنس أيضًا.

وقال: ﴿شَيَٰطِينَ ٱلۡإِنسِ وَٱلۡجِنِّ يُوحِي بَعۡضُهُمۡ إِلَىٰ بَعۡضٖ زُخۡرُفَ ٱلۡقَوۡلِ غُرُورٗاۚ﴾ [الأنعام: 112]. لنفهم أن في الإنس شياطين، وهم كل من شطن عن الطبيعي والمألوف والمعتاد من السلوك البشري، كالغواصين والبنائين الذين ذكرهم في قصة سليمان. ﴿وَمِنَ ٱلۡجِنِّ مَن يَعۡمَلُ بَيۡنَ يَدَيۡهِ بِإِذۡنِ رَبِّهِۦۖ وَمَن يَزِغۡ مِنۡهُمۡ عَنۡ أَمۡرِنَا نُذِقۡهُ مِنۡ عَذَابِ ٱلسَّعِيرِ ١٢ يَعۡمَلُونَ لَهُۥ مَا يَشَآءُ مِن مَّحَٰرِيبَ وَتَمَٰثِيلَ وَجِفَانٖ كَٱلۡجَوَابِ وَقُدُورٖ رَّاسِيَٰتٍۚ﴾ [سبأ: 12-13].

فجن سليمان حدادون، ونجارون، ونحاتون، وفنانون ذوو مهارة وتقنية وحرفية عالية. فسليمان ملك. وواضح من سياق الآيات التي تتحدث عنه أنه كان يعيش فترات متواصلة من الحروب والأزمات السياسية في مُحيطه. وفي زمن داود أيضًا، فكان في حروب مستمرَّة مع الأمم الأخرى. وكان يأخذ من كل أُمَّة أفضل وأمهر الحرفيين والصناعيين والاقتصاديين والسياسيين والمخططين... فإذا كان في كل مدينة يوجد مئات الحدادين، فلا بد أن هناك اثنين أو ثلاثة مُبدعين ومُتميزين، يشتغلون الحديد بأيديهم كأنه حرير، وهؤلاء هم جن الحدادين. وكذلك النحاتون، فهناك عشرات النحاتين في كل مدينة ولا بد أن فيهم اثنين أو ثلاثة من المتميزين المبدعين الذين يفوقون

جميع أقرانهم؛ إذ تكون الأحجار والأخشاب تحت أيديهم كأنها حية تنطق وتتحرك، وهؤلاء هم جنُّ النحاتين.

وكذلك البناؤون، والنجارون، والسياسيون، والعسكريون، والمفكرون، والمهندسون، والأطباء، والفنانون، و... كلهم فيهم قسم إنس وآخر جن. فكل من يعمل بجهد عالٍ، وبنشاط، وإصرار، ومهارة، وإبداع، وتميز، وانفراد، وعلو في مجاله فهو جن لأنَّه يُفعِّل طاقته النارية أكثر من الطينية، وبها يعلو ويتميز ويُحقِّق أهدافه وقيمته الخاصة.

فقصة سليمان من أهم القصص التي تكشف لنا ماهية الجن وطبيعتهم وتُزيل الفهم الخرافي الذي نتج من الثقافة التراثية. وتُبيِّن أنهم هم المبدعون المتميزون من الناس في أي مجال. وأيضًا تكشف ماهية الشياطين وطبيعتهم.

فكل إنسان يعمل بمنطق الجن، فتظهر منه سلوكيات منفردة متعفرتة مُنفلتة قوية فاعلة مؤثِّرة عالية متكبِّرة ومُتميزة عن غيرها، يمكن وصفه بأنه جن.

الجن مشاعر نفسية إذا تفاعلت بناءً عليها وأطلقتها، فهذا يعني أنَّك تقوم بتفعيل طاقتك النارية، فتتعلم وتعمل بجد واجتهاد لتبرع، وتنفرد، وتتميز، و... عن غيرك.

فالجن هو مشاعر نفسية ذات طاقة نارية قوية، وطبيعتها أنَّها تُريد أن تنفلت لتظهر وتُسيطر لتفرض منطقها (سلوكها) على

النفس. ولكن تعوقها الطاقة الإنسية الطينية الأكثر انتشارًا، والتي تدعو للهدوء، والراحة، والقناعة، والاجتماع، والانسجام بشكل إنساني و... وهناك مشاعر مُشتركة بين الطاقتين. وكلتاهما فيها الخير والشر. فالمشاعر الإنسية والجنية قد تكون سيئة إذا لم تُسيطر عليها. فإذا لم تُحسن توجيه مشاعرك، فستؤذيك وتؤذي الآخرين. فلو بالغت في تفعيل طاقتك الطينية (الإنس) وأطلقت العنان لمشاعر كالحلم أو الكرم أو الحب أو حتى التقوى، فسينتج عن ذلك الضرر لك ولمحيطك. وكذلك لو بالغت في تفعيل طاقتك النارية (الجن) وأطلقت العنان لمشاعر التحدي، أو العلو، أو الكبر، أو الفجور (للفجور معنى حسن سيأتي تفصيله)، فسينتج عن ذلك ضرر كبير لك ولمحيطك.

لذلك علينا أن نخلق توازنًا بين هذين الصنفين المتعاشرين بداخلنا (الإنس والجن). حتى لو جعلنا أحدهما هو الغالب والظاهر في النفس والأكثر تفاعلًا. فيجب أن نكون حذرين من أن يتسبب ذلك في الإضرار بمصالحنا أو بمصالح الآخرين.

﴿يَٰمَعۡشَرَ ٱلۡجِنِّ وَٱلۡإِنسِ﴾ [الرحمن: 33]. هذه الآية تؤكد أنَّ

الجن والإنس معشرٌ واحد مُتداخل مُختلط بعضه مع بعض أشد الاختلاط، فلا يمكن أن يكونا معشرًا واحدًا وهما منفصلان منعزلان بعضهما عن بعض ولا يختلطان، فلا يمكن أن يكونا

بمستويين مختلفين من الوجود ولا يلتقيان إلَّا قليلًا، ويقول عنهما الله بأنهما معشر واحد.

ففي النفس هناك عِشْرة وتعاشُر بين الجن والإنس ينتج عن عشرتهما مواليد وثمار هي الأفكار. فلأنَّ العِشْرة هي أشد أنواع العلاقات البشرية، فالزوج عشير زوجته، والزوجة عشيرة زوجها؛ لأن بينهما أقوى وأشد أنواع العلاقات والاختلاط والتواصل الممكن بين الجنسين. وكذلك نُسمِّي القبيلة بالعشيرة ﴿وَأَنذِرْ عَشِيرَتَكَ ٱلْأَقْرَبِينَ ٢١٤﴾ [الشعراء: 214]، وقوله: ﴿قُلْ إِن كَانَ ... وَعَشِيرَتُكُمْ وَأَمْوَالٌ ٱقْتَرَفْتُمُوهَا ...﴾ [التوبة: 24].

فالعشيرة هي المجموعة القريبة جدًّا من الإنسان، بل هي خاصته التي يتفاعل معها بشكل دائم ومستمر أكثر من أي جهةٍ أُخرى. فبينهم علاقات على جميع المستويات، كالتجارة والصداقة والجيرة والمصاهرة و... لذلك هم عشيرة؛ لأن المعاشرات تحدث بينهم بشكل مستمر وبأشكال مختلفة.
فالمعشر هم الجماعة الواحدة المتداخلة. لذا فإننا نفهم من قوله: «**يا معشر**» أنَّ هاتين المجموعتين بينهما علاقات واختلاط وتداخل وتمازج تام كما بين الأزواج. فالجن والإنس منطقتان في النفس، وطبقتان من البشر متداخلتان وممتزجتان تمامًا.

فلو كانا مختلفين ولا يتصلان ويختلطان بعضهما مع بعض إلَّا قليلًا لقال: (يا معشر الجن ويا معشر الإنس) أو لقال: (يا معشري الجن والإنس) ليفهم القارئ والسامع أنهما معشران مُختلفان، وليسا معشرًا واحدًا.
لكنه قال: (يا معشر) لنفهم أنهم منظومة واحدة لا فواصل بينهم.

﴿وَلَقَدْ ذَرَأْنَا لِجَهَنَّمَ كَثِيرًا مِّنَ ٱلْجِنِّ وَٱلْإِنسِ لَهُمْ قُلُوبٌ لَّا يَفْقَهُونَ بِهَا وَلَهُمْ أَعْيُنٌ لَّا يُبْصِرُونَ بِهَا وَلَهُمْ ءَاذَانٌ لَّا يَسْمَعُونَ بِهَآ أُوْلَٰٓئِكَ كَٱلْأَنْعَٰمِ بَلْ هُمْ أَضَلُّ أُوْلَٰٓئِكَ هُمُ ٱلْغَٰفِلُونَ ١٧٩﴾ [الأعراف: 179].
هذه الآية تؤكِّد أن كثيرًا من الجن والإنس سيدخلون جهنَّم، وأن للصنفين نفسَ التركيبة والطبيعة، فيصفهما بأن لكل مجموعة منهما قلوبًا وأعينًا وآذانًا، ويشبه كليهما معًا بأنَّهم كالأنعام.
وهذا إن دلَّ إنما يدل على وجود تطابق تام في الصفات المادية بين الجن والإنس.
﴿يَٰمَعْشَرَ ٱلْجِنِّ وَٱلْإِنسِ أَلَمْ يَأْتِكُمْ رُسُلٌ مِّنكُمْ﴾

[الأنعام: 130].
الرسل من الإنس والجن فهل رأى أحد أو سمع برسول من الجن؟! أليس الله يسألنا (ألم يأتكم؟) ما يوحي بأننا نعلم بهم فعلًا.

ولكن إن تأملنا، فسنتنبه إلى أن كل الرسل بشر بدليل قوله: ﴿وَمَآ أَرۡسَلۡنَا قَبۡلَكَ مِنَ ٱلۡمُرۡسَلِينَ إِلَّآ إِنَّهُمۡ لَيَأۡكُلُونَ ٱلطَّعَامَ وَيَمۡشُونَ فِي ٱلۡأَسۡوَاقِۗ﴾ [الفرقان: 20]. فكل الرسل أكلوا الطعام ومشوا في الأسواق. ولكننا لم نرَ أو نسمع إلّا برسل من الإنس! فإذا استدركنا أن الآيات التي تتكلم عن الإنس والجن والملائكة والشيطان وآدم، إنما تصف تركيبة النفس ومُستوياتها ومراحل تطورها، فسنعلم أن الرسل والأنبياء كان منهم الجن وكان منهم الإنس.

فنحن قد نكون جنًّا وقد نكون إنسًا، بحسب السلوك الذي يصدر منَّا، والذي قد نُغيِّره بلحظات؛ أي إنَّنا نحن من يُقرِّر ويختار هل نكون إنسًا أو جِنًّا.

كثيرًا ما يتم تقديم الجن على الإنس، لأن الصفات النارية القوية للنفس كانت هي الأقدم، إذ كانت متمكِّنة قديمًا في النفس لملايين السنين قبل التطوُّر وظهور الإنسانية. وهذا طبيعي ومُتوقَّع من نفس عظيمة كالنفس العاقلة، فلا بد أنها اعتمدت على تفعيل أقوى طاقتها في بداية ظهورها؛ لتعلو وتتميز عن غيرها. لذلك قال: ﴿وَٱلۡجَآنَّ خَلَقۡنَٰهُ مِن قَبۡلُ مِن نَّارِ ٱلسَّمُومِ ٢٧﴾ [الحجر: 27]؛ أي إن الطاقة النارية ظهرت في النفس قبل

الطاقة الطينية. وكانت هي الفاعلة والمتصدِّرة لتوجيه النفس. في جميع سلوكياتها. فكان البشر ناري الطباع يعلو ويتكبَّر على كل شيء. وهذا معنى قول الملائكة: ﴿وَإِذْ قَالَ رَبُّكَ لِلْمَلَٰٓئِكَةِ إِنِّي جَاعِلٌ فِي ٱلْأَرْضِ خَلِيفَةً ۖ قَالُوٓاْ أَتَجْعَلُ فِيهَا مَن يُفْسِدُ فِيهَا وَيَسْفِكُ ٱلدِّمَآءَ﴾ [البقرة: 30]. وهو نفس منطق العلم الحديث الذي يقول إن الإنسان لم يأتِ من سلالات ودودة لطيفة فقط، بل أيضًا جاء من سلالات متوحِّشة وقاسية تعلو على كل شيء وتدمره.

وبسبب تفعيلنا لطاقتنا النارية في البداية جعلنا ذلك نحتك ونتفاعل مع كل شيء بدرجات عالية. فحدثت لنا تجارب كبيرة وكثيرة مع كل شيء؛ مما أدى إلى تراكم خبرات ومعلومات وذكريات. وهذا ما جعل فصوص الدماغ تنمو فيتغيَّر شكل الجمجمة فتتضخم لتتسع لزيادات الجديدة التي حدثت تدريجيًا خلال ملايين السنين.

مما سبق نفهم أن الجن في النفس هي مشاعر نارية الطباع. وهناك شريحة في المجتمع يُفعِّلُون طاقتهم النارية أكثر، وهؤلاء هم جن المجتمع.

لذا، فإننا نفهم أن الجن من الناس (البشر) هو الذي يتصرف بمنطق وصفات تضاد الصفات الطينية الإنسية للإنسان.

الإنسان

من أَنِسَ يَأْنَسُ أنيسًا، ومأنوسًا، يَنُوسُ، يَسْتَأْنِسُ، مُسْتَأْنَس، ومُسْتَأْنِس، ومؤنس، وأُنْس، وإيناس، وونس، وونـاسة.. ومنها جاءت ناس، وأناس، وإنسان. والذي هو تطور وتكاثر وتعاظم لمعنى الإنس.

فحرف الألف والنون إذا أُضيفت للاسم، فهي تزيد في معناه لتدل على انتشاره واتساعه وامتداده.

إنسان (إنس + ان) = الممتد والمتكاثر في الأُنْس.

تحول البشر لإنسان وظهور الآدمية، مُنعطفات مهمة ومحورية في قصة نشوئنا وتطورنا.

من وصف القرآن، نعلم أن الإنسي طينيٌّ الصفات والسمات؛ أي إن صفاته تتشابه مع صفات الطين. فالطين مرن ليّن هادئ، يتشكل وَفق القالب الذي تضعه فيه، ويتشارك كل شيء مع محيطه ويتواءم معه، ومنه وعليه وفيه تنمو الأشياء، و...

وكما ذكرنا أن كل شيء في الوجود له زوجية (ثنائية). فالنفس العاقلة -وهي رأس هرم الأحياء- تملك العديد من هذه الثنائيات (الأزواج)، ومن بينها ثنائية (الإنس والجن). فللنفس طاقتان جنِّية (نارية) وإنسية (طينية)؛ أي إنها تملك مشاعرَ ناريةً

الطِّباع تميل للعلو والتكبُّر والسيطرة والتميز وامتصاص طاقة الآخر كسلوك النار تمامًا.
وهناك مشاعر طينية الطباع تميل للاندماج والانسجام مع الآخر، ومشاركته، واستئناسه، والتعامل معه كشريك يتبادل معه المصالح والمنافع والفوائد. كسلوك الطين الذي تضع عليه الأشياء فيمُدُّها بما تحتاج إليه، فتنمو عليه، ويتشارك معها الحياة، بعكس النار التي تأكل وتحطم وتمتص أي شيء تستطيع أن تناله وتطاله بلهبها وحرارتها؛ لتبني نفسها، لتزداد اضطرامًا واستعارًا وتأجيجًا وضوءًا وحرارة و....

كانت المشاعر الجنِّية النارية هي التي تتولى إمارة النفس، وقيادتها، في عصور الظلمات (شريعة الغاب). وهي المشاعر القوية كالإباء، والكِبْر، والتَّعَفْرُت، والحسد، والبغضاء، والكُرْه، والغلِّ، والعلو، والاستحواذ، والسيطرة، والتملُّك، والتحكُّم، والتحدي، و... ثم تطورنا واكتشفنا أساليب جديدة للبقاء دعتنا لتغيير استراتيجياتنا، وأساليبنا؛ فاستدعينا صفات وسمات كانت خاملة في النفس، وأعدنا تنشيطها، ورفعناها لسمائنا النفسية (الإنسية) التي مبدؤها الإنس في الوجود؛ لتتولى الإمارة عليها وتوجهها في العصور القادمة من خلال مشاعر وادعة كالحب، والصدق، والإيثار، والتقوى،

واللطف، والود، والرحمة، والانسجام، والتوافق، والمشاركة، و...

ومما أثبته باحثو علم التطور السلوكي والرياضيات الحيوية، أن السلوك الأناني والفردي النابع من الرغبة في النجاة كان سائدًا بين أسلافنا في البداية، ولكنَّنا تجاوزناه قديمًا وأصبح سلوكًا غير صالح.

إلا أنه كان دافعنا للتحول إلى الإيثار الذي يحقق المنفعة الأكبر للجميع. ولذلك اكتسبنا القدرة على التعاون والتوافق، وتطورت لدينا القدرة على العيش في مجتمعات أكبر وأكثر[2].

فالنفس فيها الكثير من الصفات النارية والطينية، وما الجن والإنس إلا مشاعر في هذه النفس، وكلاهما يتنافس للسيطرة عليها. وكلاهما فيه الخير، وفيه الشر. فالجن هو السمات، والصفات، والمشاعر ذات الطاقة العالية القوية المتفلِّتة المتعالية، والمتمردة على النمط، والسلوك، والقانون، والنظام، والرتابة. بينما الإنس هو السمات والصفات والمشاعر ذات الطاقة الساكنة الهادئة المنسجمة مع النمط، والسلوك،

---

2 . لمن يحب الاستزادة يمكنه الرجوع إلى كتاب (المتعاونون الفائقون) لمارتن نواك، الذي يشرح علاقة الإيثار والتطور ولماذا نحتاج بعضنا إلى بعض لتحقيق النجاح. - Supercooperators Martin Nowak

والقانون، والنظام. والجن يحاول التعالي على الصفات الإنسية (الطينية). والإنس يحاول التحكم في الصفات الجنِّية (النارية).

بالتالي، حين يكون الجزء الناري أقوى وأكثر سيطرة من الجزء الطيني، فإن ذلك يكون خطرًا على تعايشنا ومستقبلنا، فالإنسان قابل للتطويع والتسخير بعكس الجن الذي لا يقبل ذلك. وكذلك إذا ما سيطرت الصفات الطينية بالكامل، فقد الإنسان دوافع العمل والتطوير والإنتاج ومال إلى العجز والكسل والخنوع. ولذلك، فقد تم بلس (حبس) ما شطن من المشاعر الطينية والنارية (شياطين الإنس والجن) داخل النفس لتستوي. وهو ما يعني أنه في كلتا الصفتين شطون. فالصفات الإنسية حين تشطن تخرج عن الأهداف والمصالح، فالركون والخنوع والعجز والكسل و... هي زيادة في تفعيل الصفات الإنسية، فهي تُحدث خروجًا عن المصلحة، فزيادة الحب تؤدي إلى الهوس بالأشياء والتعلق بها، والزيادة في التقوى واتقاء المخاطر قد يتحول إلى رهاب (فوبيا) وشك مرضي (بارانويا)، أو... إلخ. وهي بلا شك زيادة تضر بمصالحنا الإنسانية.

فتم بلس هذه الصفات (المشاعر الخطرة الشاطنة)، وتم إخراجها من مراكز الإدارة (الإمارة) ومنعها من التحكم في

النفس، ورُجِمَت (حوصرت)، وأُهْبِطَت، وأخْفِضَت قوَّتها وتأثيرها، وتم تقييدها برباط وعقال العقل، حتى لا تسيطر وتستحوذ على النفس إلَّا بتصريح منه، ولذلك سميت هذه الملكات المقيدة المُبْلسة (إبليس). وهي السمات والصفات (المشاعر) المذمومة والمدحورة الممنوعة من الظهور.

فالآيات التي تتحدث عن البشر والإنسان والجن والإنس وآدم وإبليس والشيطان والملائكة، تتحدث عن مراحل تطور النفس والصراعات والعقبات التي واجهت وعطَّلت عمليات التطور، وسلبياتها، والحلول المقترحة لعلاجها.

وبما أن الله خاطب الجن والإنس كمعشر واحد ﴿يَٰمَعۡشَرَ ٱلۡجِنِّ وَٱلۡإِنسِ﴾ [الأنعام: 130]، و[الرحمن: 33]، فذلك يؤكد أنهما مجموعة واحدة، وقد خاطبهما بخطاب واحد في عدة مواضع، ﴿وَمَا خَلَقۡتُ ٱلۡجِنَّ وَٱلۡإِنسَ إِلَّا لِيَعۡبُدُونِ ٥٦﴾ [الذاريات: 56]، فقد خلقهما لذات الغرض، ولأنهما يجتمعان ويُظاهران ويساند بعضهما بعضًا، يأتيهما التحدي معًا.

﴿قُل لَّئِنِ ٱجۡتَمَعَتِ ٱلۡإِنسُ وَٱلۡجِنُّ عَلَىٰٓ أَن يَأۡتُواْ بِمِثۡلِ هَٰذَا ٱلۡقُرۡءَانِ لَا يَأۡتُونَ بِمِثۡلِهِۦ وَلَوۡ كَانَ بَعۡضُهُمۡ لِبَعۡضٖ ظَهِيرٗا ٨٨﴾ [الإسراء: 88]. ﴿يَٰمَعۡشَرَ ٱلۡجِنِّ وَٱلۡإِنسِ إِنِ ٱسۡتَطَعۡتُمۡ أَن تَنفُذُواْ مِنۡ أَقۡطَارِ

ﭐلسَّمَٰوَٰتِ وَﭐلۡأَرۡضِ فَﭐنفُذُواْۚ﴾ [الرحمن: 33]. فكيف سيتظاهران ويتَّحِدان ويتعاونان كفريق عمل واحد ليأتيا بمثل القرآن أو لينفذا من الأقطار وهما في عالمين وبُعدين مُختلفين تمامًا!

هذه الآيات تُؤكِّد أن الجن والإنس مُتحدان ويتعاشران ويتعاونان ويلتقيان باستمرار وبشكل طبيعي.

لا بل إن عذابهما واحد، ﴿يُرۡسَلُ عَلَيۡكُمَا شُوَاظٞ مِّن نَّارٖ وَنُحَاسٞ فَلَا تَنتَصِرَانِ ٣٥﴾ [الرحمن: 35]، ﴿لَأَمۡلَأَنَّ جَهَنَّمَ مِنَ ٱلۡجِنَّةِ وَٱلنَّاسِ أَجۡمَعِينَ ١١٩﴾ [هود: 119]، و[السجدة: 13]، وهو ما يدل أن لهما نفس الخلق والطبيعة.

وكذلك نجد أنه يؤكد أن بعضهم استكثر واستمتع ببعض، ﴿**يَٰمَعۡشَرَ ٱلۡجِنِّ قَدِ ٱسۡتَكۡثَرۡتُم مِّنَ ٱلۡإِنسِۖ وَقَالَ أَوۡلِيَآؤُهُم مِّنَ ٱلۡإِنسِ رَبَّنَا ٱسۡتَمۡتَعَ بَعۡضُنَا بِبَعۡضٖ**﴾ [الأنعام: 128]، وهذا ما يؤكد تعاشرهما الشديد لدرجة الاستكثار والاستمتاع، أي إن بينهما علاقات واحتكاكات وارتباطات مباشرة ومتداخلة جدًّا لدرجة الاستمتاع الذي لا يكون إلَّا بالتواصل والاحتكاك المباشر والمُتكرر.

وهذا بلا شك، يتنافى مع القول بأن الجن عالم خفي ومُغيَّب وغير مرئي ولا يتواصل معهم إلَّا فئة قليلة كما تزعم كُتب التراث. فالآيات تؤكد أن الجن والإنس لهما نفس المادة، والطبيعة، والأعضاء، والصفات، والعلاقات، والمهارات، والإمكانيات، والمشاعر، والمفاهيم، والعادات، والأخلاق، والوسائل، والأساليب، و... إلَّا فإن الجن أكثر علوًّا وإبداعًا وتميزًا وانفرادًا وكبرًا، فالجني هو كل إنسان يُفعِّل طاقته النارية ويجتهد ليبدع ويتميز ويعلو وينفرد ولا يأنس بالآخرين ولا ينقاد لهم وتصعُب السيطرة عليه وتطويعه.

فالقرآن يقسم المجتمع إلى شريحتين ويصف كل واحدة بحسب سلوكياتها، واحدة تفعِّل الطاقات النارية هي الجن، وأخرى تفعل الطاقات الطينية هي الإنس. وقد ذكر القرآن أن الأمثال مصرفة فيه للناس، ﴿وَلَقَدۡ صَرَّفۡنَا لِلنَّاسِ فِي هَٰذَا ٱلۡقُرۡءَانِ مِن كُلِّ مَثَلٖ﴾ [الإسراء: 89]، فهل تجاهل ذكر الجن؟ أليس للجن نصيب من القرآن؟!

فإذا علمنا بأنَّ نفرًا منهم قد رحلوا للنبي ليستمعوا إلى القرآن، وقرروا أن يبلغوه لقومهم ﴿وَإِذۡ صَرَفۡنَآ إِلَيۡكَ نَفَرٗا مِّنَ ٱلۡجِنِّ

يَسۡتَمِعُونَ ٱلۡقُرۡءَانَ فَلَمَّا حَضَرُوهُ قَالُوٓاْ أَنصِتُواْۖ فَلَمَّا قُضِيَ وَلَّوۡاْ إِلَىٰ قَوۡمِهِم مُّنذِرِينَ ٢٩﴾ [الأحقاف: 29]، وقال: ﴿فَأَبَىٰٓ أَكۡثَرُ ٱلنَّاسِ إِلَّا كُفُورًا ٨٩﴾ [الإسراء: 89]، و[الفرقان: 50]، فهل تجاهل الجن؟ هل الجن لا يكفرون؟! بالتأكيد منهم من يكفرون كالإنس، وهذا لأن لفظ الناس يشمل الطبقتين (الزوجين) الجن والإنس.

وهناك آيات كثيرة تدل على أن الجن هم شريحة من المجتمع، كالآيات التي تتكلم عن الجن والإنس ثم يتحول السياق للكلام عن الناس فقط، وهذا يدل على تداخل واشتباك شديد بين الجن والإنس وكأنَّهما شيء واحد، فالجن والإنس ثنائيه كونية (أي زوجيه في الخلق) مثل ليل ونهار، حار وبارد، جهل وعلم، نور وظلمات.

فكل شيء فيه مشاعر لها سلوكيات تشبه سلوك النار (جنية)، سلوكيات قوية تريد الانفلات، وفيه مشاعر طينية إنسية مأنوسة هادئة تريد الانسجام مع مُحيطها، فقد يجن الشيء فيكون جنيًّا، وقد يكون الشيء نفسه إنسيًّا مأنوسًا؛ أي قد يجن الشيء فيكون جنيًّا كالليل ﴿فَلَمَّا جَنَّ عَلَيۡهِ ٱلَّيۡلُ﴾ [الأنعام: 76]، فالليل أصبح جِنًّا فهو لم يقل (فلمَّا أجنَّه الليل) أو (فلمَّا

جنَّه الليل) أي أخفاه الليل، كما تقول التفاسير بأن الليل أخفى إبراهيم، هذا غير صحيح، فمعنى الآية هو أن الليل أصبح جنًّا فجن على إبراهيم ؛ أي إن الليل أصبح له سلوك ناري، فبعد أن كان يرخي ستوره بهدوء في بداية دخول الليل، الآن أصبح شديدًا متكاثرًا غالبًا على كل شيء، وهذا هو سلوك النار، فلذلك قال إن الليل جنَّ على إبراهيم.

وقد يأنس الشيء فيكون إنسيًّا ﴿ءَانَسْتُ نَارًا﴾ [طه: 10]،

(النار قد تُؤْنَس رغم أنها في الأصل غير مستأنسة، بل هي التي مرج منها الجان، فهي أصل الجن)، ولكن إذا جن الليل تكون النار مأنوسة.

فكل نفس فيها الصفتان النارية والطينية (الجن والإنس/ السالب والموجب).

فللصبح نفس ﴿وَٱلصُّبْحِ إِذَا تَنَفَّسَ ﴿١٨﴾﴾ [التكوير: 18]، والليل أيضًا كالصبح له نفس ويجن، فالصبح أيضًا قد يكون جنًّا أو إنسًا، فالشيء أحيانًا يتصرف بسلوك مأنوس مألوف فيكون مأنوسًا إنسيًّا، وهو نفسه أحيانًا يتصرف بسلوك جنوني مُنفلت متعالٍ على مُحيطه فيكون جنِّيًا؛ أي إنَّه يتصرف بسلوكيات الجن حين يتكاثر ويغلب على مُحيطه، فيجن كما جنَّ الليل، وكما نقول: جُنَّ الزرع إذا أزهر وأثمر.

بدأت النفس ظهورها في الوجود بالطاقة النارية لتعتمد عليها في بداية نشوئها وتفاعلها مع كل شيء، فتعالت وتكبَّرت وقهرت كل ما تمكنت منه، فمرَّت بتجارب كثيرة وكبيرة، لذلك يقول إنه خلق الجان قبل الإنسان، ﴿وَٱلْجَآنَّ خَلَقْنَٰهُ مِن قَبْلُ مِن نَّارِ ٱلسَّمُومِ ۝٢٧﴾ [الحجر: 27]؛ أي إنَّه خلّق وسوَّى الصفات الجنّية النارية في النفس لتعتمد عليها في ظهورها وتجلِّيها وعلوها على كل شيء، قبل خلق الصفات الطينية الإنسية ومُساواتها بالنارية، فالصفات النارية تخلَّقت في النفس قبل الطينية، وهي رمز الفجور (العدوان وتجاوز المألوف والمعتاد)، ولهذا قدَّم ذِكر الفجور على التقوى.

وقد أخبرنا الله أن الكون (الوجود) ظهر وبدأ بالفجر ﴿وَٱلْفَجْرِ ۝١ وَلَيَالٍ عَشْرٍ ۝٢﴾ [الفجر: 1-2]، وكذلك النفس بدأت به ﴿فَأَلْهَمَهَا فُجُورَهَا وَتَقْوَىٰهَا ۝٨﴾ [الشمس: 8]، فلذلك قدَّم ظهور منطق وسلوك الفجور على ظهور منطق وسلوك التقوى في الكون والنفس، والفجر أو الفجور كلاهما لا يتم إلَّا بطاقة قوية نارية عالية.

وهذا يعني أن النفس العاقلة تُحاكي (تُقلّد) النفس الأُولى التي ظهرت بالانفجار وتعتمد على الطاقة العالية القوية في عملية النشوء والترقِّي، فنحن نعتمد على أقوى طاقة لدينا في تعاملنا مع كل شيء.

فالسلوك الناري ظهر في الكون وفي النفس الإنسانية قبل السلوك الطيني، فكانت النفس في بداية خلقها وتسويتها تعتمد على طاقتها القوية النارية؛ لتحقق ظهورًا قويًّا ومميّزًا عاليَ المستوى، يتحدَّى ويعلو ويتكبَّر بأسرع طريقة ممكنة وعلى كل شيء، فالنفس اعتمدت على أقوى طاقاتها في بداية نشوئها، فلذلك كانت تُفسد في الأرض وتسفك الدماء.

وهذا ما يتفق مع قول علماء العصر الحديث حول نشأة الإنسان وتطوره، فقد أكدت أبحاثهم أن الإنسان لم يأتِ من سلالات لطيفة، وودودة، وهادئة فقط، بل جاء أيضًا من سلالات متوحشة، تفترس غيرها من الحيوانات، وتقتل وتسحق جماجم أعدائها ممن ينازعونها على الموارد والثمار، وتدمر كل شيء تتغلَّب عليه، فالقرآن يستعرض تاريخ النفس الإنسانية (العاقلة) وكيف نشأت بسلوكيات متوحشة عشوائية مُنفلتة غير منضبطة ثم تطوَّرت إلى ما هي عليه الآن.

فالنفس جاءت من الفوضى الخلَّاقة من عصور الظلمات، فكان الإنسان يعيش بشريعة الغاب (البقاء للأقوى)، ويُوثِّق ذلك بقوله على لسان الملائكة: ﴿قَالُوٓاْ أَتَجۡعَلُ فِيهَا مَن يُفۡسِدُ فِيهَا وَيَسۡفِكُ ٱلدِّمَآءَ﴾ [البقرة: 30]، إذ كان مُفسدًا سافكًا للدماء، قبل أن يرتقي بوعيه وعلمه، وبعد أن اتَّسع وعيه، قرَّر أن البقاء للصالح، وليس للأقوى.

وبسبب التجارب والاحتكاك الشديد مع كل شيء في البدايات، تراكمت معلومات ومعارف وخبرات من هذه التجارب المتنوعة والكثيرة، فنمَت وتَضخَّمَت أعضاء الدماغ كمراكز الذاكرة، والحفظ، والتحليل، والمقارنة، والربط، والاستنتاج...

وبدأت تظهر مشاعر إنسيَّة (صفتها الرئيسية أنَّها تستأنس الآخر) مفاهيم جديدة في سماء النفس ويُطلب (وعينا الأعلى هو من يطلب) منها أن تأمر وتوجِّه النفس.

وهذه المشاعر الجديدة تقوم على مبدأ وأخلاق ومفاهيم الجذر (أ ن س)، أي إنها تدور في فلك الاستئناس بدل العلو والكبر كما في السابق (مرحلة الإفساد وسفك الدماء)، فطورت النفس صفاتٍ كانت خاملة لديها (إنسية طينية) واتسعت لديها صفات

ومهارات جديدة بعد نفخ الروح، ولكن بعض الصفات السابقة التي كانت تقود الإنسان لعصور طويلة (ملايين السنين)، النارية السلوك والطباع عصت وأَبَت واستكبرت وحاولت أن تتفلت؛ لتعود وتسيطر على إمارة النفس لتوجهها وتأمرها كما كانت تفعل في عصور الظلمات والفوضى.

فأصبحت هذه الطاقات تتنافس فيما بينها داخل النفس، فالذي تظهر على شخصيته صفات الطاقة النارية التي تشمل الخفة، والنشاط، والعلو، والإباء، والتكبُّر، والتعفرت، والمرود، والتميز، والإبداع، وقوَّة التأثير، وعدم الانقياد، ويستهلك، ويمتص طاقة الآخرين، و... فهو من الجن، والذي تظهر على شخصيته صفات الطاقة الطينية التي تشمل الهدوء، والعجز، والكسل، واستئناس الآخرين، والتكافؤ معهم، والانقياد لهم، وعدم الانفراد والعلو والتكبر عليهم، والانسجام، والتوافق معهم ومع القوانين والمحيط، و... فهو من الإنس.

واسم (أَنَس) له سمات وصفات تصف حركة وسلوكًا، فإذا تصرَّف أي كائن بهذا السلوك فيجوز اشتقاق اسم له من (أ ن س)، مثل: قوله: (آنست نارًا)، فأصبحت النار مأنوسة (مشاعر الأنس)، وهي أصل ومثال لخلق الجن، فكل شيء قد يكون جنًّا أو إنسًا بحسب سلوكه.

وكذلك كلمة الملائكة لها سمات وصفات تصف سلوكًا، فمن تصرف بهذا السلوك يجوز اشتقاق اسم له من (م ل ك)، مثل قوله حين أورد وصف النسوة ليوسف البشر بأنه ملك: ﴿إِنْ هَٰذَآ إِلَّا مَلَكٌ كَرِيمٌ ۝٣١﴾ [يوسف: 31]، وقوله عن بشريين من أهل بابل بأنهما كانا ملكين: ﴿ٱلْمَلَكَيْنِ بِبَابِلَ هَٰرُوتَ وَمَٰرُوتَ﴾ [البقرة: 102]، فيسمي البشر بالملائكة، فما هاروت وماروت إلا طبيبان بارعان كانا يقومان بسلوكٍ ملائكي (دقيق متكامل لا أخطاء فيه) في علمهما وتعاملهما، فلذلك وصفهما ووصف يوسف بأنهم ملائكة.

كذلك كلمة شيطان لها سمات وصفات تصف حركة وسلوكًا، فمن تصرف بهذا السلوك، واتصف به، يجوز أن نشتق له اسمًا من شيطان، سواء كان يفعل شرًّا أو خيرًا، كشياطين سليمان الذين يخدمونه ويحفظهم الله أو كالشياطين الذين يُنفِّذون أمر الله بِأَزِّ الكافرين. [سيتم تفصيل ذلك لاحقًا في فصل الشيطان].

فالشياطين يُنفِّذون أمر الله ويخدمون الأنبياء.

في عرض قصة الخلق، يقول القرآن إن الله سيجعل بشرًا من طين، ثم يتكلّم عن ظهور كائن مُختلف يسمِّيه (آدم) ثم بعد ظهور آدم يظهر إبليس ثم يتكلم عن الجن والإنس.

آدم هو مستوى ظهر وتطور في النفس، وهو مزيج من الصفات النارية والطينية (الإنس والجن)، وهو الإنسان العاقل الذي يتكيف ويبني صلات وعلاقات مشتركة ويتبادل المصالح مع محيطه، بناءً على المنطق العاقل لتحقيق المصالح العامَّة، فآدم هو أول بشر يتعلم القوانين، ويتحداها، ويطور قدراته، ويتكيف مع محيطه بناءً على مبدأ التطوُّر والترقِّي، وهو محور حديثنا في الفصل التالي.

فصل (6)

آدم

تكرر

ذكر آدم في القرآن خمسة وعشرين مرة، وأصل الكلمة هو أدِم يَأْدَم يُؤْدِمُ فهو آدِم وآدَم، والأَدْمُ هو المزج والخلط بتقدير وتوافق.

﴿وَلَقَدۡ خَلَقۡنَٰكُمۡ ثُمَّ صَوَّرۡنَٰكُمۡ ثُمَّ قُلۡنَا لِلۡمَلَٰٓئِكَةِ ٱسۡجُدُواْ لِأٓدَمَ﴾ [الأعراف: 11].

خلقناكم ثم صوَّرناكم: بالجمع فلم يقل (خلقتك ثم صوَّرتك) أو (خلقته ثم صورته) فهو يُخبرنا أن خلقنا وتصويرنا كمجموعات قد سبق ظهور آدم وسجود الملائكة، لأنَّه قال: **(اسجدوا لآدم)** بعد أن قال: **(خلقناكم ثم صوَّرناكم)** فتم خلقنا وتصويرنا كجماعات لأجيال كثيرة قبل أن يظهر ويكتمل منطق آدم في النفس وتتقمَّصه مجموعات وتعمل به، ثم صدر الأمر لمَلَكَات النفس جميعها بالسجود للمنطق الجديد (آدم) الذي سيُحقق النفع والخير لمستقبل الإنسان، وخطاب الآية يتكلم عن مراحل خلق البشر ثم الإنسان ثم العاقل وليس مراحل الطين والتراب والصلصال والفخار والحمأ المسنون.

فكان أول ظهور لمنطق البشر المنتشر ﴿إِذَآ أَنتُم بَشَرٞ تَنتَشِرُونَ ٢٠﴾ [الروم: 20]، وهو سلوك جماعات منطقها هو الانتشار والمباشرة والتباشر المادي؛ أي إن دور الوعي في السلوك لم يكن هو الغالب كما هو الحال عند العاقل. فكانت المشاعر هي التي تتحكم في النفس وتوجهها وتُحدد طبيعة السلوك، ثم ظهر منطق الإنسان وهو سلوك يأنس ويستأنس

الآخر، ثم ظهر منطق آدم وهو منطق الاختلاط مع الآخر، ومنطق التجريد الذي هو علم (الأسماء).

والنفس تطورت بعلاقتها مع الآخر؛ فقررت مُخالطته؛ لتزيد مُكتسباتها، فمنذ أن بدأت البشرية كان هناك مُخطط للنفس، وقد أمر الله القوانين والحقائق بالعمل عليه، ورغم أنَّها تُشارك بمصيره، إلا أنَّها جاهلة بمستقبله.

وبالنظر في الآيات التي يكون فيها الخطاب في القرآن من مجموعة من المتكلمين ﴿نَحْنُ خَلَقْنَاكُمْ﴾ [الواقعة: 57]، ﴿إِنَّا نَحْنُ نَزَّلْنَا﴾ [الحجر: 9]، و[الإنسان: 23].

فهؤلاء المتكلمون هم منظومة من ملائكة الملأ الأعلى (الحقائق والقوانين العُليا التي تُملي، الملأ من يملي إملاء إملاءات، فكل من يُملي شيئًا فهو من الملأ، وهناك أعلى وهناك أدنى وبينهما عدة مستويات)، العالي في الوجود والذي يُملي على ملأ أدنى منه ليتم الخلق والتصوير والإنشاء و... (تطوير الخلق)، يُدخلهم الله في الخطاب وفي الأفعال التي يشركهم فيها، ويُقيِّمها بواسطتهم، فهم أياديه التي يبني بها الكون، وهي قوانين وسُنن كونية، كأي قانون رياضي أو

فيزيائي أو كيميائي، يُملي على المادة أوامره وتعليماته ليحكمها ويسيطر عليها.
وما يدعم هذا التصور هو أن الله إذا تكلم عن نفسه، يُفرد نفسه بالخطاب، كقوله: ﴿فَعَّالٌ لِّمَا يُرِيدُ ١٦﴾ [البروج: 16]، ولم يقل (فعَّالون لما نُريد)، وقال: ﴿إِنَّنِيٓ أَنَا ٱللَّهُ﴾ [طه: 14]، ولم يقل (إنَّنا نحن الله)، وعندما يُفرد نفسه بالخطاب فهو يتكلَّم عن قانون أعلى مُنفرد بالفعل، وتحته منظومات من القوانين الثانوية.

فآدم هو منطق ظهر وتطور في النفس حديثًا، وأقرَّه ربنا؛ أي إن منطق رُبُوِّنا وتربيتنا هدانا لنرتقي للمستوى العاقل. وحين استحققنا ذلك بالجد والاجتهاد، حققه لنا، وعلَّمنا الأسماء؛ أي مكننا من ابتكار أصوات، نُميِّز بها كل شيء عن الأشياء الأُخرى، ثم صدر الأمر بسجود جميع الملكات (الملائكة) للقيادة الجديدة التي تميزت بمهارات تفوق القيادات القديمة؛ ولذلك هي تستحق قيادة النفس أكثر من الأنظمة السابقة.
والقرآن والعلم يتفقان أن الإنسان العاقل تطور من بشر غير عاقل (**يُفسد ويسفك الدماء**) جاء وخرج من منطق الظلمات وشريعة الغاب.

إنسان النياندرثال:

الذي هو أقرب الأنواع إلينا بكونه آخر الفصائل التي أهلكها الله (انقرضت بقوانين الخلق)، وهو أقدم من الإنسان العاقل المعروف باسم (الهوموسيبيان) والذي نحن سلالته.

كان النياندرثال لديه منطق وسلوك بقاء يعتمد ويرتكز على صِلة القرابة، والرابطة العرقية، وتشابه الشكل، وإذا زاد وتكاثر عدد المجموعة نشأت خلافات ونزاعات وحدث قتال وحروب داخل المجموعة رغم أنها قليلة ومن عرقيَّة واحدة، فتنفصل وتنقسم المجموعة لجماعات أصغر بروابط عرقية وشكلية أضيق من السابق لا تجتمع ولا تتفق رغم ما بينها من تشابهات، لذلك لم تتجاوز أعداد مجموعاته الآلاف أو عشرات الآلاف في أحسن الأحوال، وهو نموذج نشأ في المناطق الباردة، فكان جلده سميكًا ليقاوم برودة الطبيعة، وكانت لديه بعض السِّمات الرئيسية الإنسانية البدائية، وكان يحسن بعض المهارات الحِرفية البسيطة جدًّا، ولديه أصوات بدائية كلغة يتخاطب بها الأفراد، ولكنه انقرض بأسباب متنوعة، من أهمها وصول هجرات من الهوموسيبيان اقتتلت معه وسيطرت على مواقع الماء والغذاء.

ثم ظهر الإنسان العاقل (الهوموسيبيان) بسلوك أكثر تطورًا، فكان قادرًا على الاجتماع بناءً على تشابه الأخلاق

213

والسلوكيات، وابتكر لغة تواصل أرقى من التي كانت لدى النياندرثال، وبهذا المنطق الجديد تمكنَّا من خلق جماعات أكبر، وأقوى تتجاوز الرابطة العرقية وتشابه الشكل، فبدأت تظهر المجموعات الكبيرة، فالمجتمعات المنظمة، فالأُمم المليونية، فنتج عن ذلك قيام حضارات ما كانت لتقوم لو لم يظهر هذا المنطق الجديد في بناء العلاقة، وتم القضاء على المجموعات التي لم تؤمن، ولم تعمل صالحًا بِيدِ العاقل أو بسُنن التطور التي تسمح ببقاء الصالح، فانقرضت تلك المجموعات وبقيت المجموعات التي تتعلَّم، وتقرأ الغيب (المستقبل)، وتؤمن به، وتُصدقه؛ لتنجح، وتتمكن من البقاء بأيسر وأسعد حال؛ فترسم وتضع خططًا مُستقبلية تقيها خطر عقبات ونكبات المستقبل.

تطور منطق الإنسان وارتقى عن العرقية والشكليات إلى مستويات نفسية راقية تعتمد على تشابه الأخلاق والسلوك لتقبل الآخر وتستقطبه لتستفيد منه، فاجتمعنا بالأخلاق والسلوك، وليس بتشابه الشكل أو العرقية أو الجغرافية (المناطقية)، فحققنا تطورًا علميًّا ومعرفيًّا وجينيًّا فاق المجموعات الأُخرى، وبهذا المنطق اتسع الوعي وتكونت حضارة للإنسان وارتفعت قيمته في الوجود، وبذلك انقرض الجنس المتخلِّف وغير الصالح، وظهر الجنس المتطوِّر.

وحدثت حروب طاحنة وإبادة بين الهوموسيبيان والنياندرثال، وأيضًا حدث تزاوج (مُصاهرات) بينهما، ونتج عن تلك الحروب إبادة النياندرثال.
ويُعتقد أن الهوموسيبيان هاجر مرتين لمناطق النياندرثال الباردة، وبين الهجرتين آلاف السنين، وفي الأُولى تمت هزيمته، ولكن في الثانية استطاع الانتصار والسيطرة. وربما يكون السبب هو أنه طوَّر لغته، فأصبح نقل المعلومات والخبرات والتوجيه بين الأفراد والمجموعات يحدث بشكل أدق وبسرعة أكبر مما لدى النياندرثال، فكان قادرًا على تنظيم وتطوير نفسه أكثر.
وتم العثور على عظام للنياندرثال في مناطق للهوموسيبيان؛ مما يعني أنه أسر مجموعات واستعبدها ونقلها لمناطقه.

القرآن يتكلم عن (آدم) بصيغة المفرد كما نتكلَّم في كُتبنا عن إنسان النياندرثال بصيغة المفرد ونحن نقصد مجاميع كثيرة وكبيرة عاشت مئات آلاف السنين، وربما أكثر،
كما يتكلم القرآن عن آدم كفرد، بينما هو سلالات كثيرة متنوعة مرَّت بتجارب وتطوُّرات وارتدادات ومراحل كثيرة من التطوُّر.
كما أن القرآن يتكلَّم عن ابنَي آدم كفردَيْن، بينما هما جيل أو عدَّة أجيال، اقتتلت على مناطق الغذاء والنفوذ.

بعد أن انتظمت قوانين الأحياء على كوكب الأرض، ظهر مبدأ ومنطق الإنسان، حيث يُمكن الاستئناس بمحيط منتظم، بينما لو كان المحيط غير مُنتظم فلن تستطيع استئناس أي شيء، ولن يظهر إنس يستأنس بنوعه، أو بالآخرين، أو بالطبيعة.

آدم هو مرحلة الاصطفاء ﴿إِنَّ ٱللَّهَ ٱصۡطَفَىٰٓ ءَادَمَ﴾ [آل عمران: 33].

والاصطفاء يعني أنه كانت هناك نماذج حسنة وتم اختيار الأحسن منها.

وآدم هو مرحلة العلم والتعلم ﴿وَعَلَّمَ ءَادَمَ﴾ [البقرة: 31]، ومرحلة السجود «**اسْجُدُواْ لآدَمَ**»، ومرحلة التلقي والتراجع (التوبة) «**فَتَلَقَّى آدَمُ من ربه كلمات فتاب عليه**»، ومرحلة اتساع مساحة الاختيار واتخاذ القرار في النفس وظهور الأخطاء (المعصية) ﴿وَعَصَىٰٓ ءَادَمُ﴾ [طه: 121]، والعهد والنسيان ﴿وَلَقَدۡ عَهِدۡنَآ إِلَىٰٓ ءَادَمَ مِن قَبۡلُ فَنَسِيَ﴾ [طه: 115]، ثم مراحل أكثر تطوّرًا للسلالة الآدمية.

والتكريم: ﴿وَلَقَدۡ كَرَّمۡنَا بَنِيٓ ءَادَمَ﴾ [الإسراء: 70].

والزينة واللباس: ﴿يَٰبَنِىٓ ءَادَمَ قَدۡ أَنزَلۡنَا عَلَيۡكُمۡ لِبَاسٗا يُوَٰرِى سَوۡءَٰتِكُمۡ وَرِيشٗاۖ﴾ [الأعراف: 26].

فمنطق وسلوك الآدمية يجمع بين كل هذه الصفات من حب للعلم، والتمييز، والقرار، والتراجع، والاختلاط، والتطور، والزينة، والعصيان...

وقال: ﴿يَٰٓـَٔادَمُ ٱسۡكُنۡ أَنتَ وَزَوۡجُكَ ٱلۡجَنَّةَ﴾ [البقرة: 35]، فلو لم يكن هناك غيره لما قال له (أنت)، فإذا كان هناك طالب واحد في الفصل، فلا يقول له المُعلِّم (تعال أنت)، بل سيقول له (تعال) فقط؛ لأنه لا يوجد غيره.

فإذا قال لآدم: (أُسكن أنت وزوجك) فهذا يعني أنه كان بين نظائر مشابهة له، فتم تمييزه من بينهم.

﴿إِنَّ ٱللَّهَ ٱصۡطَفَىٰٓ ءَادَمَ﴾ [آل عمران: 33].

الاصطفاء لا يكون إلَّا من بين أنواع متشابهة من نوع واحد، وهو ما يعني أن آدم تم اختياره من بين مجموعات تُشبهه من البشر، فآدم ليس أول البشر، بل هو آخر إصدار من الجنس البشري الإنساني؛ أي إنَّه هو النوع الناجي بسبب مهارته في البقاء والتكيُّف، ولم يرتد لأسفل سافلين وينقرض.

فالاصطفاء في القرآن هو الانتخاب الذي يحدث في الطبيعة؛ أي إن قوانين الله هي التي اصطفت آدم لأنه استحق ذلك بسلوكه الذي تميز به عن غيره.
فإذا قرأنا في القرآن أن الله فلق أو أرسل أو أنزل أو أنشأ أو قبض أو بسط أو ... فهو يشير إلى أن قوانين الله التي أنزلها لتتصرَّف في المادة هي التي فعلت ذلك.
الله فعَّال لما يُريد، ويفعل بمخلوقاته من المادة واللا مادة، فهي أياديه التي تُحقِّق إرادته.
ولذلك نجد أحيانًا خطابات بالجمع في القرآن، سواء في بناء السماء أو إنزال الماء أو تدمير القرى أو... وذلك يشير إلى أن هناك منظومةً من القوانين هي التي فعلت ذلك، فجميعنا نعلم بعض القوانين التي تقف وراء نزول الماء (المطر) من السماء.
وإذا جاء الخطاب بالمفرد فهو يُشير لقانون واحد رئيسي هو الذي وراء ما يتم ذكره في الآية.

﴿فَوَسْوَسَ إِلَيْهِ ٱلشَّيْطَٰنُ﴾ [طه: 120].

وسوس الشيطان إلى آدم بينما كان الأكل من الشجرة جماعيًّا من آدم وزوجه (فأكلا)، ونسب المعصية والغواية لآدم فقط ﴿وَعَصَىٰٓ ءَادَمُ رَبَّهُۥ فَغَوَىٰ ١٢١﴾ [طه: 121]؛ لأنه هو الذي تأثَّر واستجاب للوسوسة أولًا، ولما كان الأكل قد حدث من الاثنين (آدم وزوجه)، جعل السوأة والطَّفْقَ والخَصْفَ لآدم وزوجه

بشكل جماعي (**سوءاتهما، وطفقا، يخصفان**)؛ أي إن الضرر أثَّر على الاثنين.

وجعل الاجتباء، والتوبة، والتلقّي، والعلم، والهداية لآدم لأنه من عصى وغوى؛ لأنه هو الذي بدأ بالأمر فتأثُّره بالتجربة كان أعمق من زوجه.

وزوجه لا تعني الأنثى، بل المعنى يتجاوز ذلك بكثير.

﴿وَكُلَا مِنْهَا رَغَدًا حَيْثُ شِئْتُمَا﴾ [البقرة: 35].

والأكل هو الاستعمال والاستخدام واستهلاك الشيء، وليس المضغ والبلع فقط، فكما قلنا إن الكلام الذي في القرآن واسع المعاني والحكمة، بِسعة المتكلِّم الله الواسع.

﴿وَلَا تَقْرَبَا هَٰذِهِ ٱلشَّجَرَةَ فَتَكُونَا مِنَ ٱلظَّٰلِمِينَ ٣٥﴾ [البقرة: 35].

لم يقل (لا تأكلا) بل (لا تقربا)؛ فجعل مُجرَّد الاقتراب يوقعهم في الظلم، فمن الظلم أن تتصرف فيما ليس لك، أو أن تستعمل ما يُفسد حالك الاجتماعي، أو الأخلاقي، أو الصناعي، أو السياسي، أو الصحي، أو... فالنهي لآدم وزوجه من الاقتراب والتعامل مع الشجرة (**لا تقربا**)؛ لأنَّها تحمل صفات سيئة، وأيّ علاقة معها ستفسد حالهم.

قال: (**هَٰذِهِ الشَّجَرَةَ**) ولم يقل تلك الشجرة؛ مما يعني أنه عرَّفها لهم وهم يعرفونها وهي قريبة منهم، وهي لا تعني النبتة، فهو يقول إن الاقتراب منها سيوقعهما في الظلم.

ومن إبداع كلام القرآن أنه ينطبق على المعنى المادي واللا مادي.

فالشجرة يجوز أن تكون نموذجًا بشريًّا يتم التحذير من التعامل معه وإنشاء علاقات قد تؤدي لمصاهرات وانتقال جينات غير صالحة تمت تنحيتها في نموذج آدم.

وقد يكون معنى الشجرة هو مجموعة من الصفات التي في النفس، والتي تمت تنحيتها بالرجم والتصغير والمنع من الظهور، وأن مجرد الاقتراب منها سيؤدي لإعادة تفعيلها في النفس، فينتج عن ذلك أضرار تُؤدِّي لخلل في المجموعة، وظهور بعض المفاسد التي لم تكن لتظهر لولا تفعيل هذه الصفات [سيتم تفصيل مادة (شجر) ومدلولها في الأجزاء القادمة].

علَّم آدم الأسماء: أي مكَّن آدم من معرفة سمات كل شيء؛ أي إن أقلام آدم (أدوات القراءة لديه كالسمع والبصر والفؤاد و... تم تطويرها فأصبحت قادرة على تمييز ومعرفة سِمات كل شيء ونعته باسم يُميزه عن غيره). فآدم سعى وجاهد واجتهد في تتبع وسائل وسُنن الله وتعلَّم فاستحق العلم والتلقي.

وليس المعنى أن آدم نام جاهلًا واستيقظ عالمًا، أو سمع صوتًا من السماء يقول له: هذا بعير وذاك حصان وهذا جبل وذاك وادي و... كم تقول كُتب التراث.

بل المعنى هو أن آدم بحث وتعلم العلامات التي على الأشياء في المحيط، فقرأ وقارن وعرف سمات وصفات الأشياء، واستوعب ذلك، فهو قلَّم وصنَّف وميَّز وربط بين المعلومات، واستنتج الفوائد منها؛ أي استنبط معلومات جديدة.
فهو تعلَّم الأسماء بالاستحقاق، بجهاده في سبيل الله؛ أي بجدِّه واجتهاده في سبيل الحق والعلم والحكمة و... (الله هو الحق العليم الحكيم ...).
آدم سلالات متعاقبة تطورت، وقرأت العلامات وتعلمت الأسماء بقراءتها للمحيط (أي ميَّزت كل شيء باسم ابتكرته له)، وطورت أجهزت النطق واللغات، فتميزت عن غيرها، بمهارات معرفة السمات، والصفات، وتفاصيل الأشياء، وهذا هو تعليم الأسماء لآدم، وهو تمكينه من ذلك بالقوانين.

آدم وزوجه نموذج في النفس وفي الواقع.
الذي في الواقع هو مجموعتان اندمجت فيما بينها، وتكون منهما منطق موحَّد، وهو المنطق الذي يحيا به الإنسان المُعاصر. وهما أذكى المجموعات الناجية من عصور الظُّلمات (شريعة الغابة القديمة)، فسلوكهما هو الذي استمر، بينما هلك سلوك الآخرين، وهلك من يتعامل به.

وآدم وزوجه الذي في النفس.
آدم هو المستوى العاقل الذي ظهر في أنفسنا. وزوجه هو الذي يسميه القرآن (القرين). وهو جهة أخرى في وعيك تجادلك وتحاورك وتدفعك لتحقيق مصالحك ولو على حساب الآخرين.

﴿حَتَّىٰٓ إِذَا جَآءَنَا قَالَ يَٰلَيْتَ بَيْنِى وَبَيْنَكَ بُعْدَ ٱلْمَشْرِقَيْنِ فَبِئْسَ ٱلْقَرِينُ ۝٣٨﴾ [الزخرف: 38].

﴿وَٱلَّذِينَ يُنفِقُونَ أَمْوَٰلَهُمْ رِئَآءَ ٱلنَّاسِ وَلَا يُؤْمِنُونَ بِٱللَّهِ وَلَا بِٱلْيَوْمِ ٱلْءَاخِرِ ۗ وَمَن يَكُنِ ٱلشَّيْطَٰنُ لَهُۥ قَرِينًا فَسَآءَ قَرِينًا ۝٣٨﴾ [النساء: 38].

﴿قَالَ قَآئِلٌ مِّنْهُمْ إِنِّى كَانَ لِى قَرِينٌ ۝٥١﴾ [الصافات: 51].

﴿۞ وَقَيَّضْنَا لَهُمْ قُرَنَآءَ فَزَيَّنُوا۟ لَهُم مَّا بَيْنَ أَيْدِيهِمْ وَمَا خَلْفَهُمْ وَحَقَّ عَلَيْهِمُ ٱلْقَوْلُ فِىٓ أُمَمٍ قَدْ خَلَتْ مِن قَبْلِهِم مِّنَ ٱلْجِنِّ وَٱلْإِنسِ ۖ إِنَّهُمْ كَانُوا۟ خَٰسِرِينَ ۝٢٥﴾ [فصلت: 25]

﴿وَمَن يَعْشُ عَن ذِكْرِ ٱلرَّحْمَٰنِ نُقَيِّضْ لَهُۥ شَيْطَٰنًا فَهُوَ لَهُۥ قَرِينٌ ۝٣٦﴾ [الزخرف: 36].

﴿وَقَالَ قَرِينُهُۥ هَٰذَا مَا لَدَيَّ عَتِيدٌ ۝٢٣﴾ [ق: 23].

﴿قَالَ قَرِينُهُۥ رَبَّنَا مَآ أَطۡغَيۡتُهُۥ وَلَٰكِن كَانَ فِي ضَلَٰلِۭ بَعِيدٖ ۝٢٧﴾ [ق: 27].

اسْجُدُواْ لآدَمَ: قيادة جديدة مُكرَّمة بمفاهيم جديدة، وله وسائله وطُرقه وأهدافه الجديدة، مختلفة عن القديمة التي كنَّا نحيا بها. ومطلوب من المشاعر القديمة وأجهزتها التي ظهرت في بدايات نشوء النفس وكانت هي التي تقودها وتوجهها أن ترضى وترضخ لمنطق آدم حديث الظهور، والمُتطوّر من منطق الإنسان (أنس) الذي ظهر بعد الجن وقبل آدم في النفس. فالإنسانية هي مرحلة متوسطة بين مرحلتَي الجن وآدم العاقل.

وهذا المنطق الإنساني (أنس) بدأ بظهور مشاعر ومفاهيم جديدة حديثة في النفس لها سلوكها القائم على الاستئناس، الذي يأنس بالآخر ويستأنسه وينوس به، وهذه المشاعر كانت طاقة كامنة في النفس، فتم تنشيطها ورفع قيمتها فوق غيرها، لتتولى قيادتها، وحدث ذلك لملايين السنين كما حدث في فترة سيطرة المشاعر النارية. ولكن من التجارب تراكمت لدينا خبرت، فهمنا منها أنه ليس في مصلحتنا أن تُسيطر إحدى الطاقتين وتنفرد بقيادة النفس وتوجيهها، وأنه يجب المزج (الخلط) بين الطاقتين واختيار أحسن المشاعر وتصديرها في النفس،

وتغييب المشاعر الخطرة وجعلها طاقات كامنة يتم استدعاؤها عند الحاجة فقط.

فنحن قمنا بحياكة نسيجين رقيقين من مشاعر راقية لمرتين: المرة الأُولى فوق مشاعرنا النارية (الجن)، والثانية فوق مشاعرنا الطينية (الإنس).

﴿يَنزِعُ عَنْهُمَا لِبَاسَهُمَا لِيُرِيَهُمَا سَوْءَاتِهِمَآ﴾ [الأعراف: 27].

لباسهما: اللباس هنا هو لباس النفس وليس الجسد. فالشيطان ينزع عنهما الأخلاق الحسنة التي نستر بها أخلاقنا السيئة، فهي اللباس الذي نكسو به النفس ليُواري مساوئها، فنزع لباسهما النفسي الحسن؛ ليُغريهم ويُغويهم ويُسهّل عليهم تجاوز مبادئهم الأخلاقية لتبدو عليهم مساوئهم.

ليريهما سوءاتهما: ليُظهر ويُبدي مساوئهم (عيوبهم) النفسية، فالشيطان يُريد أن يكشف وحشيتنا وهمجيتنا بعضنا لبعض، بنزع ستر الأخلاق المُنزل علينا (منزل من سماء وعينا)، فالشيطان ينزع عن آدم وزوجه لباسهما النفسي (حُسن الأخلاق)، ليُريهما مساوئهما النفسية، مثل: الحسد، والكبر، والعلو، والكره، والتحدي، والعداوة، والتملك، والبغضاء، و... فمفردة (**سوءات**) هي صيغة جمع لما لدى آدم وزوجه من معايب وسلبيات.

سوءاتهما (**سوءات + هما**) تعني معايب كثيرة لدى كل طرف، سوءاتهما سيئ سيئة سوأة سوءات مساوئ - حُسناهما حسن حسنة حُسنى حِسان محاسن.

فهو لم يقل (سوأتيهما) بالمثنَّى، من سوأتين، بل قال: (سوءاتهما) لنفهم أنها مجموعات من المساوئ.

والحسنة ضدها السيئة، فالسوأة لا تعني الأعضاء الحساسة فقط، بل هي كل ما يسوؤنا اطلاع الآخرين عليه، ولا تعني العورة أيضًا وإلا لقال: (عورتَيْهما) بالمُثنى. فالعورة أيضًا لا تعني الأعضاء الجنسية، وهو يستخدم مفردة عورة بقوله: ﴿إِنَّ بُيُوتَنَا عَوْرَةٌ﴾ [الأحزاب: 13]، وقوله: ﴿ثَلَٰثُ عَوْرَٰتٍ لَّكُمْ﴾ [النور: 58].

فالسوأة ككل كلمة في القرآن تعني سلوكًا ومنطقًا سيئًا. وكل ما يدخل هذا المنطق أو يمارس هذا السلوك فيجوز تسميته سوأة، وكل ما أساء فهو سيئة تسوء فاعلها.

﴿قَالَ ٱهْبِطَا مِنْهَا جَمِيعًۢا بَعْضُكُمْ لِبَعْضٍ عَدُوٌّ﴾ [طه: 123].

الهبوط: تحوُّل لمستوى أدنى (تدنٍّ بمستوى الحال). وقد يحمل المعنى النفسي والجسدي.

قال: (**جَمِيعًا**) ولم يقل (كلاكما) لأنَّه يتكلَّم عن مجموعات. فالهبوط للآكل وزوجه والمأكول وزوجه الذي سمَّاه الشجرة. فللشجرة زوجها. فلكلِّ شيء زوج.
الهبوط الجماعي يشمل المعنى التجريدي والتجسيدي فهو هبوط حدث داخل النفس لملكات نفسية كانت قد بلغت مستوًى من التطور بعملية الانتخاب الطبيعي. وبسبب تزاوج غير صالح نتج عنه ظهور مُورِّثات نارية سيئة، فحدث هبوط في المستوى الأخلاقي.
وأيضًا هو هبوط حدث في الواقع لنماذج انتكست عملية تطويرها بسبب تزاوجها مع نماذج ذات مستوًى أقل.

فالشجرة التي نهاهما عن الاقتراب منها، هي مشاعر نفسية، وأيضًا هي مجاميع بشرية انتشرت بينها هذه المشاعر، ونهاهما عنها لأنَّها ستؤدي لتردٍّ في الأخلاق والسلوكيات ﴿فَتَكُونَا مِنَ ٱلظَّٰلِمِينَ ٣٥﴾ [البقرة: 35].

والنهي (لا تقربا) لا يعني أن ربنا صدر منه صوت كموجات صوتية سمعها نموذج آدم بأذُنيه، بل هو مستوًى من الوعي موجود لدى الكائن، وهو ربُّه الذي يربيه، تمامًا كمنطق العلم والحكمة والحق واللطف و... الموجود لدى المخلوقات، والتي هي تجليات الله في الوجود، والتي تعلَّمناه (الله) منها. فكلمة (رب) في القرآن تُشير لما يحقق لك الربُوَّ والتربية، وينطبق

على منظومة من القوانين والمعلومات التي لديك وتفعل وتُؤثِّر بك لتحقيق مصالحك.

من إبداع القرآن أنه يربط ويطابق بين الأحداث المشخَّصة التي في الواقع وبين الأحداث المجرَّدة التي تحدث في النفس، فما يحدث في النفس هي انعكاسات للأحداث التي في الواقع. فالنفس تتأثر بشكل مُباشر بما يحدث حولها. فما بالك لو كانت هذه الأحداث وقعت على البشر أنفسهم. وداخلة في العوامل الرئيسية في تكوينهم، كعملية التزاوج.

فالآيات تقول إن آدم وزوجه مستوًى نفسي، ومجموعتان بشريتان.

وإن الشجرة هي مجموعة مشاعر. وهي أيضًا مجموعة بشرية. والاقتراب من تلك المجموعة سيُفسد عمليات التطوير التي حدثت في السابق؛ لأنه سينتج عنه تبادل جيني سيؤدِّي لعودة مُورِّثات قديمة تم التخلُّص منها، وسيؤدِّي ذلك لتخلُّف عملية التطوير، مما سينتج عنه هبوط في المستوى؛ لأنه سيتم إعادة صبغات تمت تنحيتها قديمًا، وبالتالي فإن هذا سيؤدِّي إلى فساد وتأخير لعملية التطوير. وسيحتاج المنتج إلى إعادة تطوير مرةً أُخرى، وسيتم إعادة إنزال لباس مرةً أخرى، وهذا سيستغرق قرونًا عديدة لإزالة آثار ذلك التزاوج الذي قد يكون حدث في جيل واحد فقط.

فالهبوط له معنًى تجريدي، وهو الذي في النفس، وله معنًى تجسيدي، وهو الذي يحدث في النوع البشري الذي تمَّت إعادة عملية تطويره.

حدثت للبشر عمليات تطوير كثيرة بتزاوج أنواع من النماذج القديمة. وقامت قوانين الطبيعة (قوانين الله) بانتخاب (الانتخاب الطبيعي هو معنى قوله: "إن الله اصطفى"؛ لأن الله يفعل ما يريد (يُحقِّق إرادته) بقوانينه) الصفات الحسنة من نماذج متنوعة من البشر، حتى ظهر نموذجان مثاليان (العاقل "آدم وزوجه")، ولكن حدث خطأ لدى هذين النموذجين؛ إذ إنهما تزاوجا مع نماذج أدنى منهما. وهذه النماذج الأدنى كانت تحمل بعض الصفات البدائية التي قامت قوانين الانتخاب (التطوُّر) بتنحيتها في السابق، فعادت تلك الصفات القديمة التي تم التخلُّص منها إلى الظهور مرةً أخرى في المجموعة البشرية العاقلة. فانتبهت المجموعة إلى خطئها الذي وقعت به بسبب تزاوج أعضاء منها مع نماذج متدنية المستوى، مما أدى لظهور خلل في الإنتاج الجديد، وبسبب ظهور منطق العاقل (اتساع الوعي) انتبهوا للخطأ الذي وقعوا فيه، ولضرورة الانتخاب وحسن الاختيار عند حدوث أي عملية تزاوج بين أي طرفين، فهذا التزاوج تسبب بانتكاسة في عملية التطوُّر؛ إذ ظهرت علامات على الشكل وعلى السلوك في المواليد الجدد،

فوعى الإنسان منها أنه أخطأ بإجراء تلك العلاقات، وأنه يجب أن لا يُكرر هذا الخطأ مرةً أُخرى، فندم وتاب عن هذا السلوك، وبدأ بعملية معالجة سريعة (طفق) لمنع تكرار ذلك الخطأ (التزاوج مع نماذج مُتدنية المستوى)، بوضع مبادئ وقوانين سواء للنماذج الجديدة التي نتجت من عملية التزاوج، أو لعمليات التزاوج التي ستحدث في المستقبل، فضبطها بشروط والتزامات ليمنع تكرار الخطأ مرةً أُخرى.

منطق الهبوط الذي يتحدث عن القرآن، هو انحدار في المستوى وارتداد لأسفل سافلين؛ لأنه لم يؤمن (لم يؤمن بشكل كامل بقيمته وتميزه كعاقل "لم يكتمل وعيه بنفسه. فالإيمان يأتي مقيدًا بالله ويأتي مطلقًا، وبينهما فرق كبير. فالإيمان المطلق هو الإيمان الأوَّل وهو الإيمان بقوانين وحقوق الإنسان، والإيمان المقيَّد بالله وملائكته و... له معنًى آخر. سيتم تفصيل الإيمان والإسلام والكفر والشرك في الجزء الرابع، وسنكتشف من القرآن أن مفاهيمها تختلف تمامًا عن المفاهيم التي في ثقافتنا السائدة والتي مصدرها كُتب التراث التي واضح أن بعضها تم تزويره عمدًا لإفساد معاني القرآن") ويعمل صالحًا بعد، رغم أنه اتسع وعيه وبدأت تظهر لديه مهارة العقلنة، لكنه لم تكتمل مهاراته إلَّا بعد أن مرَّ بتجارب عديدة من الانتكاسات في الخلق تعلَّم منها واتسع وعيه أكثر

فأصبحت تلك الأخطاء نادرة الحدوث، وأصبحت الحلول لديه معروفة بسبب تجاربه القديمة.

﴿أَنزَلْنَا عَلَيْكُمْ لِبَاسًا يُوَارِي سَوْءَاتِكُمْ وَرِيشًا وَلِبَاسُ التَّقْوَىٰ ذَٰلِكَ خَيْرٌ﴾ [الأعراف: 26].

لباسًا: اللباس الذي أنزل علينا ليواري سوءاتنا هو الأخلاق الحسنة التي تحجز وتمنع النفس كي لا تُظهر وحشيتها وطبيعتها القديمة التي أخفتها بحياكة (نسج) أخلاق جديدة عليها. سوءات النفس هي عيوبها (أخلاقها السيئة)، مثل: العدوان، والظلم، والفسوق، والحسد، والإباء، والكبر، والتملُّك، والتحدي، والعلو، والحقد، والبغض، والفسوق، والعجز، والكسل، والغل، والكره، و... واللباس مُهمته أن يستر هذه العيوب فيمنعها ويحجبها كي لا تظهر علينا وتبدو في سلوكنا.

(فَبَدَتْ لَهُمَا سوءاتهُمَا) أي بدت علامات الشر تظهر لهما؛ لأنَّهما خرجا عن اتباع الحق والحكمة والعلم و... (سِمات ربنا الله) ووقعا بالمعصية. ففي تلك المرحلة كان لدينا وعي بعدم التزاوج مع النماذج الأدنى. وهذا الوعي موجود لدى كل الأحياء تقريبًا. ولكن المعصية حدثت بشكل كبير ومؤثِّر، إمَّا لعدة أجيال وإما لجيل واحد، ولكن بأعداد كثيرة.

فاللباس أُنزل علينا ليستر مساوئنا. وهو أخلاق حسنة فقدناها بسبب الأكل من تلك الشجرة البدائية. فتم إعادة الالتزام بتلك القيم والأخلاق، لنواري سوءات أنفسنا، وهي سوء الأخلاق التي بدأت بالظهور في المجموعات، فعدنا لمراحل متأخرة من عمليات التطوير، واحتاج ذلك إلى قرون (أجيال) كثيرة جدًّا.

وَرِيشًا: الريش فضل وزيادة فوق الحاجة، كريش الطير فهو يعيش بدونه كأي كائن، ولكنه زيادة تُزوِّده وتميزه على غيره بمهارة الطيران، فنسميه ريشًا لأنَّه مدد إضافي فوق الحاجة والضرورة، فإذا ما علِمنا أن اللباس هو حسن الأخلاق، فإنَّ الريش هو كساء من حسن الأخلاق يعلوها ويعقبها. مثال ذلك: السكينة والطمأنينة التي تنتج من تلبُّس النفس بالإيمان، أو الهدوء النفسي الذي ينتج من الهداية، أو كل مَلكةٍ جديدة تظهر في أنفسنا.

الملكات (الملائكة) هي أزواج ككل شيء، ويحدث بينها تزاوج، وينتج مواليد جُدد؛ أي يتزاوج شعوران فينتج شعور جديد في النفس، فإذا كان حسنًا نقوم باصطفائه، ونُكرِّر عملية التزاوج بين الشعورين لينتج ذلك الشعور الجميل الذي استئنسناه، وتتسع النفس في ذلك أكثر مع التكرار وطول المدة، كشعور الإيثار مثلًا، والذي هو ليس من طبيعة النفس، ولكنه ظهر في نطاق ضيق في طبيعة الأبوين مع الأبناء. ولجماله

طورته النفس ليصبح سلوكًا حتى مع الغرباء، وسلوكًا ممدوحًا ومُرغّبًا فيه، أو كالتضحية والفداء ولو بالنفس، أو غير ذلك من المشاعر التي هي ليست من طبيعة النفس، بل تم ترويض النفس عليها.

فهذه الملكات الحديثة الولادة التي نتجت من تزاوج ملكات قديمة، هي ريش يكسو النفس فوق كسوة لباس الملكات الرئيسية القديمة الظهور، فهي نتجت وانطبعت بها النفس كأثر لتفاعلات ملائكتها (مهارات وقُدرات كالأخلاق والمبادئ والقيم والمعلومات والقوانين و...)

«**وَلِبَاسُ التَّقْوَىَ ذَلِكَ خَيْرٌ**»، يريدنا أن نفهم ماهية اللباس في القرآن، فيُخبرنا هنا أن التقوى لباس، فالتقوى لباس للنفس يقيها من الضرر والتلف، وهو لباس مُكتسب بالإلهام «**فَأَلْهَمَهَا فُجُورَهَا وَتَقْوَاهَا**»، بينما اللباس الآخر مُنزّل «**أَنْزَلْنَا عَلَيْكُمْ لِبَاسًا**»، والفرق بينهما أن لباس التقوى تم اكتسابه بالإلهام كطبيعة، وقانون، وحقيقة، ونظام وتكوين ظهر في النفس بدون جهد ولا تكلُّف (إلهام)، فهو أصل متأصِّل في النفس عرفته بعد تسويتها بشكل تلقائي، وهو منطقة الحذر من الضرَار، فلا تتعرض النفس له بأي حال ولا تُغامر بمكتسباتها، فلا تقوم بعمل إلا وقد تمت دراسته، ووعيه، لضمان سلامة نتائجه.

فهو يذكر لنا أن لباس التقوى خير من غيره، في سياق الانتكاسة التي حدثت لنا، كي لا نقع في الخطأ مرةً أُخرى ونقوم بالتزاوج مع نماذج أدنى فهو يذكِّرنا بأن نتقي تكرار الخطأ في المستقبل.

فاللباس المُنزل لباسٌ جديد وحديث تم إنزاله بعد مراحل التسوية والإلهام ﴿وَنَفْسٍ وَمَا سَوَّىٰهَا ۝٧ فَأَلْهَمَهَا فُجُورَهَا وَتَقْوَىٰهَا ۝٨﴾ [الشمس: 7-8]، وأثبت صلاحه ومِلنا له وطالبنا أنفسنا أن يتم ترسيخه ضمن البرمجة النفسية، ولكننا لم نقف على حدوده بعد، فلم يتم تحديد مستوياتها المطلوبة والصحيحة، ولم تعتد النفس عليها بشكل كامل حتى الآن.
اللباس الملهم سبق اللباس المنزل فنحن نعرفه، ونُتقنه أكثر وأحسن؛ بسبب قِدم تعاملنا معه، وثقتنا بعواقبه، فاللباس الملهم أقدم وخير من اللباس المُنزل «**وَلِبَاسُ التَّقْوَىٰ ذَٰلِكَ خَيْرٌ**».
تباطل وبطالة النفس عن قيامها بتدبر الوجود والعمل فيه، هو غاية الشيطان؛ أي أن تألف العجز والكسل؛ فتُبطل عملها، وتُعطِّل دورها ككيان عاقل، فواجب على النفس أن تتفكر، وتتدبر، وتؤمن؛ لتتقي الأضرار والمخاطر، ولتحقيق النفع؛ فتتقدم، وتتطور، وتترقى، وإذا لم تقم بذلك فإنها ستتخلَّف وتتراجع بينما يتقدم ويتطور غيرها فيقوم بتسخيرها أو

بتصنيفها ككائنات مختلفة لأنَّها لا تخضع لقوانين الحق في التطور والترقي.

فالتقوى أمرٌ نفعله جميعًا كغريزة، وفطرة؛ لأنَّه مُلهمٌ في أنفسنا كالتنفس وغيره من الملهمات المعنوية والمادية التي نمارسها ونفعلها بالفطرة والغريزة (اللا إرادية)، وأيضًا نحتاج إلى الوعي لفعلها؛ فهي من المبادئ الأساسية لنا.

غالبًا، كل تصرُّف يسبقه وعي وتخطيط (عقلنة) ينظِّمه، ولو لم نشعر به، بسبب رسوخ وثبات آليات ومهارة العقلنة لدينا، والتي هي تلقٍّ وتفكيك وتحليل المعلومات وربطها والاستنتاج منها.

آدم في القرآن هو مرحلة تم فيها إعادة خلط وتركيب وتأليف بين صفات جنية وإنسية من عدَّة أعراق إنسية، تركبت من نماذج متنوعة من البشريات، بقوانين الطبيعة، والهدف هو إنتاج أجيال صالحة (نموذج مثالي) كما يريد الله، فآدم هو إنتاج من أهم وآخر مرحلة لنا وهي مرحلة الأَدْم، والخلط، والمزج، والتركيب، والانشقاقات، والتغيُّرات النفسية المهمة، التي حدثت في تاريخنا، ووثقها القرآن كأهم التحولات في قصة ظهور الإنسان العاقل.

آدم هو أرقى مستوى ظهر من بعد إعادة تنظيم المشاعر النفسية وخلق توازن جديد بين قوى النفس (الطينية والنارية).

فصل (7)

إبليس

وَرَدَ

مشتقات (ب ل س) ١٦ مرة في القرآن وهي من بَلَسَ، يُبْلِسُ، وأَبْلَسَ مُبْلِسًا وهو إبليس، وقد جاءت بصيغة إبليس في ١١ مرة، وإبليس هو مجموعة صفات (مشاعر) في النفس، لا تتناسب مع المُخطط والمشروع المستقبلي الجديد (آدم) الذي سيتولّى قيادة النفس العاقلة، لأنَّها غير مُنسجمة مع استراتيجياته في البقاء، ولا مع أهدافه، فهي لا تُحقق البقاء والنماء بيسر وسعادة. وهذه الصفات (إبليس) فسقت عن أمر

ربّها (خرجت عن منظومة الربو والنماء)، فلم تُطع الأمر الجديد ولم تسجد (ترضخ) له، والسجود هو حالة الرضا والتصاغر، وهو ما فعلته جميع الملكات النفسية (الملائكة).

تحليل لكلمة (بلس) في القرآن.

﴿وَيَوْمَ تَقُومُ ٱلسَّاعَةُ يُبْلِسُ ٱلْمُجْرِمُونَ ۝١٢﴾ [الروم: 12].

فيوم القيامة تنقطع حيلة وحَوْل المجرمين، فيحتارون، وييأسون، ويُحصرون.

﴿ٱللَّهُ ٱلَّذِى يُرْسِلُ ٱلرِّيَٰحَ فَتُثِيرُ سَحَابًا فَيَبْسُطُهُۥ فِى ٱلسَّمَآءِ كَيْفَ يَشَآءُ وَيَجْعَلُهُۥ كِسَفًا فَتَرَى ٱلْوَدْقَ يَخْرُجُ مِنْ خِلَٰلِهِۦ ۖ فَإِذَآ أَصَابَ بِهِۦ مَن يَشَآءُ مِنْ عِبَادِهِۦٓ إِذَا هُمْ يَسْتَبْشِرُونَ ۝٤٨ وَإِن كَانُوا۟ مِن قَبْلِ أَن يُنَزَّلَ عَلَيْهِم مِّن قَبْلِهِۦ لَمُبْلِسِينَ ۝٤٩﴾ [الروم: 48-49].

فكانوا قبل أن يصيبهم الغيث مبلسين؛ أي كانوا يائسين منقطعي الحيلة والحول والرجاء قانطين متحيّرين.

﴿حَتَّىٰٓ إِذَا فَرِحُوا۟ بِمَآ أُوتُوٓا۟ أَخَذْنَٰهُم بَغْتَةً فَإِذَا هُم مُّبْلِسُونَ ۝٤٤﴾ [الأنعام: 44].

باغتهم أمر الله فأفقدهم حيلتهم وأسقطوا ما في أيديهم فهم يائسون متحيرون.

إبليس ينسبه الله للملائكة وللجن (فهناك ملائكة طينية الطباع وهناك ملائكة نارية الطباع).

وينسب الله الجن للنار ﴿وَخَلَقَ ٱلْجَآنَّ مِن مَّارِجٍ مِّن نَّارٍ ١٥﴾ [الرحمن: 15].

أي إن الصفات (المشاعر) المُبْلَسة هي صفات ناريَّة الطباع والسلوك. فهي صفات تريد العلو، والعفرتة، والانفراد، والتميز، والسيطرة والاستحواذ على النفس، وعلى قرارها.

وقد كانت كذلك في العصور القديمة التي سبقت ظهور الإنسانية كطاقة بديله تقود النفس وتسيطر على قرارها، فكانت الطاقة النارية منفردة بالقرار في النفس.

فبعد أن كانت منظومة إبليس ناريَّة السلوك تتأمَّر في النفس وتوجهها في عصور الظلمات تجعلها تُفسد وتسفك الدماء، أصبحت مرجومة (منفية مبعدة محبوسة) عن الإمارة على النفس وأُهْبِطَت (تم عزلها) من قيادتها، ﴿فَٱخْرُجْ مِنْهَا فَإِنَّكَ رَجِيمٌ ٣٤﴾ [الحجر: 34].

﴿فَٱهۡبِطۡ مِنۡهَا فَمَا يَكُونُ لَكَ أَن تَتَكَبَّرَ فِيهَا فَٱخۡرُجۡ إِنَّكَ مِنَ ٱلصَّٰغِرِينَ ١٣﴾ [الأعراف: 13]. فأصبح إبليس مطلوبًا رجمه، وتهبيطه، وتخفيض قوَّته، وتصغيره، وإخراجه، ومنعه من التكبُّر، والتوسُّع في النفس. وسيتم ذلك بشكل متكرِّر في كل نفس وفي كل جيل حتى يتم تخفيف هذه الطاقة النارية لتصل للمستوى المطلوب لصناعة النموذج المثالي من هذه النفس العاقلة.

فالصفات الجديدة الظهور تطالب بتمكينها، وتُصر على نفي الصفات القديمة لأنَّها خطرة، ولا تتفق مع توجهات النفس الجديدة التي تفرضها أوامر روح رب النفس (ربنا نفخ فينا من روحه. ولروحه توجهات تريد منَّا تحقيقها. وهي زيادة لنا في الراحة في حياتنا ولذلك ارتباط بمستقبلنا في المدار الآخر "الدار الآخرة").

وهدف هذه الروح هو ربُوُّ وتربية هذه النفس لتزداد يسرًا وسعادة في وجودها.

كُلُّ خلل أو فساد في خلق الإنسان -نفسيًّا كان أو معنويًّا- هو من الصفات المُبْلَسَة التي تمت تنحيتها كمورِّثة غير صالحة للظهور، كما يحدث في كل كائن خاضع لقوانين الانتخاب الطبيعي.

إلَّا أنَّ الصفات المُبلسة تشيط (تشط، وتشْطُن) وتتفلَّت من مراجمها ومعاقلها ومن القوى التي تحاول تنحيتها وتحجيمها، وتُقاوم فتُحاول إغواءنا وإغراءنا، ﴿وَلَا يَغُرَّنَّكُم بِٱللَّهِ ٱلْغَرُورُ ٣٣﴾ [لقمان: 33]، و[فاطر: 5]، لنستجيب لها ﴿وَقَالَ ٱلشَّيْطَٰنُ لَمَّا قُضِىَ ٱلْأَمْرُ ... فَأَخْلَفْتُكُمْ ۖ وَمَا كَانَ لِىَ عَلَيْكُم مِّن سُلْطَٰنٍ إِلَّآ أَن دَعَوْتُكُمْ فَٱسْتَجَبْتُمْ لِى ۖ ...﴾ [إبراهيم: 22].

وقد اكتشف العلماء جينًا يُؤهِّل من يحمله ليكون عنيفًا وقاسيًا وشرسًا، وينشط إذا نشأ في بيئة جاهلة ينتشر فيها العنف، وتمت تسميته بالجين المقاتل، وتكون شخصية حامله سيكوباتية لديها ميول للعنف. وهذه الصفات الجينية حين تنشط وتظهر في البيئات التي تحفزها لعدَّة أجيال، فهذا يجعلها تتأصَّل أكثر في الجسد وفي النفس، حتى يستحوذ عليها، ﴿ٱسْتَحْوَذَ عَلَيْهِمُ ٱلشَّيْطَٰنُ﴾ [المجادلة: 19]. فيتقمص الإنسان مشاعر السوء دائمًا (كالكبر، أو الغضب، أو الحسد، أو البُغض، أو ...). فتكون هذه الصفات ظاهرة عليه دائمًا، فيكون شيطانًا. ونرى ذلك في بعض الشعوب والقبائل التي يبدو على أفرادها سلوك عدواني، فتجعل العلو على الآخرين وسفك

الدماء مقبولًا ويرفع قيمة الإنسان، بحُجج وأعذار كثيرة، كالبطولة، والعزَّة، والرجولة، والذكاء، والثأر، والشجاعة... وغير ذلك من الأعذار التي يتم تزويرها وزخرفتها.
بينما هذا بالنسبة للإنسان الصالح هو منطق سيئ وسلوك مرفوض.

النفس هي أول معبد في الوجود (مكان تتم فيه الطاعة والاتباع للعلم والحق والحكمة والإحسان و... الله) وأوَّل محراب (مكان تُقام فيه الحروب)، أي أول موطن للجهاد والقتال بين الصفات الإنسية الطينية، والصفات الجنية النارية.

نحن نحاول أن نُخلِّص أنفسنا من سيطرة طبيعتها القديمة. ولكننا نفشل فلا نستطيع تحقيق غايتنا والسيطرة تمامًا؛ فلذلك يجب علينا مراقبتها والحذر منها، فهي أشدُّ أعدائنا في الوجود، ﴿فَطَوَّعَتْ لَهُۥ نَفْسُهُۥ قَتْلَ أَخِيهِ فَقَتَلَهُۥ﴾ [المائدة: 30]. لم يقل إبليس ولا الشيطان، لأنَّهما جُزء من تركيبة النفس. ونجد آثارًا في التراث تتفق مع هذا المنطق، مثل: «**أعدَى أعدائِكَ نفسُكَ الَّتي بينَ جَنبيكَ**» (الزهد الكبير).

ففي النفس حرب وصراع داخلي بين قوى نارية وطينية (جن وإنس)، وكل واحدة منهما فيها الخير والشر، وكلتاهما تريد

السيطرة على قرار النفس وقهر الأُخرى، وعلينا تحقيق التوازن بينهما.

فالطينية الإنسية ظهرت متأخرة، وأصبحت تُطالب بالخلود والعلو فوق غيرها، كما فعلت مشاعرنا النارية الجنية في السابق في عصور الظلمات حين علت على غيرها، وسيطرت على النفس وعلى إمارتها، وتوجيهها، وفي كلتيهما صفات شيطانية مُبلسة ومرجومة تحاول الشطون والسيطرة والاستحواذ على النفس كما في السابق. ولأننا نعلم من تجارب وخبرات الآباء والأجداد السابقة أن نهاياتها سيئة وضارة بإنسانيتنا؛ أي إن تفعيل الطاقة النارية كما كانت في السابق خطر مدمر لنا؛ فعلينا بلسها ومنعها من الظهور. فتجاربنا القديمة معها سُجِّلَت في ذاكرتنا الفردية والجمعية وتناقلناها عبر القرون (الأجيال) والتاريخ حتى استقر في أنفسنا أن ظهور الإباء، أو الانفراد، والتعفرت، أو الكبر، أو الغضب، أو الحسد، أو الكره، أو البغضاء، أو العلو، أو التملُّك واستهلاك كل شيء، أو انفرادها بقرار النفس بشكل دائم هو خطر يهدد اجتماعنا وبقاءنا، ونماءنا، وسعادتنا، ويُسْرِنا، و...

وقد عرفنا ذلك من تجارب كثيرة وكبيرة خاضها الأجداد وفهموا منها أن إخفاء وتغييب وتنحية هذه الصفات مهم جدًّا

لتطورنا ورُقيّنا، فتواصوا بذلك جيلًا بعد جيلٍ، ونحن ننقل رسالتهم لمن بعدنا ومن سيأتون بعدنا سيقومون بنقل هذه المعلومات لمن هم بعدهم. وكل جيل يحاول ترسيخ الصفات الحسنة ويحاول تنحية الصفات السيئة. ولذلك أنظمة لتحقيق ذلك كالمدارس والجامعات والمراجع العلمية والأخلاقية وسجون وإصلاحيات تحث الأفراد والشرائح على ذلك. بالإضافة لدور الأُسرة في التربية على ترسيخ هذه السِّمات والصفات.

القرآن يجعل النفس انعكاسًا للوجود (الكون) بكل ما فيه. وكذلك يجعل حركة الكون انعكاسًا لحركة النفس الداخلية. حتى إنَّه يسمي أجزاء الوجود بأسماء النفس وجسدها، كالأطراف: الساق، واليد، والعين، والأُذن، والوجه، و... وينسبها لله أو لخلقه. فالدماغ كقبة السماء، وتدور فيه حروب، وقعود، ورصد، واستماع، واختطاف، ورجم، وشهب من العلم ثاقبة تُضيء ظلمات الأفكار الشاطنة و... بين مشاعر وأفكار حسنة، ومشاعر وأفكار سيئة. وأنت من تقود هذه الحرب الدائرة في محرابك الأوَّل (قلبك). فانتصر لما شئت. ولا تنسَ أن تحسِب حسابًا لارتدادات أفعالك عليك. فأنت تحكم وتقضي على نفسك.

النفس أعمق كلمة؛ لأنها مخلوقة من مليارات السنين، وهي تتكوَّن وتتصوَّر وتتركَّب في صور مختلفة وفق مشيئة ربها، ﴿فِيٓ أَيِّ صُورَةٖ مَّا شَآءَ رَكَّبَكَ ۝٨﴾ [الإنفطار: 8]. فالنفس تترقى ببياناتها، ومعلوماتها، ومشاعرها، ومعارفها، وأحاسيسها، وتتزايد، وتتكامل بالتنقُّل بين الأطباق ﴿لَتَرۡكَبُنَّ طَبَقًا عَن طَبَقٖ ۝١٩﴾ [الإنشقاق: 19]. فهي تتنقل وتتطوَّر من طور إلى طور حتى بلغت مستوى التكريم والتسخير ﴿وَقَدۡ خَلَقَكُمۡ أَطۡوَارًا ۝١٤﴾ [نوح: 14]. ففي النفس مناطق ومستويات راقية عُليا ظهرت، وتجلَّت، وارتقت، بنفخة الروح؛ لترتقي النفس، ولتستوي، وتتميز عن المستويات الأخرى التي في الحيوان، والنبات، و... إلخ.

الدماغ كأي جهاز يستطيع أن يتحمل أكثر؛ إذا تدرب على التفكر وقراءة الأشياء، وتدبرها؛ فتنشط الأعصاب والشعيرات والخلايا والموجات وكيمياؤه، فيرتفع ويرتقي أداؤه كغيره من الأعضاء.

الدماغ سماء للنفس؛ ففيه الحفظ، والتحليل، والربط، والاستنتاج، والتخطيط، والأوامر، والاستراتيجيات، والوعود، والطموح، والأماني، والآمال، والأحلام، والتنبؤات، والاستشرافات، والخيالات و... فإذا صعدت إليه إرادات، أو شهوات، أو أي مشاعر؛ فإن نظامه الكهروكيميائي يتحرك بأنظمة راسخة ثابتة (مبادئ وقيم) تدفعه ليتصرف بناءً عليها؛ فيرسل موجات كشهب ثاقبة من الرأي (صعقات كهرومغناطيسية وكهروكيميائية) تُضيء وتنير جهل وظلمات الإرادة، أو الشهوة، أو الشعور الشاطن، الذي كان ملاكًا مملوكًا لك، ولكنه حين خرج عن المسار الإنساني، أصبح شيطانًا، لأنه شطن عن المسار والهدف الأساسي (الإنسانية). فيرصده الدماغ، ويدحره بمبدأ ثابت؛ فيرجمه، ويعيده لمعقله ومحبسه؛ فلا تتمكن هذه المشاعر من تنفيذ شهوتها أو إرادتها، فيردها بفكرة حسنة من الحق راسخة، وثابتة؛ فتستقر، وتتموضع كمبدأ رئيسي في النفس.

فلو صعدت فكرة سيئة ويأُزها شعور يطالبك بتنفيذها فإن وعيك الذي اتسع وتجاوز الفردانية والأنانية يرصد هذه الفكرة الخطرة ويصعقها بفكرة ثابتة لديك فتذمُّها وتدحرها وتردها خاسئة لمحبسها وتمنعها من الظهور والعلو في وعيك.

القرآن يتحدث عن النفس والكون كأنهما شيء واحد وصورة واحدة متطابقة. كما يتحدث عن القرآن والماء وكأنهما شيء

واحد. فالقرآن والماء كلاهما ينزلهما ويحيي بهما، وكثير من المواضع يتكلَّم فيها عن إنزال الماء لإحياء الأرض وإخراج النبات ويقرن معها إنزال القرآن لإحياء النفس وإخراج الخير فيها.

﴿وَأَنَّا كُنَّا نَقْعُدُ مِنْهَا مَقَاعِدَ لِلسَّمْعِ فَمَن يَسْتَمِعِ ٱلْـَٔانَ يَجِدْ لَهُۥ شِهَابًا رَّصَدًا ۝٩﴾ [الجن: 9]، ﴿فَأَتْبَعَهُۥ شِهَابٌ مُّبِينٌ ۝١٨﴾ [الحجر: 18]، ﴿فَأَتْبَعَهُۥ شِهَابٌ ثَاقِبٌ ۝١٠﴾ [الصافات: 10].

شهب مبينة وثاقبة كالمصابيح تقوم بإنارة وكشف ظلمات الأفكار والمشاعر الشاطنة التي خرجت عن المسار الصالح لرجمها وردعها. فهذه الآيات تفسِّر لنا بعض تفاعلات وحركة النفس وصراع الخير والشر فيها. ولا تقصد هذه الآيات مخلوقاتٍ تركب بعضها وتصعد فوق النجوم والمجرات وأن الله لا يحفظ الغيب، وأن الملائكة صوتهم مرتفع، وأن العوازل في السماء ضعيفة، فيستمع الشياطين لكلام الملائكة، و....

فكل الآيات التي تتكلَّم عن الجن والإنس وإبليس والشيطان وسجود الملائكة وكلام الله و... تتحدث عن مراحل تطوُّر النفس، واصطفاء صفات، وتنحية صفات، وصراعات وجدليات بين هذه الصفات داخل النفس كالجدل بين الخير

والشر، والحق والباطل، والصواب والخطأ، و... وجميع الزوجيات النفسية.

وتبين الآيات أن هناك صفات قبِلت وأطاعت ورضت وتصاغرت وانسجمت، وأنَّ هناك صفات عصت وأبت واستكبرت فتم تنحيتها؛ لأنَّها أبت واستكبرت على التطوير والانسجام مع المستقبل الجديد، وترفض طاعة الأمر، وتحاول أن تسترجع قيمتها ودورها، وأن تعود لتستحوذ وتتمكن من إمارة وإدارة النفس وتوجيهها، كما كانت تفعل في السابق. لذلك تقوم الصفات الجديدة التي تم اصطفاؤها ببلس (قمع) الصفات التي تم تنحيتها، ومنعها من التكبر في النفس وتوجيه الإنسان؛ لأن عواقبها كارثيَّة، ومُدمِّرة، وَفقًا للخبرات والتجارب من عصورنا المُظلمة، التي أثبتت لنا ضرورة تغيير منهجيَّة حياتنا وسلوكنا. وحين بدأنا بالتغيير رأينا النتائج وجنينا الثمار سريعًا. حيث اتَّسع منطق الاجتماع لدينا وتمكَّنَّا من إنشاء مُجتمعات أكبر وأكثر. وتطوَّرت لغاتنا وصناعاتنا وزراعتنا وقوانيننا و....

وهذا لم يكن ليحدث إلَّا بتطوير مفاهيمنا ووعينا ومشاعرنا ليتغيَّر سلوكنا؛ ليتم استدعاء وتنشيط صفات خاملة وتطويرها بالروح (السعي للراحة) لتتولَّى قيادة النفس، وترسم خارطة طريق جديدة للإنسان، وأن تقوم بتصغير وتخفيض وبلس

بعض الصفات القويَّة حين تشطن حتى لا تكون فاعلة إلا عندما نحتاج إليها في أحيان نادرة. واحتياجنا إليها هو السبب في أنها أنظرت ولم يتم القضاء عليها.

النفس هي جوهر الإنسان فهي مقر ومصدر المشاعر، والأحاسيس، والإرادات، والرغبات، والأهداف، والتجارب، والخبرات، والذكريات، والمعلومات، والمعارف، والطبائع، و... فطورت جسدها (طبقها) بما يتناسب مع رغباتها وإراداتها.

فإذا أرادت النفس ترسيخ وتثبيت معلومةٍ تعلَّمتها وعرفتها من مُحيطها واستحسنتها؛ فإنها تقوم بتحديثها وبتناقلها مع الأنفس الأُخرى، وتنشرها كمعلومة بين المجموعات والأجيال حتى تتحول لمعرفة لدى الجنس، فتتناقلها وتُصرُّ عليها كعلم تعلَّمته، وحقيقة عرفتها، وحق تُريده، فتُجاهد وتجتهد بالعمل به لسلالات ممتدة (كما يحدث في تربية الآباء للأبناء)، لتتمكن منه، وتتملَّكه وتستحقُّه؛ فيستجيب الحق لها ويتم حفرها في الجينات لتكون صبغة وراثية، كحقيقة مُستحقَّة ثابتة، وكصفة وسِمة مُكتسبة تتوارثها الأجيال، بجيناتها كفطرة تنفطر عليها. فتُصبح في الجينات صبغة مُستحقَّة بالجهاد والاجتهاد والعمل الجاد لعدَّة قرون؛ فيتم نقلها من خلية إلى أُخرى، ومن جيل

لآخر، وتخضع لعمليات تطوير مستمرة حتى تصبح تلك المعلومات البدائية الأولية محفورةً في الجينات؛ فتضاف إلى المهارات الأساسية للنفس للأجيال القادمة فتصبح من استراتيجيات البقاء والنماء التي نولد بها، ونعرفها قبل ظهورنا وتجلينا للوجود. نعرفها كنظام وقانون تم التدريب عليه لفترات طويلة حتى رسخ وثبت واصطبغ في النفس أولًا -وربما تشكَّلت له أعضاؤه الخاصة في الجسد- وهكذا وبهذه الطريقة تشكَّلت كل مشاعرنا وأعضاؤنا لتحقيق إرادات النفس ورغباتها.

أي إن الجسد يتشكَّل ويتصوَّر ويتصرَّف بحسب إرادة الكائن وسعيه. ولكن هذا يحدث بالتدريج لقرون طويلة.

إذا تأملنا في الموجودات من حولنا، نرى بعض الكائنات تقوم بأعمال وهي لم تتعلمها من والديها ولم تتلقَّ تدريبًا عليها، كهجرات الحشرات والطيور والأسماك التي ترحل من مكان إلى مكان، وتعرف أنواع الغذاء المناسب -وحتى الدواء المناسب- وأشياء لا يمكن معرفتها بدون تدريب سابق؛ مما يعني أن الجينات لا تحمل الصفات المادية للكائن فقط، بل تحمل الصفات المعنوية (اللامادية)، وهي مهارات بقاء ونماء الكائن. وكذلك الإنسان أيضًا يولد وهو يحمل صفاته كعاقل في جيناته. يُفطر من رحم أُمه وهو يحمل أخلاقه وقيمه ومبادئه التي يتميز بها كعاقل عن بقية الأحياء. لذلك نشاهد كيف أن

المجموعات البدائية كالتي في الأمازون أو في جزر إندونيسيا تتصف بصفات مختلفة عن الأحياء الأُخرى.

فلو تركنا وليدًا في غابة أو صحراء؛ فسينمو كعاقل، وسيكون مختلفًا في سلوكياته عن بقية الأحياء، فسيستشعر الحياة أكثر من الكائنات الأُخرى، ويستشعر الوفاء، والحياء، والإحسان، والصدق، والأمانة، و... أكثر من الكائنات الأُخرى. فلو رأى حيوانًا لا ساتر لعورته، ورأى آخر له ذيل يستتر به فسينتبه فورًا لقبح منظر الأول، وحسن منظر الثاني؛ فيقوم بتغطية عورته، ويتطور الحياء لديه ليشمل الكثير من سلوكياته.

فإن أصرَّت وجاهدت أجيال متعاقبة على أي صفة حسنة لتستحقَّها، فسيكتسبون هذه الصفة كحق مُستحقٍ بقانون الاستحقاق بالعلم والعمل وبحق سعيهم، وجدِّهم واجتهادهم (جهادهم). وسيُلهم الحق هذه الصِّفة لهذا الكائن، وسيجعلها نظامًا لخلقه، وسيهبها له كحق مُستحق، وسيحفرها في جيناته؛ فتولد أجياله في المُستقبل بمورِّثة جديدة متميزة عن غيرها بهذه الصفة كفطرة (غريزة) لها تنفطر للوجود وهي تحملها في تركيبها الجسدي ولديها الميول النفسية لهذه الصفة، وتملكها كمهارة تُحقق بها حيويتها وحياتها نالتها بالحق وبالاستحقاق. وبهذه الطريقة يتم تركيب سِمات وصفات كل شيء.

وإذا أهملت الأجيال صفةً ما فإن هذا يعني أنهم سيفقدونها وربما بشكل نهائي وسيحتاجون إلى إعادة جهادهم من جديد لقرون طويلة حتى يتم حفر تلك الصفة مرةً أُخرى.

وهذا هو الاجتباء والاصطفاء الذي به نترقى. وهو أن نرى صفةً فتعجبنا. فنسعى لاكتسابها وتثبيتها في برنامجنا النفسي ثم الجسدي. فالوجود يهبنا ما نريد بالحق والتحقيق، والاستحقاق، والسعي، والعمل، والجهاد، والاجتهاد وليس بالأماني والأحلام. فالكرامة والحريات في الوجود، تنتزع ولا توهب.

فتكونت مهارات النفس الإنسانية خلال عمليات تطوير كثيرة وكبيرة حتى تمت التسوية ﴿وَنَفْسٍ وَمَا سَوَّىٰهَا ۝٧﴾ [الشمس: 7]، أضاف (وما) ليحثنا على التساؤل والنظر في تسويتها واستوائها، ونتعلم هذه الطريقة لنمارسها في حيويتنا لنزداد اكتسابًا للصفات الحسنة التي نتعرَّف عليها من الطبيعة.

﴿فَإِذَا سَوَّيْتُهُۥ﴾ [الحجر: 29]. الفاء هنا تعقيبية لسبب أو أسباب سابقة.

وإضافة (إذا) الشرطية يُؤكِّد أن هناك عدَّة أسباب وحيثيات وشروط، فإذا اكتملت هذه الحيثيات والشروط والأسباب وجب السجود لهذا الكائن؛ مما يدلُّ على أحداث، وتقلبات كثيرة وكبيرة، وفترات زمنية طويلة، حتى تم استواء النفس، وظهرت العلامات الآدمية (العاقلة)، كتلقي المعلومة؛ أي قراءة العلامات الكونية ووعيها واستيعابها ﴿فَتَلَقَّىٰٓ ءَادَمُ مِن رَّبِّهِۦ كَلِمَٰتٍ﴾ [البقرة: 37]، ومن ثَمَّ التعلم والتقليم والتحليل وربط المعلومات من الوجود، ﴿وَعَلَّمَ ءَادَمَ ٱلْأَسْمَآءَ﴾ [البقرة: 31]، وكان هذا هو إعلان التكريم والتسخير والأمر بالسجود. فالأمر بالسجود والترقي ونفخ الروح مستمرةٌ بالتأثير في النفس.

فكما تكوَّنت مهاراتنا النفسية عبر القرون والأجيال السابقة التي سعت وجاهدت لتثبيت هذه الصفات والمهارات لنرتقي ويتطور بناؤنا النفسي لما نحن عليه الآن، فنحن كذلك نتلقى ونتعلم من الحق المحيط ونرتقي ونتطور بكل معرفة نتلقاها ونحفظها وننقلها لمن بعدنا لنصنع إنسان المستقبل ليكون أفضل في تحضره وعلمه وأخلاقه، حتى تنال صفات الروح الخلود؛ أي حتى تكون الصفات الحسنة التي تُدخل الراحة هي صفاتنا النفسية التي نُولد بها.

أي إنَّ الشعوب التي ستُرسِّخ الأخلاق الحسنة (الإنسانية) في أنفسها ومجتمعاتها أسرع من غيرها هي التي ستستمر وتخلُد وترتقي وتتطور، وستنقرض التي لا تفعل ذلك.
فستنقرض المجتمعات التي لم تطور وترقي وعيها وعلومها ومعارفها (إنسانيتها).
انقرضت (أهلكها الله) لأنَّها لم تسبح بحمده؛ أي لم تسبح (تنسجم) مع سننه وقوانينه فلم تتكيف. تمامًا كما حدث للأنواع السابقة كالهوموهيبليس، والهوموإريكتوس، وإنسان النياندرثال، و... وقوم عاد وهود ولوط وثمود و....
ولم يخلد ويستمرَّ سوى النوع الذي يتطور وله سلوك مسالم مأمون؛ وهو الإنسان العاقل المعاصر.

وهكذا تشكَّلت كلُّ مشاعر، ومهارات، وبرامج النفس التي اكتسبها الأجداد، عبر تقديم التضحيات، والقرابين، والقتال دونها حتى تتحقق للسلالات القادمة لتُحافظ على بقائها ونمائها والاستزادة من المُكتسبات التي تستحسنها أكانت معرفية أو كانت مادية.

فكلام القرآن عن الملائكة، والسجود، وإبليس، والشيطان، والجن، والإنس ما هو إلا نبأٌ يُخبرنا به عن مراحل تطوير النفس لتصل إلى المستوى العاقل (الحالي).

فصل (8)

الشيطان

وَرَدَ ذكر مشتقات الشيطان ٨٨ مرة في القرآن. الشيطان من شط، شَيْط، شَاطَ، يَشِيطُ، فهو شَيْطَان، أو مِنْ شَطَنَ، يَشْطُن، شُطُونًا فهو شَيْطَان. ومن شَيْطَن تَشَيْطَن فهو شَيْطَان.

والجذر (شطط) جاء في قوله: ﴿فَٱحۡكُم بَيۡنَنَا بِٱلۡحَقِّ وَلَا تُشۡطِطۡ﴾ [ص: 22]، ثم أُضيف حرف الياء (ي) للدلالة على الميل الممتد في الشطط.
شيطان (شيط + ا ن) = الشَيَّط الكثير الممتد والمتوسع في شيطه وشَطَنِه وشَطَطِه. فالألف والنون (ا ن) تُضاف إلى الاسم لتفيد الكثرة والسعة والامتداد.

وصف القرآن الشيطان بأنه عدو الإنسان، وأن كيده ضعيف، وعنده رجس، وله طائف، وله قبيل، وينزع بيننا، وأنه كفور لربه، وعصيٌّ للرحمن، وله أولياء، ويستحوذ على بعضنا، ويعدنا بالفقر، ويُضلُّنا، ويُزلُّنا، ويُريد أن يوقع العداوة بيننا، وأنه قرين سوء يوسوس لنا، ويُلقي في أمانينا، ويستفزنا، ويمسُّنا بنصب وعذاب، و... ومع ذلك؛ فهو يخاف الله رب العالمين. وهذا عجيب! فكيف يكون لمن له هذا السلوك السيئ في خلق الله خوف من الله.

والشيطان أيضًا قد يخدم ويعمل للأنبياء والملوك والصالحين، ويحفظه الله؛ كما كانت الشياطين عند النبي سليمان (عليه السلام) ﴿وَمِنَ ٱلشَّيَٰطِينِ مَن يَغُوصُونَ لَهُۥ وَيَعۡمَلُونَ عَمَلٗا دُونَ ذَٰلِكَۖ وَكُنَّا لَهُمۡ حَٰفِظِينَ ٨٢﴾ [الأنبياء: 82]، بل ويُنفِّذون أمر

الله ﴿أَلَمْ تَرَ أَنَّآ أَرْسَلْنَا ٱلشَّيَٰطِينَ عَلَى ٱلْكَٰفِرِينَ تَؤُزُّهُمْ أَزًّا ٨٣﴾ [مريم: 83].

شطن: خرج وبعُد عن المسار والهدف والغاية.
شطن الفَرَس: انحرف ومال وخرج عن المسار أو الغاية، أو انفلت من عقاله.

الشيطان سمي بذلك لأنَّه يبتعد وينفلت عن الصلاح والنفع إلى الفساد والضرر فهو يشطن بنا عن المسار الصحيح والأهداف الصالحة.
فكل عارمٍ مُنفلت فهو شيطان.
وليس كل مُنفلت شيطان، بل يجب أن يكون انفلاته عارمًا مُتباعدًا عن الطبيعي والمألوف والمعتاد و....

﴿شَيَٰطِينَ ٱلْإِنسِ وَٱلْجِنِّ﴾ [الأنعام: 112].

الإنسان قد يكون شيطانًا إذا خرج عن حدود المعتاد والطبيعي والمألوف من السلوك الإنساني. فالشيطان صفات في النفس وهي مشاعرنا عمومًا، وما يشطن منها فهو ما انفلت من عقاله وخرج من مَبْلَسِهِ ومحبسه. وأشد شياطيننا هو ما تم بلسه وتحييره ومنعه من الظهور. وعلى رأسها الإباء والكبر.

فالشيطان مشاعر تحمل أفكارًا وأهدافًا سيئة فاسدة تصعد بها (تُريد أن تُصعِّدها كغاية يجب تحقيقها) من أرض النفس مثل كبر، أو حسد، أو سوء ظن، أو بغضاء، أو عداء، أو كُره، أو مشاعر طينية إنسية كالحب، أو الرحمة، أو كرم أو ... في غير محلِّها. تنشأ وتعلو من أرض النفس فتصعد إلى سمائها وتوسوس لها حتى تتحول وتتفعَّل كسلوك يظهر على الإنسان. فإذا أطاعه الإنسان وتصرف بناءً عليها؛ يتحول الإنسان لشيطان.

﴿فَمَا يَكُونُ لَكَ أَن تَتَكَبَّرَ فِيهَا فَٱخْرُجْ إِنَّكَ مِنَ ٱلصَّٰغِرِينَ ١٣﴾

[الأعراف: 13].

فليس للمُبْلَسِ المحبوس المُخرج أن يشطُن ويتكبَّر في النفس؛ لأنَّه خطر مُدمِّر نشيط متمرِّد ويحتاج إلى جهاد ومقاومة مستمرة. فإذا تكرر وكثُر وظهر علينا هذا السلوك دائمًا فهو معنى قوله: ﴿ٱسْتَحْوَذَ عَلَيْهِمُ ٱلشَّيْطَٰنُ﴾ [المجادلة: 19].

فيكون الكبر ظاهرًا علينا دائمًا، أو يظهر علينا سوء الظن، أو التجاهل، أو التباطل، أو الكذب، أو العقوق، أو الخيانة، أو... بشكل دائم. فهذا هو استحواذ الشيطان على الإنسان.

كمثال، يتكرر ويكثُر شطون الخوف. فالشيطان يُخوِّف أولياءه. فيتحول لمرض نفسي كرهاب من الماء، أو من المرتفعات، أو من الظلام، أو من الأماكن المغلقة أو الضيِّقة، أو من ركوب القطار، أو من ركوب الطائرة، أو رهاب اجتماعي أو... وربما يشيط بالنفس ويستحوذ عليها أكثر، فيتحوَّل لمرض جسدي كما في قوله: ﴿مَسَّنِيَ ٱلشَّيۡطَٰنُ بِنُصۡبٖ وَعَذَابٍ ۝٤١﴾ [ص: 41].

الطب الحديث يُؤكِّد أن كثيرًا من الأمراض النفسية أصلها ومنشؤها من اضطرابات نفسية؛ أي إن هناك مشاعر تتزايد في النفس فتؤثِّر على الأعضاء المسؤولة عنها، أو مادتها الكيميائية (عندما ينبعث أي شعور يتم إفراز مادته الكيميائية الخاصة به).

﴿وَشَارِكۡهُمۡ فِي ٱلۡأَمۡوَٰلِ وَٱلۡأَوۡلَٰدِ وَعِدۡهُمۡۚ وَمَا يَعِدُهُمُ ٱلشَّيۡطَٰنُ إِلَّا غُرُورًا ۝٦٤﴾ [الإسراء: 64].

وهو تأكيد على أنَّ الشيطان يُشاركنا في كل شيءٍ حتى بالجينات؛ وفي إنجاب الأولاد؛ لأنه جزء من تركيبتنا النفسية. وليس المعنى كما يقول التراث بأنه خفي مُغيَّب وفي عالم مختلف عنَّا وأنه يصرعنا ويتكلَّم بألسنتنا وينكحنا و...

﴿إِنَّهُۥ يَرَىٰكُمۡ هُوَ وَقَبِيلُهُۥ مِنۡ حَيۡثُ لَا تَرَوۡنَهُمۡۗ﴾ [الأعراف: 27]. الشيطان يحاول أن يستغل كل ما لدينا ليعلو علينا ويفتنَّا بسوءِ الفهم وسوءِ الظن؛ لإيقاع الشر بيننا فهو يرانا هو وقبيله. والشيطان قد يكون من الإنس (شياطين الإنس والجن) الذين شطنت لديهم بعض مشاعرهم والإرادات فجعلتهم يخرجون عن السلوك الطبيعي والمألوف بشكل كبير ويتميزون عن الآخرين.

هو يرانا برأيه وليس بعينه؛ لأن الله إذا أرادنا أن نفهم أنَّه يقصد رؤيا العين فإنَّه يُبين ذلك في كلامه ﴿يَرَوۡنَهُم مِّثۡلَيۡهِمۡ رَأۡيَ ٱلۡعَيۡنِۚ﴾ [آل عمران: 13]، فيقرن كلمة رأى بكلمة عين لنعلم أنَّه يُشير إلى الرؤية العينية.

فالرؤية من رأى، يرى، رأيًا، وآراء، وجميعها تشير إلى تكوين وتشكيل الفكرة (الرؤية).

بينما النظر من نظر ينظر تنظير تنظيرات مناظر مناظرة وجميعها تشير إلى تكوين وتشكيل النظريات.

أما البصر فمن بصر يبصر بصيرة بصائر وجميعها تشير إلى استنارة البصيرة وعمق الإدراك (التبصير والاستبصار الذي يحدث في وعينا).

فإذا ذكر القرآن مادة رأى أو نظر أو بصر فهو لا يعني جارحة العين، إلا إذا أشار السياق إليها بأي طريقة كأن يقرن كلمة العين بها.

يراكم: أي يُكوِّن رؤية عنكم ويصنع الآراء ليسيطر ويستحوذ عليكم (على الأموال والتوجهات الفكرية والجهود والوقت و...).

هو وقبيله: قبيله هو الذي يُقابله، ويُكافئه، ويتفق، ويتعاون معه لتفعيل إرادته فينا وتحقيق أهدافه منَّا. وهو إنسان آخر، أو شعور آخر، أو فكرة أُخرى، في المقابل؛ هذا لأنَّ كلمة (قبيله) تعني الذي يُقابله بالمستوى والفعل والأهداف و... لذلك نسمي التجمعات البشرية (قبائل) لأنَّ كل واحدة منها تُقابل الأُخرى، وتكافئها بالعدد والعدة. والواحدة منها قبيلة. فقبيلهُ تعني مثيله الذي يُقابله ويماثله بالسلوك، والأهداف، والمستوى، والغايات.

من حيث لا ترونهم: حيث بالمُفرد؛ أي إن هناك حيثيات أُخرى نستطيع أن نراهم منها؛ لأنَّه لو أرادنا أن نفهم أننا لا نراهم أبدًا لقال: (يراكم هو وقبيله ولا ترونهم) لكنَّه قال: (**من حيث لا ترونهم**). فالشيطان وقبيله يروننا؛ أي إنهم يكونون رؤية ورأيًا عنَّا من منطقيات شيطانية، أي خارجة بشدة عن الطبيعة الإنسانة؛ أي يُكوِّنون عنكم آراءً ورؤى من زاوية (حيثيَّة) تصب في مصالحهم فقط.

فالإنسان لديه منطق، وبواعث، وحيثيات مختلفة يبني ويُكوّن منها أفكاره، ورؤيته، ومشاريعه، وأهدافه.

فالشيطان لا نراه من حديثه ومنطقه لأنَّنا أكبر من منطق الشيطان الضعيف. ونظرتنا وفهمنا للوجود يختلف عن منطق الشيطان؛ ذلك المنطق الذي يقوم على الخروج الفاحش عن الصواب.
فزاوية الرؤية لدينا تنطلق من منطق إنساني أخلاقي عاقل صالح يهتم بمصالح الآخرين كاهتمامه بالمصالح الخاصة فيتشكل الرأي والشعور لدينا من مناطق الروح الإلهي. فلنا منطق ونطاق إنساني نُكوّن منه رؤيتنا للآخر وللوجود ونتموضع فيه ولا نخرج عنه، وهو منطق العدل والحب واللطف والود والتعاون والمشاركة وتبادل المصالح و...
وهذا منطق وحيثيات مُختلفة عن منطق وحيثيات الشيطان.
فنحن نتعامل بمنطق روحاني يفوق الشيطان، فلا نستطيع تشكيل رؤيتنا للآخر من منطق وحيثيات الشيطان الضعيفة الضيِّقة التي لا تتجاوز المصالح الفردية (الأنا).

فالشيطان هو شعور قد يتحوَّل لفكرة تتراءى للنفس بوساوس، يتخفَّى ويخنس خلفها فكرة شيطانية كأعذار وتعليلات وحُجج و... يُبرر بها (الشعور) نفسه ليتدخَّل في قرارنا.

ويأبى الصرف، والتغييب، والتجاهل؛ أي إنه يحاول الضغط علينا لننفذ إرادته وغايته.

فكل فكرة أو شعور فاسد يُحقق مصالح الفرد على حساب الآخرين فهو رؤية ورأي مصدره شيطاني. وقد يكون وراءه مصلحة نافعه للإنسان؛ لذلك بيَّن لنا أن الشيطان قد يكون له عمل نافع للإنسانية.

﴿إِنِّيٓ أَخَافُ أَن يَمَسَّكَ عَذَابٌ مِّنَ ٱلرَّحۡمَٰنِ فَتَكُونَ لِلشَّيۡطَٰنِ وَلِيّٗا ٤٥﴾ [مريم: 45].

فالشيطان ضد الرحمن فلكل واحد منهما منطق متضاد مع الآخر، وكلاهما سلوك في النفس، وعلينا أن نرجم الشيطان لنكون من أولياء الرحمن.

عذاب من الرحمن: أي ابتلاء يتم به تنقيتك وتطهيرك وتصفيتك من مفاهيمك الفاسدة. فهذا معنى العذاب في القرآن؛ فهو لتعذيب الإنسان لتطهيره وتنقيته بإكسابه خبرات من تجارب قاسية يتعلَّم منها، كتعذيبنا للماء (تعريضه لعمليات فيزيائية وكيميائية لنفصل عنه الشوائب الضارَّة) ليكون نقيًا طاهرًا عذبًا صالحًا للاستخدام فيروي الجسد ولا يضره. وكذلك تعذيب النفس يوم القيامة.

ففي الآية يقول إبراهيم لأبيه إنه يخاف أن يبتليه الله بسبب صدوده عن الحق والصواب بأن يُعرِّضه لتجارب قاسية فيزداد ضلال أبيه بدل أن يهتدي.

الشيطان (الشطون) عن الصواب والطبيعي له وجهان.
إمَّا خير وإمَّا شر.
قد نكون شياطين ونقوم بأعمال حسنة.
أو نكون شياطين نقوم بأعمال سيئة.
فكل انفلات عن المعتاد والطبيعي هو شَيَطَانَ.
فالغواص الذي يغوص في البحر بمهارات عالية وفترات طويلة فوق العادة فهو يشطُّ عن المألوف والمعتاد والطبيعي في سلوك الإنسان الذي يعيش على اليابسة. ولذلك الله عندما ذكر الغواصين عند سليمان سمَّاهم شياطين. وكذلك البناؤون المتميزون المُبدعون والذين يرفعون البناء لمسافات عالية أو يُقيمون البناء بشكل يفوق المعتاد والطبيعي سمَّاهم شياطين. والهدف هو أن نفهم ماهية الشيطان وأنه قد يكون له معنًى حسن، وأن الشَّيَطَانَ قد ينتج عنه شيء نافع للإنسان وليس كله ضرر وفساد.

فالشيطان في الأصل هو ملاك (ملكة "شعور") راضٍ ومتصاغر لك، تم خلقه لخدمتك وطاعتك ولتحقيق مصالحك؛

ولذلك تم إسجاده لك، ولكنه شط وشطن بسبب عدم مراقبتك وتوجيهك له؛ ولذلك انفلت من مساره الصحيح فدفعك لسلوك غير معتاد منك فهو لا يعقل ولا يتفكر، فهذا دورك أنت؛ لأن خلقه بدائي ومُبرمج على سلوك مُحدد؛ وهو أنه إذا تحسست أنت شيئًا فهناك ملَكٌ مختص للتفاعل مع ما أحسست من مُحيطك، وسيدفعك لتتصرَّف بالسلوك الغريزي الذي تجاوزته أنت كعاقل، وتعلِّمنا أن علينا أن نُحسن إدارة مشاعرنا، ولا نتصرف بتلقائية كما كنَّا في عصور الظلمات.

ولكن أحيانًا نجد مصلحة في ذلك ونفعًا لنا وللإنسانية، فنحتاج إلى أن نشط ونشيط عن المألوف والطبيعي حتى نحقق غايات وأهداف فيها مصالح نرى أنها تُحقق لنا الارتقاء في حيويتنا.

وهذا من شكرنا لله؛ وهو أن نعمل بما رزقنا ووهبنا. والملكوت الذي في أنفسنا هو من أعظم هباته لنا. وعملنا به وتطوير مهامِّه وأدواره وتنويعها هو من شُكرنا لله.

فليس كل جوانب الشيطان شر، بل إن له جوانب من الخير رغم أنها قليلة جدًّا، ولكن الله يلفت نظرنا لها لنعلم أنَّنا نحتاج إلى الشَّيَطَان (أن نخرج عن المعتاد أحيانًا) ولكن في حالات نادرة. ويجب أن يكون خروجنا مُعقلنًا.

من أمثلة الشياطين في عصرنا: الذين يمشون على الحبال بين الجبال أو في السيرك أو بين المباني العالية؛ فطبيعة الإنسان تتناقض مع هذا السلوك.
أو بعض الشعوب التي تعيش على خط الاستواء، الذين يغوصون في البحر لمدة ربع ساعة تقريبًا، بينما الإنسان الطبيعي لا يستطيع ذلك.
أو الذين يسيطرون على أنواع من الحيوانات المتوحّشة فيروِّضونها ويُخضِعونها لهم.

فالشيطان هو ملاك ممن سجدوا لك. ولكنه يُريد أن يخرج بك عن طبيعتك بشكل يفوق المعتاد وبشكل دائم. وعليك أن تقرأ هذا الخروج: هل فيه خير أم لا؟ وبعد ذلك تُقرر هل تقبله أو ترده وتمنعه من تنفيذ غايته.

267

فصل (9)

الدعاء

دعَّ

دعَّ يَدُعُّ، دَعًّا، دَعَا، يَدْعُو، داعٍ، مَدْعُوٌّ، دَعْوة، دِعَايَة، دِعَايَات، دَعَوَات، ادَّعى، يدَّعِي، ادعاءً، يستدعي، استدعاء، تداعي... دُعَاء.

يتم بعث الأنبياء والرسل (الحكماء "الفلاسفة" والمتنورين و...) لتصحيح مفاهيم خاطئة عند الإنسان، كفهمه للخالق، وعلاقته معه، وكيف يتصل به، وماذا يريد منه، وفهمه للموت والحياة، والدين، وقيمة الإنسان ودوره في الوجود، وكيف أصبح إنسانًا، وبداية الوجود ونهايته، و...

ومن المفاهيم الرئيسية التي عالجها الأنبياء والرسل (الحكماء والمتنورين و...)، قضيَّة الدعاء كوسيلةٍ من وسائل الاتصال بين الإنسان وخالقه.

ينفي الرسل والأنبياء الفهم السائد عن الدعاء بأنه مجرد ألفاظ باللسان؛ أي أن يُلقي الإنسان أمانيه بصوته على الوجود، وأنه بذلك قد قام بدعاء خالقه، وما عليه إلَّا أن ينتظر تحقيق غاياته.

المتعارف عليه في التراث الذي تشكَّلت منه ثقافتنا السائدة، أن الله غالبًا يجيب الدعاء يوم الحساب؛ إذ تتحول دعواتنا إلى كنوز نتفاجأ بها يوم الحساب، أو يدفع عنَّا بها قضاءً سيئًا في الغيب لا نعلمه، وهذا يُخالفُ قول الله ووصفه لنفسه وكلامه عن الدعاء في القرآن.

والحقيقة أن هذا ترويج للوهم لإضلال العباد عن ربهم، وهو مما تم نقله من المفاهيم الإسرائيلية ومن مفاهيم الجاهلية وتم إقحامه في ثقافة القرآن بالروايات والتفاسير، وهو منقول من عصور الظلمات للإنسان، وهي العصور القديمة، قبل أن يعلم بوجود الله، وقبل أن ترتقي معلوماته عنه، وهي الفترة التي سبقت طفرات الوعي (ظهور الرسل والأنبياء).

سنكتشف الآن من آيات القرآن أن الله ينفي تلك المفاهيم، ويؤكِّد أنه يجيب دعاء كل إنسان مهما كانت معتقداته أو لغته أو... ولكن بشرط وهو أن يدعو كما قال الرسول في القرآن. وكالعادة سنرى براهين ذلك في عالم الشهادة (الواقع).
والإنسان يفعل ذلك بفطرته، لذلك نرى الله في الواقع يجيب دعاء من يسمونهم كفارًا ومشركين وملحدين و...

فقال الرسول ما أوحى الله له عن ماهية الدعاء وكيفيته التي يستجيب الله بها، ليردَّنا عن ضلالنا ويهدينا للحق الذي نزل عليه من قراءته للصحف المنشَّرة (الوجود).

الرسول لم يقل شيئًا عن الله أو عن خلقه إلَّا بعد أن توثَّق منه ورأى براهين تُؤكِّده وتدل عليه في الواقع.

هناك آيتان أساسيتان بيَّن فيهما الشروط والكيفية للدعاء الذي يستجيبه الله.
الآية الأُولى: هي قوله: ﴿وَإِذَا سَأَلَكَ عِبَادِى عَنِّى فَإِنِّى قَرِيبٌۖ أُجِيبُ دَعْوَةَ ٱلدَّاعِ إِذَا دَعَانِۖ فَلْيَسْتَجِيبُواْ لِى وَلْيُؤْمِنُواْ بِى لَعَلَّهُمْ يَرْشُدُونَ ١٨٦﴾ [البقرة: 186].

والآية الثانية: هي قوله: ﴿ٱلَّذِينَ يَدۡعُونَ يَبۡتَغُونَ إِلَىٰ رَبِّهِمُ ٱلۡوَسِيلَةَ أَيُّهُمۡ أَقۡرَبُ﴾ [الإسراء: 57].

وهاتان الآيتان نحتاج إلى فهم كل كلمة فيهما؛ لأننا سنكشف منهما طريقة الدعاء المُستجاب.

ففي الآية الأولى يخبرنا أن الله قريب ويُجيب دعوة الداعي، ولم يقل إنه يجيب دعوة المؤمن، أو المسلم، أو التقي، أو الولي، أو الصالح أو... بل قال: (الداعِ)، بألف لام الاستغراق؛ أي داعٍ دون استثناء؛ أي إن الله يجيب لكل من يدعو مهما كانت معتقداته وتوجُّهاته ولغته ومكانه وأهدافه و... إذا دعا كما أمر الله في القرآن، لذلك نراه يُجيب للأُمم الأُخرى الذين يدعونه بلغات وأماكن مُختلفة.

حتى من يسميهم البعض ملحدين لأنهم يُنكرون بألسنتهم وجود خالق، إذا دعوا الله كما أمر في القرآن فإنه يُجيب لهم دعاءهم ويُحقق لهم غاياتهم، رغم أنهم لا يعترفون بوجوده بألسنتهم، ولكنهم يعترفون به بعملهم، وعمل الإنسان هو كلمته الأخيرة في الوجود فهو الذي يرفعه الله (يرفع قيمته ويُصادق عليه)، بدليل قوله: ﴿وَٱلۡعَمَلُ ٱلصَّٰلِحُ يَرۡفَعُهُۥۚ﴾ [فاطر: 10]؛ لأن

علاقتنا مع الله تتم عبر طاعتنا واتباعنا لقوانينه، وليس عبر موجاتنا الصوتية (ألفاظ اللسان).
وهذا يعني أن الدعاء باللسان لا قيمة له بدون العمل.

ولذلك في الآية الأولى قال إنه يجيب (دعوة)، ولم يقل (دعاء)، والفرق بين (دعوة) و(دعاء)، هو أن الدعوة تدل على آليات الدعاء، فهي تدل على اجتماع لمعنى الدَّع، فأصل كلمة (دعاء) جاء من (دع)، والتي تدل على دفع ودرء علمي عيني؛ أي تدل على تدافع ودفاع ودرء (رد) لأشياء، لفعل شيء ما، ثم أُضيف حرف الواو (و) ليُعطي دلالة التوليد والجمع للفعل، ثم أُضيفت التاء المربوطة (ة)، للدلالة على الجهد المغلق المحصور في الفعل، (راجع في بدايات الكتاب الكلام عن فيزياء الحرف).

رتِّل وتفكَّر بكلمة دعوة في القرآن، في مثل قوله: ﴿لَهُۥ دَعۡوَةُ ٱلۡحَقِّۚ﴾ [الرعد: 14]، لا يقول (دعاء)؛ لأن الدعوة هي التطبيق بالعمل، وليس القول باللسان فقط، علمًا بأن القول باللسان له دوره، فنحن نُحفِّز أنفسنا والمستمعين بما نلفظه بألسنتنا، ولكنه إذا لم يتم تطبيقه في الواقع فلا قيمة له.

وفي قوله: ﴿رَبَّنَآ أَخِّرۡنَآ إِلَىٰٓ أَجَلٖ قَرِيبٖ نُّجِبۡ دَعۡوَتَكَ﴾ [إبراهيم: 44]، لم يقل نُجِب (دعاءك)؛ لأن الله يدعونا بقوانينه لنستجيب له، وقوانينه تفعل في المادة، فدعوة الله لنا هي حركة المادة التي يُخبرنا بها الله (نعلم منها) عن إرادته.

وفي قوله: ﴿ثُمَّ إِذَا دَعَاكُمۡ دَعۡوَةٗ مِّنَ ٱلۡأَرۡضِ إِذَآ أَنتُمۡ تَخۡرُجُونَ ٢٥﴾ [الروم: 25]، لم يقل (دعاكم من الأرض)، بل أضاف (دعوة) لأن دعوته لنا من الأرض هي بتفعيل قوانينه في المادة ليتم بعثنا.

وفي قوله: ﴿أَنَّمَا تَدۡعُونَنِيٓ إِلَيۡهِ لَيۡسَ لَهُۥ دَعۡوَةٞ فِي ٱلدُّنۡيَا وَلَا فِي ٱلۡأٓخِرَةِ﴾ [غافر: 43]، ليس له (دعوة)؛ أي ليس له حركة (فعل) في الدنيا ولا في الآخرة.

ففي الآية يقول لنا إنه يجيب (دعوة) ولم يقل (دعاء)؛ لأن معنى الدعوة يُشير للسلوك الذي يقوم به الداعي لتحقيق دعائه، لتحقيق هدفه الذي يريد الوصول إليه.
فالدعوة أبلغ من الدعاء، فهي تشمل القول والعمل، كما نقول: تلقيت دعوةً لكذا وكذا؛ أي إنه تم تحديد موضوع الدعوة

ومكانها وزمانها وبرنامجها و... وتم إرسال هذه المعلومات عن طريق رسول أو رسالة (مكتوبة أو منطوقه).

فهو يقول إنه قريب ويُجيب كل من يدفع ويدرأ (دلالة حرف الدال) بعلم وتعيين (دلالة حرف العين) ويربط ويُولِّد (دلالة حرف الواو) بجُهد مُحدَّد (دلالة حرف التاء المربوطة)، لتحقيق غايته، هذه تفكيك لمعاني حروف كلمة (دعوة).

أي إن الذي يقوم بحركة دفع للوسائل لتحقيق غايته ودرء للوسائل التي تمنع تحقيقها، بعلم وتعيين، وربط (جمع) وتوليد (يبتكرها) للوسائل، بجهد مركَّز، لتحقيق غايته، فهذا هو الذي يدعو وسيُجيب الله دعوته، مهما كانت لغته أو مكانه أو طقوسه أو...

فالدعاء إذن هو علم وعمل، جهد نبذله في الواقع نعمل به في الأشياء، وليس قول باللسان فقط، ولذلك في الآية الثانية جعل الدعاء هو ابتغاء الوسائل.

وقال: (إذا دعان)، وإذا تُفيد تحقُّق ما بعدها؛ أي إنه يخبرنا أن الإنسان العاقل بطبيعته لا يكتفي بلفظ لسانه لتحقيق غاياته، بل إن العاقل يقوم بعمل جاد لتحقيق غاياته. وهذا ما نشاهده في الواقع، فكل البشر يتعلَّمون ويعملون ويجتهدون لتحقيق

أهدافهم، ولا يكتفي بلفظ اللسان إلَّا العاجزون، أو الجهلة المتكاسلون الذين يتمنون على الله الأماني، والذين سخر الله منهم في كتابه بقوله: ﴿وَقَالُواْ لَن يَدۡخُلَ ٱلۡجَنَّةَ إِلَّا مَن كَانَ هُودًا أَوۡ نَصَٰرَىٰۗ تِلۡكَ أَمَانِيُّهُمۡۗ قُلۡ هَاتُواْ بُرۡهَٰنَكُمۡ إِن كُنتُمۡ صَٰدِقِينَ ١١١﴾ [البقرة: 111]، الله يكذبهم ويقول إن تلك أماني لا يعبأ (لا يبالي) بها، فيجب أن يستحقوا الجنة بعملهم وليس بالأماني (مفهوم الجنة في الأجزاء القادمة وهو مختلف عن الفهم الذي في ثقافتنا السائدة)، ولذلك يطالبهم بالبرهان على قولهم، والبرهان هو الذي يتم برؤه فنشاهده في الواقع، فلا يمكن رده أو إنكاره وجحوده.

ويقول في آية أُخرى: ﴿أَمۡ لِلۡإِنسَٰنِ مَا تَمَنَّىٰ ٢٤﴾ [النجم: 24]، وهذا تأكيد منه أن الأهداف لا تتحقق بالأماني، بل لا بد من العلم والعمل لبلوغ الغايات.

وقال في آخر الآية الأُولى: (فليستجيبوا لي)، وفي هذا إشارة أُخرى لفهم كيفية تحقيق الدعاء، فيجب أن نستجيب له، والاستجابة لله هي الاستجابة لقوانينه التي أنزلها لتتحكَّم في المادة، فإذا استجبنا للقوانين؛ أي تعلَّمناها وعمِلنا بها، فستستجيب لنا المادة؛ لأنها محكومةٌ بهذه القوانين ولا تعصيها،

فإذا عاملناها بالقوانين التي تعمل بها، فبالتأكيد أنها ستستجيب لنا، سواء تكلمنا بألسنتنا أو لم نفعل، وسواء تكلّمنا باللغة العربية أو بغيرها، وسواء اعترفنا بوجود الخالق أو أنكرنا ذلك، فكل ذلك لا قيمة له أمام العلم والعمل، فعملنا هو كلمتنا الأخيرة التي يتم توثيقها واحتسابها في ذاكرة الوجود، والتي سيحتسبها لنا الله وسيحاسبنا عليه. وهذا لا ينفي أثر وقيمة القول باللسان، ولكن إذا لم نُصادِق على قولنا بعملنا، فلا قيمة لقولنا، فالذي يتم حسابه وتوثيقه هو عملنا وليس قولنا.

فالقول باللسان لا قيمة له إذا لم يُصادق عليه العمل، ولذلك قال إنه يرفع العمل الصالح ﴿إِلَيْهِ يَصْعَدُ ٱلْكَلِمُ ٱلطَّيِّبُ وَٱلْعَمَلُ ٱلصَّٰلِحُ يَرْفَعُهُۥ﴾ [فاطر: 10]، فهو يقول إن الكلم (راجع الفرق بين الكلام والكلمات في بداية الكتاب) يصعد إليه؛ أي إنه يتم تصعيد المفاهيم الطيبة في وعي الشيء (الوعي الكوني مرتبط ببعضه)، ثم يقول إنه يرفع العمل الصالح؛ أي إن العمل الصالح يتم تثبيته في سلوك الكائنات، فإذا قام أي كائن بسلوك صالح، فإنه يُحب ذلك، ومحيطه يشاهده ويتأثّر به ويميل إليه ويقوم نوعه بتقليده. وهذه هي طريقة رفع العمل الصالح، بأن يتم ترسيخه وتثبيته في ذاكرة الوجود ويتم تناقله بين أجزائه، ولكن ذلك يتم ببطءٍ في نظرنا، بسبب عمرنا القصير في هذا المدار، بينما هو يتم بسرعة كبيرة بالنسبة لعمر الوجود. فنحن

نرى ونعلم أن الأنظمة المجرِّية التي لا يمكن إحصاؤها ولا إحصاء تنوعها، حدثت في مليارات قليلة لا تتجاوز أربعة عشر مليار سنة، وما زالت عملية البناء باتساع، وستستمرُّ عملية البناء إلى أن يصل لأرقى مستوى، ووصوله لأرقى مستوى سيحتاج إلى مئات المليارات وربما آلاف المليارات أو أكثر، (منطق القرآن عن غاية (مُنتهى) الوجود ستجده في كتاب غائية الكون).

فالآية تقول إن المفاهيم الطيبة يتم تصعيدها في وعي الكائنات، ثم تتحوَّل لأعمال يتم رفع قيمتها وتثبيتها كسلوك في الواقع، وبهذين المنطقين تطوَّرت الحيوية على كوكبنا، وفي الوجود عمومًا، فالآية تعطينا قانونين كونيين للطريقة التي تتطور بها حيوية المادة في كل أرجاء الكون، ولولا ذلك لما تطورت أنظمة الكون لما نشاهده من حيوية مضبوطة للمجموعات والمجرات و...

فالاستجابة لله تكون عبر الاستجابة لقوانينه التي أنزلها لِتُسيطر على المادة، وإذا عصينا هذه القوانين ولم نُطبِّقها، فلن تستجيب لنا المادة؛ لأنها خاضعة للقوانين ولا تعصيها.

فإذا مرضنا يجب أن نستجيب لقوانين الصِّحة التي أنزلها الله ليشفينا من المرض، ولو اكتفينا بترديد يا شافٍ اشفنا، بألسنتنا، فلن يتحقق لنا الشفاء.

وأحيانًا قد يتحقق الشفاء بدون دعاء باللسان وبدون اتباع لقوانين للشفاء (لا نستعمل أدوية)؛ وذلك لأن هناك أنظمة تدعو (تتداعى) داخل الجسد للدفاع عنه، وهي موجودة لدى كل إنسان، ولدى كل الكائنات أنظمة داخلية تحفظها من كثير من المخاطر التي تُفسد حيوية الكائن، وهذه الأنظمة تم تشييدها كبروج المراقبة داخل أجهزة الكائن لتدافع عنه، وهي نماذج للبروج التي أشار إليها في حديثه عن حفظ السماء من كل شيطان مارد، (راجع الحديث عن السماء والأرض في باب النفس).

ولكن هناك أمراض لا يمكن شفاؤها إلا بدعوة الحق؛ أي باستدعائنا لحقائق تُحقِّق لنا الشفاء، وأعطانا نماذج في القرآن، كما قال في قصة أيوب.

فاتباعنا لقوانين الشفاء التي أنزلها الله، كالبحث عن الدواء المناسب واستعماله بالشكل الصحيح، أو التوقف عن بعض الأنواع من الأغذية والاكتفاء بمنظومة غذائية مُحدَّدة (الحمية)، أو ممارسة أنواع من الرياضة، أو غير ذلك مما نحتاج إلى القيام به ليتحقق لنا الشفاء، هذا هو دعوتنا لله بأن يشفينا، ولو لم نتلفَّظ بألسنتنا بأي قول. فعملنا هو قولنا الحقيقي

الذي يأتي بالثمار، ولو كنَّا لا نُصدِّق بوجود خالق وننفيه ونُنكره بألسنتنا، أو نسمِّيه بأسماء غير التي في كتابه (كبوذا أو براهما أو يسوع أو...)، فهذا لا قيمة له، بدليل أننا نراه يشفي البوذي والهندوسي والملحد و...

وإن جحدناها وكفرنا بها (لم نتبع القوانين التي أنزلها الله للشفاء)، فنحن نكفُر بالله الذي خلقها وأنزلها، حتَّى لو كنَّا نُردِّد: اللهم اشفنا، بألسنتنا، فهذا لا قيمة له، لأننا نكون كمن آمن بلسانه وكفر بعمله.

فإذا تتبعنا القوانين التي يتحقَّق بها الشفاء، سواء قلنا بسم الله، أو بسم يسوع، أو بسم بوذا، أو شيفا، أو... ونحن نتناول الدواء أو نفعل ما يلزم للشفاء، فهذا لا يهم؛ لأنَّنا استجبنا لقوانينه (سُننه) التي لا تتحول ولا تتبدل لا لنبي ولا لولي.

فالمعبود (المُطاع والمُتبع) ليس حروف اللغة العربية وليس الموجات الصوتية، بل المعاني الحسنة التي في الكلمات، فمن اتبع وأطاع المعاني، فلا قيمة للغته ولا لمكانه.

فإذا مرض الإنسان فإنَّه يدعو ربه باستدعائه لوسائل الشفاء التي أنزلها الله، سواء تكلَّم ونطق بحاجاته أو لم يفعل؛ لأنَّه لا يستطيع النطق أو لأنَّه نسي أو لأي سبب، فبأعمالنا يجزينا ﴿هَلۡ تُجۡزَوۡنَ إِلَّا مَا كُنتُمۡ تَعۡمَلُونَ ٩٠﴾ [النمل: 90]، ﴿وَقُلِ ٱعۡمَلُواْ

﴿فَسَيَرَى ٱللَّهُ عَمَلَكُمۡ﴾ [التوبة: 105]، وعليه، فإن الدعاء هو ابتغاء الوسيلة، والابتغاء هو وعي بالحاجة وعلم بوسائل تحقيقها وسعي وطلب (علم وعمل).

إذا وقعنا في مُشكلة اقتصادية، فما علينا إلَّا أن نستجيب لقوانين الله التي أنزلها ليصلح بها الاقتصاد التي تحققت وثبتت بالبرهان، كالتوفير وتنويع مصادر الدخل وجدولة الديون و...

فإذا فعلنا ذلك فستنحل المشكلة، وبذلك نكون استجبنا لله.

وإذا وقعنا في مشكلة زراعية أو صناعية أو سياسة أو... فما علينا إلا أن نستجيب لقوانين الله التي أنزلها لتصلح بها الزراعة أو الصناعة أو السياسة أو... فإذا فعلنا ذلك فستنحل مشكلتنا، وبذلك نكون استجبنا لله.

وكذلك الاستجابة لله في كل شيء، هي الاستجابة لقوانينه بتفعيلها في سلوكنا ليرضى عنَّا ويُيسِّر لنا أمورنا.

ثم قال: (وليؤمنوا بي)، والإيمان به هو أن نتَّخذ الله وسيلةً لتحقيق الأمن والأمان، فحرف الباء (ب) قبل الاسم يدل على وسيلة فعل الفعل كقولنا: (أكلت بالملعقة)، وضعنا حرف الباء قبل الملعقة ليفهم السامع أن الملعقة كانت هي الوسيلة التي فعلنا بها فعل الأكل.

وكذلك قوله: ليؤمنوا بي؛ أي أن نجعل الله وسيلتنا لتفعيل الإيمان (تحقيق الأمن والأمان)، والله عرَّفنا بنفسه بأنه هو الحكيم والعليم والحق والمحسن والبديع والرحيم واللطيف والعزيز والقوي والخبير و... فالمعنى هو أن نجعل الحكمة والعلم الحق والإحسان والإبداع والرحمة واللطف و... وسيلتنا لتحقيق الأمن والأمان.

فإذا ما بُتِر عضو من أعضاء الجسد (اليد أو القدم أو...)؛ فإن استجبنا لحقائق وقوانين الأعضاء الصناعية التي خلقها الله، فسنجد حلًّا يُعالج المشكلة، وإن ليس تمامًا، لكن لو لم نستجب لقوانين صناعة الأعضاء أو زراعتها أو... فلن نحل المشكلة.

وإذا استشعرنا الخوف ندعو الله ببحثنا عن سبل الأمان وطاعتها واتباعها، وهذه أهم وسائلنا لعبادة الله (أن نتبع ونُطيع سُننه) ليرضى عنَّا وينجينا من العذاب، ولا نكتفي بتمني زوال الخطر فقط أو بترديد: (اللهم آمنا).

فدعاء المُزارع هو اختيار الأرض الصالحة وحرثها، وتوفير البذور الصالحة، والري بماء صالح، والتوقيت المناسب و...

فإذا فعل ذلك، فسيُجيب الله دعوته، وستثمر مزرعته، سواء تمتم بأمانيه وأحلامه، أم لم يفعل، وسواء قال: بسم الله، أو بسم بوذا، أو... وقس على ذلك الطب، والعلوم، والرياضة، والفن، والسياسة، و...

فتحقُّق الدعاء حتمي بشرطين: أن نستجيب له، ونؤمن به: «**فَلْيَسْتَجِيبُواْ لِي وَلْيُؤْمِنُواْ بِي**».

فالدعاء قضية ولها ظروف جعلته حاجة، فنحتاج إلى البغي بالحق لتحقيقه، وبدون ابتغاء الوسائل فدعاؤنا مجرد أماني وفي ضلال وتباب.
فالدعاء هو استدعاء وطلب شيء ممتنع، وسبب امتناعه أنَّه مُتعلِّق بأسباب وحقائق إذا ابتغيناها وحققناها تيسَّرَ لنا، فالدعاء مقرون بالابتغاء كما قال في الآية الثانية: ﴿ٱلَّذِينَ يَدۡعُونَ يَبۡتَغُونَ﴾ [الإسراء: 57]، لم يقل (يدعون ويبتغون)، فلم يضع حرف واو (و) بين الكلمتين (يدعون يبتغون)، وهذا يعني أنه يقول لنا إن الدعاء هو الابتغاء.

فدعاء الله هو ابتغاء (استدعاء) وسائله لتحقيق الدعاء ﴿يَٰٓأَيُّهَا ٱلَّذِينَ ءَامَنُواْ ٱتَّقُواْ ٱللَّهَ وَٱبۡتَغُوٓاْ إِلَيۡهِ ٱلۡوَسِيلَةَ﴾ [المائدة: 35]، اتقوا الله؛ أي اتقوا غضبه بسبب معصية قوانينه؛ لأن لا فلاح لنا في أي شيء إذا عصينا القوانين التي أنزلها الله لتصلح بها الأشياء في الوجود.

﴿قُلۡ مَا يَعۡبَؤُاْ بِكُمۡ رَبِّي لَوۡلَا دُعَآؤُكُمۡۖ فَقَدۡ كَذَّبۡتُمۡ فَسَوۡفَ يَكُونُ لِزَامَۢا ٧٧﴾ [الفرقان: 77]، و(**كذّبتم**)؛ أي لم تصدقوا قولكم بالعمل (لم يبتغوا الوسائل) أي إنهم لم يصادقوا بعملهم على دعائهم بألسنتهم، لم يسعوا إلى تفعيل الوسائل التي تحقق دعاءهم (أهدافهم)، لذلك هو لا يستجيب لهم لأنهم لم يستجيبوا لسننه وقوانينه، ولذلك قال: (**كذبتم**) أي إنكم لم تصادقوا على قولكم بالعمل، وعليه يكون لزامًا ألّا أستجيب لكم.

﴿وَلَمۡ أَكُنۢ بِدُعَآئِكَ رَبِّ شَقِيّٗا ٤﴾ [مريم: 4]، الشقاء بالعمل وليس بترديد اللسان فقط، فالشقاء في الدعاء هو الشقاء في عدم فعل الابتغاء أو فعله بطريقة سيئة؛ لأن الدعاء هو الابتغاء (**يدعون يبتغون**)، إذا دعوت مجموعة من الناس فإنَّك

تُبين لهم مناسبة الدعوة وزمانها ومكانها، وهل فيها غداء أو فقط لقاء، وتجهز برنامجًا لدعوتك وتقوم بتجهيز دعوتك وما دعوتهم له، وكذلك دعاؤك لله يبدأ منك وينتهي بك، فيجب عليك التفكر ووضع الخطط والسعي والعمل لنجاح هذه الدعوة.

فالدعاء ليس ترديد الأماني على الله باللسان، فهذا مذموم ﴿أَمْ لِلْإِنسَٰنِ مَا تَمَنَّىٰ ﴿٢٤﴾﴾ [النجم: 24]، ﴿تِلْكَ أَمَانِيُّهُمْ﴾ [البقرة: 111]؛ أي يظنون أن الله سيُحقق أمانيهم وأحلامهم بلحظة، وفجأة، بدون عمل ولا جهاد واجتهاد (سعي جادٍّ) ولا استحقاق، رغم أنَّهم يرون أن الله لا يُجيب دعاءهم.
والسبب أنَّهم يظنون أن لهم منزلةً خاصةً عند الله تفوق عباده الآخرين، وهذا هو اتباع الهوى.
وسبب آخر، وهو أن الله يخرق قوانينه (سننه) ليُحقق لهم غايتهم.
وسبب آخر، وهو تصديقهم وقولهم بالمعجزات والكرامات وغير ذلك من الخرافات التي كذَّبها الله ونفاها في القرآن.
وسبب آخر، وهو سوء فهمهم لقوله: ﴿كَلَمْحٍ بِالْبَصَرِ ﴿٥٠﴾﴾ [القمر: 50]، ولقوله: ﴿كُن فَيَكُونُ ﴿١١٧﴾﴾ [البقرة: 117]،

و[آل عمران: 47و59]، و[الأنعام: 73]، و[النحل: 40]، و[مريم: 35]، و[يس: 82]، و[غافر: 68].
فظنُّوا أنه يفعل ويخلق ويُبيد ويُدمِّر فجأة أو من العدم وبدون نظام وقوانين، أو أنه يخرق ويخالف قوانينه وأنظمته.
عِلمًا بأنَّهم يقرؤون قوله: ﴿فَلَن تَجِدَ لِسُنَّتِ ٱللَّهِ تَبۡدِيلٗاۖ وَلَن تَجِدَ لِسُنَّتِ ٱللَّهِ تَحۡوِيلًا ٤٣﴾ [فاطر: 43]. وهو قادر ولكنه لن يفعل ذلك لا لنبي ولا لولي؛ لأنَّه يقول إن سُننه لا تتبدل ولا تتحوَّل، وإنه الحق وخلق بالحق (الحق هو اسم جامع للحقائق الكونية؛ أي القوانين التي تتحقق بها الأشياء). وقد جاع ومرض الأنبياء وتم الاعتداء عليهم وقتلهم و... ولم يغير الله سُننه وحقائقه وقوانين خلقه.
فلمح بالبصر وكن فيكون بالنسبة لعمر الكون هي كطرفة العين، الله خلق الشمس بكن فيكون، ونحن نعلم أنها تشكلت في مليارات السنين، ولا زالت تتشكل لتصير لكلمته الأخيرة (لمستقرها)، وكذلك الأرض خلقها كلمح بالبصر، ونحن نعلم أنَّها تشكَّلت خلال مليارات السنين، وكذلك كل شيء تم خلقه بحقائق وسُنن في نظرنا طويلة ولكنها كلمح بالبصر بالنسبة لعمر الكون.

وكلمة كن تعني أنه يأمر كافَّة كميات وكُليات الشيء ليتكيَّف وينشأ وينبت (يتخلَّق) في الوجود، فكل شيء هو في معركة الحياة ليكون، أو لا يكون، وانتصاره في معركته مرهون بصدقِه في جهاده (جده واجتهاده) ليستحق أن يتخلَّق من رحم الموت. وهذا تفكيك معنى حرف الكاف والنون (كن) في القرآن اللسان العربي المبين غير ذي عوج، المضبوط بنظام رياضي. فحرف الكاف (ك) أول حرف في الكلمات التالية: (كف، كل، كم، كيف)، وحرف النون أول حرف في الكلمات التالية: (نشأ، نبت، نجى).

«**الَّذِينَ يَدْعُونَ يَبْتَغُونَ إِلى رَبِّهِمُ الْوَسِيلَةَ**»، فالدعاء هو ابتغاء الوسائل التي تحقق الهدف.
وقرن الدعاء بالابتغاء فلم يضع حرف واو (و) بينهما فلم يقل (يدعون) و(يبتغون) بل قرن الدعاء بالابتغاء فجعلهما واحدًا، فقال: (**يدعون يبتغون**) فمن لا يبتغي فهو لا يدعو، ولو ردَّد وتمتم وتمنى بصوت حسن شجيٍّ ودموع غزيرة، وفي الثلث الأخير من الليل وهو ساجد في الكنيسة أو المسجد أو في الكعبة أو... ودعا أن يكون الماء باردًا فلن يبرد الماء إلا بابتغاء وتحقيق وسائل التبريد.
من يبتغي الوسائل الصحيحة فهو يدعو، ودعاؤه مستجاب حتمًا، سواء تكلم بلسانٍ عربي، أو أعجمي، أو حتى كان أبكم

لا يستطيع النطق، ومن لا يبتغي الوسائل فهو لا يدعو ولكن يتمنى ويُعلن أمانيه بصوته وهذا ليس بدعاء سواءً كان بالعربية، أو الأعجمية؛ فإن الله لم يستجب لأصحاب هذا الدعاء؛ لأنه ليس به ابتغاء، فإن الله ليس له وليٌّ من الذل، ومن ركن لباطل النفس، وعطّل الجهاد والسعي في سبيل الحق، فلن يُستجاب له، فلا نعلم على وجه الحقيقة أن الله استجاب لواحدٍ منهم، ولكن نسمع من قصص الكرامات والمعجزات التي لا دليل أو برهان عليها، إلا حالات نادرة جدًّا لا تتعدى كونها مصادفات كأي شذوذ لأي قاعدة، ولها أسبابها المادية، ولكنها خفيت عليهم.

وقال الله إن دعاء الكافرين في تباب، لأنهم كافرون بقوانينه؛ وبالتالي فدعاؤهم لا نفع ولا ثمار له.

﴿هَلۡ تُجۡزَوۡنَ إِلَّا مَا كُنتُمۡ تَعۡمَلُونَ ۝٩٠﴾ [النمل: 90]، لا يُجازينا بموجاتنا الصوتية، بل بسعينا وعملنا بابتغائنا لوسائله، فإذا ابتغينا الوسائل الصحيحة (تعلّمنا القوانين وعملنا بها)، يتحقق لنا ما نُريد.

فإذا ابتغيت الوسائل الحقَّة العلمية الحكيمة الحسنة التي تُقرِّب لك حاجتك، فسوف تتحقق. ولا تظن أن لسانك أقرب إليه من قلبك، فهو معك قبل أن تدعو وتوسوس لك نفسك برغبتك

وإرادتك، وما عليك إلَّا أن تُطيعه فتتعلّم وتعمل، فموجاتنا الصوتية لا قيمة لها.

فالقيمة والنجاة للأتقى ﴿وَسَيُجَنَّبُهَا ٱلْأَتْقَى ۝١٧﴾ [الليل: 17]، الذي يكون هو الأشدُّ اتِّقاءً للضرر، والأقرب للحق في تخطيطه وعمله؛ أي الأحسن اتباعًا وتطبيقًا للقوانين.

فإذا وقعنا في مشكلة نفسية، أو أُسرية، أو اجتماعية، أو صناعية، أو زراعية، أو بيئية، أو صحِّية، أو سياسية، أو تعليمية، أو تجارية أو... فإن دعاءنا لله هو أن نبتغي الوسائل الحكيمة العلمية الصحيحة التي تُقرِّبنا من علاج هذه المشكلة.

مثال

تعرضت سفينة لعاصفة هوجاء حطَّمت جسد السفينة، وتناثر الناس في البحر، ومنهم رجل هادئ عليه السكينة ويتلفَّت يمينًا ويسارًا، ويُفكِّر كيف ينجو، هذا الرجل سيكون أقدر على النجاة من الذين أصابهم الفزع والرعب، وسيجد لوحًا، أو عوامة، أو أي وسيلة نجاة، بينما الذي فزع وارتعب قد يموت بالصدمة قبل الغرق، وربما لو صَدَمَه لوح النجاة فسيرفسه بقدمه رُعبًا وفزعًا، هنا الله هو من أهلك وأنجى، ليس بتحريك لوح الخشب، ولكن بهدوء وسكينة الناجي، وعدم اضطرابه، استطاع أن يستفيد مما سخره الله، وأحسن التصرُّف. لذلك يمتدح النفس المطمئنة ﴿يَٰٓأَيَّتُهَا ٱلنَّفۡسُ ٱلۡمُطۡمَئِنَّةُ ٢٧ ٱرۡجِعِيٓ إِلَىٰ رَبِّكِ رَاضِيَةٗ مَّرۡضِيَّةٗ ٢٨﴾ [الفجر: 27-28].

هذا المثال من قوله: ﴿فَإِذَا رَكِبُواْ فِي ٱلۡفُلۡكِ دَعَوُاْ ٱللَّهَ مُخۡلِصِينَ لَهُ ٱلدِّينَ فَلَمَّا نَجَّىٰهُمۡ إِلَى ٱلۡبَرِّ إِذَا هُمۡ يُشۡرِكُونَ ٦٥﴾ [العنكبوت: 65]، إذا ركبوا في السفينة دعوا الله؛ أي كل واحد منهم اتبع القوانين وعمِل بصِدق كي لا يهلك هو ومجموعته، فمعنى دعوا الله أي

استدعوا القوانين التي يحتاجون إليها للنجاة، وإذا وصلوا للميناء واطمأنت أنفسهم، رجعوا لمعصية القوانين.

مخلوقات الله تحيط بنا، ولها قوانين (سنن)، فمن وثق بحسن خلق الله وآمن به وتعلَّم وعمل بقوانينه التي أنزلها لتصلح بها الأشياء فهو مؤمنٌ مُسلمٌ يدعو ربه، ومن فزع وارتعب من الوجود وساء ظنه به، وجحد هذه القوانين (السنن)، ولم يتعلمها ويعمل بها فهو يكفر بمن خلقها وسخرها.
وهذا معنى الرواية: «**فإذا أحْبَبْتُهُ، كُنْتُ سَمْعَهُ الَّذي يَسْمَعُ به، وبَصَرَهُ الَّذي يُبْصِرُ به، ويَدَهُ الَّتي يَبْطِشُ بها، ورِجْلَهُ الَّتي يَمْشِي بها**» (البخاري: 6502). فإذا اتبعت قوانين وحقائق الله فيما حولك، فستطيعك وتخضع لك الأشياء؛ لأنَّها خاضعة لهذه الحقائق التي أنزلها الله فيها ليسيطر بها، عليها، وستصلك بالحق الأعلى؛ لأنها مددٌ من عنده. فرأس الأمر أن تطلب الأشياء بسنن الحق (الله).

فإذا أردت أن تحوِّل ماء البحر الملح الأجاج لعذبٍ فراتٍ فيجب أن تبتغي الوسائل والحقائق العلمية التي تساعد في تحلية مياه البحر، وعندها فقط سيكون ماء البحر عذبًا، فحين تتعلَّم وتعمل، فأنت تستجيب وتبتغي، وعندها يتحقق ما تريد، ولو

كان السفر إلى كوكب آخر، فالبغي هو إرادة يتم تفعيلها لتكون مؤثِّرة.

البعض يظن أنَّ لفظة (الله) هي ذاته، فقالوا: إن من رددها ودعا بها فهو يعبد الله وسيسمعه ويجيبه، علمًا بأن هذا الاسم لتعريف الله وليس هو الله فعلًا، فالله سمات، ووضع لنا لفظة (الله) كرمز يوحي لنا بماهيته وأنَّه مآل ومصير كل شيء في الوجود؛ وذلك لنحث به أنفسنا ونُعبر به للآخرين عن مفهومنا عن القوى الكونية.

﴿وَقَالَ رَبُّكُمُ ٱدۡعُونِيٓ أَسۡتَجِبۡ لَكُمۡۚ إِنَّ ٱلَّذِينَ يَسۡتَكۡبِرُونَ عَنۡ عِبَادَتِي سَيَدۡخُلُونَ جَهَنَّمَ دَاخِرِينَ ٦٠﴾ [غافر: 60]، الدعاء هو العبادة؛ لأنَّ الدعاء ابتغاء الوسائل، وابتغاء الوسائل هو طاعة له، وهذا هو الجهاد في سبيل الله (وليس قتال المعتدي فقط).

وعدم الدعاء، هو عدم ابتغاء وسائل الحق، وهذا استكبار عن عبادة الحق (طاعة واتباع الحقائق) ﴿ذَٰلِكَ بِأَنَّ ٱللَّهَ هُوَ ٱلۡحَقُّ...﴾ [الحج: 6]، فإذا لم تبتغِ وسائله، فأنت تتكبر عليها، وهذا كِبرٌ على خالقها، وستبتغي وسائل الضلال، فليس بعد الحق إلا الضلال، إذا لم تملأ الحيِّز بالشيء، فسيمتلئ بضدِّه؛ أي إنك

إذا لم تبتغِ الوسائل الصحيحة فأنت بشكل تلقائي تبتغي الوسائل الخاطئة.

الله هو الحق، والحق حقائق وحقوق وسُنن وأحكام، فمن اتبعها فهو يعبد الحق ومن عطلها بتمتمات أو طقوس فهو يكفر بها وبخالقها، الله ليس الاسم، ولا الرسم، ولا الموجات الصوتية. للأسف! نحن نتعامل مع أسمائه ترديدًا، وغِناءً، وتسطيرًا، ورسمًا، ولا نتعامل معها كسِمات للمعبود، لذلك فشلنا وأصبحنا عالة على الآخرين.

بأي لغة، أو لسان، أو إشارة، أو فِكرة، صالحة يُحقِّقها الإنسان في الواقع يستطيع التواصل مع الله.

فلتحقيق عبادة الله، لا نحتاج إلى أسماء (موجات صوتية)، لكننا نحتاج إلى المسميات (السمات)؛ لأننا نحتاج إلى منطق الاسم ومعناه وسلوكه لنتقمَّصه، ثم لا يهم بعد ذلك ماذا نُسميه أو بأيِّ لغة نُناجيه؟

فلا نحتاج إلى أن نُردد (يا عليم علِّمنا) لنتعلَّم، ولكن نحتاج إلى أن نتعلم ما خلق وسخِّر لنا بالجهاد، والاجتهاد، والسعي، فنتعامل مع سُنن وقوانين وحقائق تحصيل العلم التي أنزلها الله، وعندها سنتعلَّم، ولو قلنا يا بوذا علِّمنا أو يا شيطان علِّمنا.

ولا نحتاج إلى أن نردِّد: **(يا رحيم ارحمنا)** لتنزل علينا رحمته، ولكن نحتاج إلى أن نبتغي وسائل رحمته فنستدعي سُنن وقوانين الرحمة التي أنزلها لنا، فيرحمنا، ولو قلنا يا شيفا ارحمنا.

ولا نحتاج إلى أن نُردِّد: **(يا غفَّار اغفر لنا)** أو **(استغفر الله)**، لكن نحتاج إلى أن نبتغي سُنن وقوانين مغفرته، وهي أربع: التوبة، والإيمان، والعمل الصالح، والهداية، ولقد فصَّلها في قوله: ﴿وَإِنِّي لَغَفَّارٌ لِّمَن تَابَ وَءَامَنَ وَعَمِلَ صَٰلِحًا ثُمَّ ٱهْتَدَىٰ ٨٢﴾ [طه: 82]، فلا تأتي المغفرة بترديد اللسان (استغفر الله)، بل يجب أن نفي بالشروط الأربعة التي أنزلها الله في الآية لتحقيق المغفرة، ولها معانٍ غير التي في ثقافتنا، ستجد معناها في الأجزاء القادمة.

لا نحتاج إلى أن نقول: **(الشكر لله)** ليزيد ما عندنا، لكن نحتاج إلى أن نعمل، ونبتكر ونُطوِّر، ليتحقق قوله: ﴿لَئِن شَكَرْتُمْ لَأَزِيدَنَّكُمْ﴾ [إبراهيم: 7]، فسواء عنده إن قلنا (شكرًا لله) أو قلنا (شكرًا يا يسوع أو يا بوذا)؛ وذلك لأننا نراه يزيدهم وهم يقولون ذلك؛ لأنهم اتصفوا بالشكر لله وهو العمل لله ﴿ٱعْمَلُوٓا۟

ءَالَ دَاوُۥدَ شُكۡرٗاۚ﴾ [سبأ: 13]، وليس مجرد ترديد الشكر لله باللسان، فشكرهم الله وزادهم على صِدق شكرهم له.

الإنسان بفطرته يبتغي وسائل ربه، فلذلك يستجيب لهم، لأنَّهم استجابوا له، وآمنوا به بابتغاء وسائله، فإذا دعوت الحق فسيُجيب دعاءك؛ لأنَّك ولي الحق، توليته، وواليته، وجعلته أولوياتك. أمَّا إذا ركنت لذل النفس، وكسلها، وتباطلها، وأمانيها وأحلامها، فلن يُجيب دعاءك؛ لأنَّك لم تستجب له.

النبي يوسف لم يعتكف في المسجد ويدعُ الله بلسانه ليرفع البلاء، وإنَّما ابتغى الوسائل، فخطط للتنمية، والوقاية، واتخذ إجراءات، وعمل بخططه فنجا وأنقذ مجتمعه من البلاء.

العلم والعمل هما مدار كل شيء في القرآن، وهكذا تُخطف وتسبى الشعوب، وتُسلب كرامتها، وتنتهك إنسانيتها، بسم الله والدين والنبي، وقيل وقال، وقالوا، واتفق، وتواتر، وثبت، وصحَّ و... فيتم تعطيل العلم والعمل، وتفعيل الأماني والأحلام و... فيفشل الإنسان ويكون مُستعبدًا إمَّا لهواه، أو للآباء والأولين، أو لكهنوت عصره، أو لجهله وباطله.

فصل (11)

معضلة الشر والخير

البعض

يتساءل: بما أن الإله رحيم، فلماذا هنالك شر في الوجود؟
وهل هو الذي خلق الشر؟
ويظن البعض أن هذا سؤال سيئ ولا وجه له، ويؤدِّي للكفر أو الإلحاد، بينما في الحقيقة هو سؤال مشروع، بل هو رائع، ومفتاح لبلوغ وعي أوسع عن الخالق وعن إرادته وعن خلقه وطبيعته.

لا يسأل هذه الأسئلة العتيقة العميقة إلَّا المفكرون المبدعون.
هذ التساؤل والجدل، ظهر منذ اتسع وعينا وبلغنا المستوى العاقل (آدم).
ولعل الجواب يكمن في تعريف الشر أولًا!
الشر: كل ما يضر بصلاح حال الشيء نسميه شرًّا.
فالمرض شر والفقر شر والحرب والضعف والجهل و... شر.
لكن الكون قوي غني فسيح قائمٌ بمعلومات وقوانين و...
فمن أين يأتي المرض والفقر والحروب...؟

كل كائن لديه الإمكانيات التي يحتاج إليها ليكون. بل فوق ذلك، وفي مُحيط كل كائن تتوفَّر العناصر اللازمة له ليكون غنيًّا وواعيًا وقادرًا و... وما عليه إلَّا أن يجتهد ليرتقي في خلقه وطبيعته.
لكن الكائنات تتفاوت بسعيها، فمنها من يستميت في سبيل ترقِّيه وتطوِّره، ويقوم بتجارب كبيرة وكثيرة ليزداد خبرةً بنفسه وبمحيطه، ومنها من يكتفي بما لديه، ويعتمد على علاج أي طارئ في حينه، فلا يعتد ولا يحتاط لشيء.

الإنسان العاقل لا يكتفي بما لديه أبدًا، بل يستمر في الاجتهاد ليرتقي أكثر ولو في أبسط الأشياء، وذلك يجعله يتعرَّض

لتجارب متنوِّعة قد يتلف بسببها، ولكنه يغامر بسبب سعة وعيه بقيمة نوعه وضرورة زيادة المكتسبات، كما قلنا في باب الفجور والتقوى؛ ولذلك يقع في كثير من التحديات والمواجهات التي ينتج عنها أنواع من الشرور بعضها قد يؤدِّي لهلاكه، سواء كفرد أو كمجموعة.

إذا تجاهل الكائن ولم يسعَ ليتعلَّم يكون قد خلق الشر لنفسه فيقع في الجهل. وكذلك إذا لم يجتهد في صحته يكون قد خلق الشر لنفسه فيقع في المرض، وكذلك الأمر في كل شيء، فالشر هو من عمل الشيء، سواء كان إنسانًا أو أي كائن آخر.
الوجود معركة بين العلم والجهل والصحة والمرض والسلام والحرب والضعف والقوَّة و... وعلى الكائن أن يستحق الارتقاء والتطوُّر ليُثبت أنه صالح لقيادة معركته والنجاة وتحقيق مصالحه، وإذا لم يفعل ذلك فهناك كائن آخر سيمتص طاقته (يتغذَّى عليه) ليستفيد منها لأنه استحق ذلك بالقوانين التي تحكم الخلق، والتي تقول إن البقاء للصالح، فغير الصالح (الذي له سلوك لا يكون نافعًا في المحيط) سيتم إهلاكه بأي طريقة وبناء كائن آخر من مادته (تدوير مادة الكون)، يكون صالحًا للبقاء والنماء.

الشر يقع على الإنسان، وهو يرى أنه لا يستحق ذلك.

أو يرى يقع الشر على آخرين من حوله، ويرى أنهم لا يستحقون ذلك. أو يرى سلوكيات قاسية في الطبيعة، كمشاهد الافتراس أو غيرها، ويتعجب لماذا خلق الله الطبيعة بهذه القسوة! أو تحدث كوارث طبيعية كزلازل أو براكين أو فيضانات أو... تُهلك الإنسان والحيوان.

فتساءل الإنسان منذُ القِدم عن رحمة الخالق، أين هي؟!

وبدأت الشكوك تتسلل لوعيه عن الخالق وعن حقيقته ودوره في الوجود.

فهو قد أسبغ على الخالق السِّمات (الصفات) العظيمة وجعله رمزًا لكمالها (الحليم الكريم اللطيف الودود الرحيم العفو الغفور السلام المؤمن...) هذه الأسماء لم تظهر جميعها في وقت واحد وبهذا المستوى، بل في البدايات انتخب الإنسان للخالق أسماء تدل على القوة والقُدرة والعزَّة والسيطرة و... ولكن بعد أن اتسع وعينا وعِلمنا به (تعلَّمناه أكثر)، بحثنا فوجدنا أجوبةً لهذه الأسئلة والجدليات المعقَّدة، كمُعضلة الخير والشر، عند ذلك وعينا أن جزءًا كبيرًا مما نشاهده حولنا من أحداث أو مما يقع علينا، ونظن أنه شر، هو في الحقيقة خير ضروري لنا وللوجود، عند ذلك أسبغنا عليه الأسماء التي تجمع السِّمات الرقيقة السامية.

فكل ما يحدث، سواء علينا أو من حولنا أو في الفلك من تصادم بين النجوم والمجرات أو تكاتف حيوانات ضارية لصيد حيوان أليف، أو مرض يصيب الطفل أو... هو ضرورة ولها أسبابها الكونية التي لا ينسجم ولا يتطوَّر الوجود إلَّا بها.

فالمجرات تتصادم لتتطور، وهو صراع بينها كالصراع الذي نراه بين الطيور، أو الحيوانات، أو الحشرات، أو الإنسان. فبهذه الطريقة تتطوَّر الأنواع وتترقَّى طبائعها، هذا ما يقوله الواقع والعلم.

كعادة القرآن يستعرض فلسفات وجدليات (أفكار) الإنسان القديمة والمستقبلية، ويضع لها أجوبة عقلية منطقية من قراءات واقعية يلفت نظر الإنسان لها ليستوعب أن الفكرة منطق (ظاهرة) كوني، ويجب عليه أن ينسجم معه كغيره من الكائنات.

فالقرآن يُجيب عن هذا التساؤل بأن هذا هو نظام الخلق في الكون، فالوجود هو معركة وصراع بين الأشياء، وعلى كل كائن أن يُثبت أنه صالح ويستحق البقاء والنماء أكثر من غيره، وأن نفسه هي نفس مثالية (أن سلوكه صالح ونافع وأن له دورًا حسنًا في المحيط)، وأنه يستحق الهبات التي وهبها له وأنه يستحق الحياة بجدارة.

ويخبرنا أن كل صراع (تنافس) هو ناتج عن صراع أوَّلي بين الموت والحياة. فالحياة والموت من أقدم الزوجيات في الوجود، ذكرهما فورًا بعد تباركه ومُلكه وقدرته: ﴿تَبَٰرَكَ ٱلَّذِى بِيَدِهِ ٱلۡمُلۡكُ وَهُوَ عَلَىٰ كُلِّ شَىۡءٍ قَدِيرٌ ۝١ ٱلَّذِى خَلَقَ ٱلۡمَوۡتَ وَٱلۡحَيَوٰةَ لِيَبۡلُوَكُمۡ أَيُّكُمۡ أَحۡسَنُ عَمَلًاۚ ...﴾ [الملك: 1-2].

ولا يكون مُلك وقدرة إلا على شيء، ولا يوجد شيء إلا وله زوج، فكان الملك والقدرة على الخلق والأمر (المادة واللا مادة).

ففي الآية يقول لنا الرسول إن تبارك الخالق هو السبب في تخليق الموت والحياة كأول زوجية يبدأ تنظيم الكون بها، فبناء الكون قائم على أن الكائن يكون ميتًا أولًا ثم يتم إحياؤه. فالوجود في الأصل كان ميتًا فتم إحياؤه بتبارك وملك وقُدرة قوى عُظمى لها إرادة فاعلة، وأن تنوُّع الخلق وتطوُّره قائم على مبدأ الموت والحياة، فلا خلود لنموذج من الأحياء، بل جميع الكائنات تحيا من الموت وتعود له ثم تحيا منه وتعود له، وتتكرر العملية حتى بلوغ الغاية الكونية، (تجد غائية الكون في كتابي "غائية الكون مصفوفة الروح والملائكة").

فالحياة تخلَّقت من رحم الموت، فهناك معركة بين الموت والحياة ولها قوانينها، وعمليَّة تخلُّقها نموذج لكل عمليات الخلق

الأُخرى التي تحدث في أنواع من الأحياء من حولنا وفي الكون، فهناك تنافس قوي، ليتمكن الشيء من تجميع أجزائه وعناصره في رحم تتوفَّر فيه الإمدادات اللازمة ليتكوَّن الشيء ويظهر في مُحيط توفَّرت فيه ضروريات البقاء والنماء.

ومن هذا الصراع يتَّسع وعي الكائن ويتعلَّم ليرتقي ويتجاوز العقبات والنكبات، تمامًا كما يفعل الإنسان الذي تعلم الصحة من وقوعه في الأمراض، وتطوَّر بسبب وقوعه في المرض، فأصبح يقوم بدراسة مصادر المرض ويضع الخطط كي لا يتعرَّض له، فيتعلَّم كيف يحافظ على صِحَّته كي لا يتعرَّض للمرض، فلولا مرضه لما طوَّر أساليبه في الغذاء والرياضة والعلاج الفيزيائي والدواء والأعضاء الصناعية واللقاحات و...

وتعلَّم أن يدرس أسباب الفقر ويتَّخذ الإجراءات كي لا يقع في الفقر، ويدرس أسباب الحرب ويتخذ الإجراءات كي لا يقع في الحرب.

فالقرآن يجيب عن هذا التساؤل (معضلة الخير والشر) بأجوبة متنوِّعة، منها: أن هذا نظام الخلق في الكون، فالواهب يهب الكائن أُسس الحيويَّة، لتحقيق احتياجاته وأكثر من ذلك، وعلى الكائن أن يحقق مكتسباته ويرتقي ويتطوَّر بالجهاد والسعي ليستحق ما لديه وما يريد أن يُحقِّقه، ولا يكتفي بما لديه فقط،

303

بل عليه أن يدرس الأخطار ومصادرها ويضع خططه ليتفاداها.

ومن أجوبة القرآن الفلسفية (الحكيمة) قوله: ﴿خَلَقَ ٱلْمَوْتَ وَٱلْحَيَوٰةَ﴾ [الملك: 2]، يُخبرنا أنَّه تم تجلِّي وظهور (خلق) الموت قبل الحياة، فالحياة خرجت من رحم الموت؛ أي أنَّها كسرت واخترقت حاجز الموت وتجاوزته لتظهر وتتجلَّى للوجود، فالموت هو الأول ظهورًا في الوجود، ومنه تخلَّقت الحيوية والحياة.
فعلى الكائن أن يُفعِّل ما وهبه الوهاب، ويسعى ليخترق حاجز الموت ويصنع حيويته الخاصة به التي يُعبِّر بها عن وجوده وقيمته ودوره وأنه قادر على تحقيق الانسجام بين أجزائه (مع نفسه) ومحيطه، فالحياة ليست مملوكة للكائن، بل هي أنواع من الهبات التي وُهِبت له ويجب على الكائن أن يُثبت أنه يستحقها كي لا يتم نزعها منه، وأن يُفعِّلها لينتزع حقه بالحياة، فلا شيء يملك الحق بالحياة مُسبقًا، بل يجب أن ينتزعها بجدارة.
﴿ٱلَّذِى خَلَقَ ٱلسَّمَٰوَٰتِ وَٱلْأَرْضَ فِى سِتَّةِ أَيَّامٍ ثُمَّ ٱسْتَوَىٰ عَلَى ٱلْعَرْشِ﴾ [الأعراف: 54].

يكشف لنا في هذه الآية أن الوجود بدأت طبيعته (خلقه) بانتشار غير مُكتمل النظام (فوضى خلاقة)، وتقريبًا كل شيء ينطلق من هذا المبدأ.

الأيام الستة في الآيات هي أحداث مفصلية تتبدل بعدها الأشياء وتتغير أحوالها عن حالتها السابقة، فاليوم في القرآن لا يعني ليلًا ونهارًا، أو أربعًا وعشرين ساعة، فلم يظهر بعدُ منطق الليل والنهار الذي نعرفه، فهو يتكلَّم عن بدايات الخلق.

فكلمة اليوم في القرآن تدل على حدث واحد مُكتمل ومهم، وله تأثير شديد يُغير ما بعده عمَّا قبله.

كما نقول: (يوم المباراة)، والمباراة مدتها ساعتان أو أقل، ولكننا نقول: (يوم المباراة) للإشارة لحدث مهم في ذاكرتنا نحدد به موعدًا أو شيئًا ما، أو نقول: (يوم ذي قار) وهو معركة استمرَّت لأيام، بل لأسابيع، ولكنه حدث مهم في ذاكرتنا وغير ما بعده عمَّا قبله، أو يوم (داحس والغبراء) معركة استمرت أربعين سنة.

ففي الآية يخبرنا أن بداية خلق الوجود (السماوات والأرض)، بدأ بفوضى خلَّاقة في ستة أحداث شديدة مكتملة، أثَّر وغيَّر كل واحدٍ منها في الوجود وفصل بين ما قبله وما بعده.

ثم استوى على عرشه؛ أي استقرَّت المادة والقوانين في السماوات والأرض.

العرش هو القوانين والأنظمة والمادة المتعارف والمتفق عليها للمجتمع أو الدولة.
فعرش الملك هو القوانين والأنظمة والمباني والموظفين التي تم التوافق عليها لتسيير شؤون الدولة، وليس عرش الملك هو الكرسي أو السرير الذي يجلس عليه.
بل إن عرشه هو أنظمة وقوانين تُديرها أجهزة (وزارات ومؤسسات و...)، تم وضعها وتنظيمها وإقرارها ليستوي ويستقر عليها النظام الاجتماعي.
والاستواء هو استقرار وانسجام مع التوجيهات، فسَّره في القرآن في آيات أخرى، مثل قوله: ﴿خَلَقَ ٱلۡأَزۡوَٰجَ كُلَّهَا وَجَعَلَ لَكُم مِّنَ ٱلۡفُلۡكِ وَٱلۡأَنۡعَٰمِ مَا تَرۡكَبُونَ ١٢ لِتَسۡتَوُۥاْ عَلَىٰ ظُهُورِهِۦ ثُمَّ تَذۡكُرُواْ نِعۡمَةَ رَبِّكُمۡ إِذَا ٱسۡتَوَيۡتُمۡ عَلَيۡهِ ...﴾ [الزخرف: 12-13]، ونعلم أننا نستوي على ظهور الأنعام، بعد أن نقوم بسياستها وقوننتها وتنظيمه، لتكون مُنسجمةً مع توجيهاتنا لها، وقادرةً على تنفيذ أمرنا وطاعتنا.

الله يُخبرنا أن الوجود قد تَخَلَّق خلال ستة مراحل فاصلة، ستة أيام، وهي أحداث عظيمة غيرت الوجود، ومن بعدها انتظمت قوانين الكون. فالوجود بدأ بنظرية الفوضى الخلَّاقة (تقريبًا)، فخرج من الانتشار غير المُنظَّم ابتداءً، وكذلك كل

شيء في الوجود، يبدأ عشوائيًّا ثم ينتظم بعد ذلك، وتنظيمه قد يكون من داخله أو من خارجه (أن يقوم المحيط بتنظيم الكائن).

﴿وَجَعَلَ ٱلظُّلُمَٰتِ وَٱلنُّورَ﴾ [الأنعام: 1].

فهو يُخبرنا أن الظلمات (المادة المظلمة) ظهرت وتجلّت (تخلّقت) في الوجود قبل النور؛ أي إن النور (المادة المضيئة) خرج من رحم الظلمات، فكل ما لدينا من علوم هي مُتولدة من الظلمات (المادة المظلمة) التي لا نكاد نعلم عنها شيئًا.

﴿أَتَجْعَلُ فِيهَا مَن يُفْسِدُ فِيهَا وَيَسْفِكُ ٱلدِّمَآءَ﴾ [البقرة: 30].

ويخبرنا أنه حتى أرقى الأحياء (الإنسان العاقل) جاء من شريعة الغابة (الفوضى) إلى الأنسنة والتنظيم والقوننة، كان الإنسان مُفسدًا في الأرض سافكًا للدماء، ومن فساده تعلّم الإصلاح.

﴿وَنَبْلُوكُم بِٱلشَّرِّ وَٱلْخَيْرِ﴾ [الأنبياء: 35].

يقول لنا في الآية عن منطق مهم للوجود، يخبرنا به كي لا نأسى ونحزن من العقبات والصعوبات والتحديات، بل كي نتعلّم ونعمل بناءً على هذا المنطق، ونحتاط له مع كل شيء.
فهو يخبرنا أن القوانين والنُّظم الكونية تقوم على ابتلاء (فتن وامتحان) الكائن، لِيُثبت جدارته وقدرته ومستواه الحيوي الذي يريد أن يعبِّر به عن قيمته ودوره في الوجود، وأنه مجاهد

مجتهد جاد ويستحق الظهور والتجلِّي والبقاء والنماء، (الخطاب الجماعي في القرآن يعني أن المتكلِّم مجموعة من الملكات الكونية (القوانين)، والخطاب الفردي يدل على أن المتكلِّم هو ملاك يعمل تحته منظومة من الملائكة (قانون علوي تحته عدة قوانين).

قدَّم الشر قبل الخير؛ لأن الشر موجود أولًا، ثم ظهر منه الخير. ففي البداية، منذ ذلك الجزء الأوَّل البدائي، لم تكن قوانينه وأنظمته بهذه السَّعة، علمًا بأن كل ذلك كان داخله ومن حوله، إلَّا أن وعيه بنفسه وبالوجود كان ضئيلًا، وتطوَّر واتسع وعيه بسبب تجارب راكمت لديه خبرات، تجاوز بها العقبات، فتطوَّر وتنوَّع وارتقى لما نرى من الكون العجيب.

فهو عندما يقول ان ابتلاءنا يكون بالشر قبل الخير، يريد منَّا أن نفهم نظام الكون ونظام خلقنا، وأن العقبات والمعوقات تكون في البدايات، وأننا بالصبر وبالمعاناة سنتجاوز التحديات ونتغلَّب عليه بسبب الخبرات التي ستتولد لدينا، فيجب أن ندرس كل خطأ، وكل صعوبة ونتعلَّم منها ما يحقق اليسر والسعادة لنا وللأجيال القادمة، ولا ننزعج من المأساة لأنها وسيلتنا للنجاة.

فهذا هو نظام الوجود، ظهرت فيه الحياة من الموت، وخرج فيه النور من الظلمات، والخير من الشر، و... فالموت قبل الحياة، والشر قبل الخير، والعشوائية قبل النظام، والجهل قبل

العلم، والفساد قبل الإصلاح، والظلمات قبل النور، والليل قبل النهار، والضلال قبل الهُدى.

الفوضى الخلَّاقة ظاهرة على واقعنا، ونجدها في كل عرش (نظام أو قانون أو برتوكول) يبتكره البشر، ولهذا أمثلة كثيرة من حياتنا وتجاربنا.

فمثلًا، أنظمة السير والمركبات (قوانين المرور) لم تظهر مع أول مركبة، أو مع أول حادث، بل عِشنا في فوضى خلاقة من الأحداث والحوادث العشوائية للمركبات، حتى بدأت تتشكل القوانين وتتنظم وتتطور، وما زالت قوانين وأنظمة السير والمركبات (المواصلات) ترتقي وتتطور مع كل مستجدات التقنية وتجارب البشر معها، فأنظمة سير المركبات تولَّدت وتخلَّقت من رحم فوضى خلَّاقة عاشتها المركبات.

كذلك قوانين وأنظمة الصناعة لم تظهر مع أول مصنع تم بناؤه، ولا مع أول حادث صناعي أو كارثة صناعية، بل عشنا في فوضى صناعية، تخلَّقت منها القوانين والأنظمة؛ فأنظمة الصناعة تولَّدت وتخلَّقت من رحم الفوضى الصناعية.

وعلى ذات المنوال، تطورت ونشأت قوانين وأنظمة الطيران، والطب، والزراعة، والاجتماع، والعمران، والبيئة، وحقوق الإنسان، والديمقراطية، والتداول النقدي، والتسويق، و...

فإذا نظرنا إلى الحياة، فسنجد أنها بدأت أيضًا بذات النمط؛ إذ تولدت وتخلَّقت من رحم الموت، بعد أن سبقتها محاولات كثيره للحياة. والعلم يُثبت أن كل محاولة حياة لأي كائن تسبقها محاولات كثيرة وكبيرة لتحقيق الحياة، فكل نوع نشأ كان هو الذي نجا من وسط مجموعة كبيرة من أقرانه، وقد تم انتخابه بعد أن عاش صراعات وتجاوز تحديات حتى كان الأحق والأجدر والأقدر على الاستمرار، وهذا ما أعطى الحياة معناها. لذلك فإنه في القرآن يُقدِّس كل الأحياء (كل الأنفس).

واقعنا يؤكِّد لنا أن أنظمة كل شيء تتولَّد وتتخلَّق بعد أن تمرَّ بفوضى خلَّاقة، فوجود وخلق العشوائية سبق وجود وخلق التنظيم، وهذا هو تعليل نشوء الخير من الشر، إذ إنه لولا وجود الشر الذي يصيب الإنسان والموجودات بالضرر بسبب عشوائيته وفوضاه، لما فهم الإنسان قيمة الخير، وسعى إليه، وأرسى النظم والقوانين.

فصل (12)

الروح

الرُّوحُ

من رَوَحَ يَرْوَحُ، وراح يرُوحُ، وأراح يُريح، ومَرَاح ومُراح ومريح، ومستريح، واستراح، واستراحة، وراحة، وارتياح، ورواح، وريحان.

الروح هي كل معلومة تُدخل الراحة على النفس، والنفس هي السلوك (الحركة) الذي يتميز به الشيء، فالروح هي أحد بواعث هذه الحركة (أحد الأوامر التي تشكل النفس)،

الروح هي فاعل كوني سامٍ، وهو اسم يجمع كل العلوم، والمفاهيم، والأنظمة، والقوانين، والمعارف، التي تحقق الراحة في الوجود، وهي ما تسعى له كل الكائنات دون استثناء.

تركيبتنا الرئيسية هي كالتالي: الجسد وعاء النفس، والنفس وعاء الروح، والروح وعاء للمعلومات المريحة.

المعلومات متنوعة، فربما تكون شعورًا، أو خيالًا، أو إرادةً، أو قانونًا، أو... جزء كبير من هذه المصادر غايته تحقيق الراحة لنا، وهذا الجزء هو مدد من نظام كوني رئيسي، وهو الروح.

فالروح هي معلومات تُحقِق الراحة للكائنات.

فكل معلومة تُدخل راحةً علينا فهي من الروح (روح ربنا أو روح الله)، فالروح هو الدافع والمؤثِر الرئيسي والأوَّلي الذي يجعلنا نسعى لتحقيق الراحة لنا وللآخر.

﴿وَيَسْـَٔلُونَكَ عَنِ ٱلرُّوحِۖ قُلِ ٱلرُّوحُ مِنۡ أَمۡرِ رَبِّي وَمَآ أُوتِيتُم مِّنَ ٱلۡعِلۡمِ إِلَّا قَلِيلٗا ٨٥﴾ [الإسراء: 85].

﴿أَلَا لَهُ ٱلۡخَلۡقُ وَٱلۡأَمۡرُۗ﴾ [الأعراف: 54].

الآية الأُولى تدل على أن البحث والتفكُّر في ماهية الروح كان أحد الجدليات والفلسفات القديمة، وكان منتشرًا في مكة باعتبارها مركزًا ثقافيًّا وتجاريًّا وعرقيًّا للجزيرة العربية.
وتقول الآية إن مجتمع النبي اغتنم وجود مُفكر عظيم (محمد) بلغ منزلة الرسول، فسألوه عن الروح، ليتأكَّدوا من مدى سَعة وعيه وقُدرته على التلقِّي من مصادر الحق والحكمة والعلم (الله) في الوجود.
فجاء الجواب: «**قُلْ الرُّوحُ مِنْ أَمْرِ رَبِّي**»، و(من) للتبعيض؛ أي إن الروح جُزء (بعض) من أمر ربي؛ أي من عالم الأَمر، فعالم الأمر كبير وعظيم كعالم الخلق، بل هو أعظم وأكبر.
فالروح من الأمر؛ أي إن الروح جُزء من عالم الأمر، وليس كل عالم الأمر هو روح، ففي الوجود أوامر غير مُريحة، وقد تكون أيضًا أكثر من الروح.
فالروح ليست من عالم الخلق (المادة).
البعض وصف الروح بأنها كائن هيولي أو طيفي أو... وهذا كلام غير دقيق، والبعض يخلط بينها وبين النفس.

في عالم الأمر تعاليم ومعارف كبيرة وكثيرة ومتنوعة، والروح أحد أنواعها، وحدد بأنَّها من (أمر ربي)؛ أي من الأوامر التي تُحقِّق البقاء والنماء المريح للكائنات.
وكعادة القرآن فهو يفسِّر ويُفصِّل بعضه بعضًا.

ففي الآية الثانية قسم الوجود لقسمين، وهما:

- عالم (الأمر).

- وعالم (الخلق).

وهذا يتفق مع قول العلم الحديث بأنَّ الوجود ينقسم لقسمين: (مادة ولا مادة)، ولا يوجد قسم ثالث.

ولكن المُسمَّيات تختلف، ففي القرآن يقول: (الخلق والأمر)، وفي لغتنا المعاصرة نقول: (المادة واللا مادة)،

الخلق: كلمة تدل على خِلقة الشيء (تصميمه وهيئته "صورته").

الأمر: تدل على الأوامر التي في الشيء التي توجهه وتُسيطر عليه، وتُحدِّد صورته وسلوكه وعمره و...

فالخلق = المادة.

والأمر = اللا مادة.

فالقرآن قسم الوجود لمادة ولا مادة، وقدَّم المادة (الخلق) على القوانين (الأمر)؛ أي إنَّه قدَّم ظهور المادة على ظهور اللا مادة؛ مما يعني أن المادة تتخلَّق أولًا، ثم يظهر فيها الأمر.

الكون قائم على قوانين وأنظمة، ولكن الرسول في الآية يقول لنا إن المادة في أوَّل تخلُّقها تكون بدائية بكل ما فيها (القوانين والأنظمة والمهارات والقُدرات والتنوُّع المادي لها و...).

316

النفس فيها برامج كثيرة، جُزء من هذه البرامج هو مصدر لتحقيق الراحة، وجُزء هو مصدر للتعب والإرهاق وربما للتلف والهلاك.

الروح الذي نفخه فينا ربنا، هو معلومات تمت إضافتها (نفخها) لنا في مراحل طويلة وقرون (أجيال) متعاقبة، هذه المعلومات اكتسبناها بالاستحقاق، فهي لم تتوفَّر لنا بشكل عشوائي، بل نلناها بكفاح وجهاد مستمر من أجيال طويلة متعاقبة أصرَّت على مستوًى مُعيَّن من الحيوية، فتراكم لديها خبرات استفادت (بدأت مرحلة تشكُّل الفؤاد لدينا، وهي مهارة استنباط معلومات جديدة من عمليات الربط المعلوماتي التي نُجريها في وعينا) منها معلومات، فاتسع وعينا بسبُل ووسائل تحقيق راحة أكثر لنا في كل مناهج حياتنا، كالطعام والشراب واللباس والسكن والأُسرة والمجتمع والزراعة والصناعة و...

الروح اسم يدل على أي شيء لا مادي يُنْتِج ويُصْدِر الراحة للكائن، فكل أمر (شيء ما ورائي "ميتافيزك" كالشعور، أو الفكرة، أو القانون، أو الخيال أو...) يُحقق راحةً للكائن هو مدد من الروح الذي في الكون، وكل كائن يتلقَّى من مدد الروح بحسب استحقاقه؛ أي بحسب صِدقه في سعيه وجهاده لنفسه

ومطالبته لها بالتلقي والصبر في سبيل ذلك، وعليه أن يُحقِّق ذلك بسلوكه في واقعه.
وكلّما زاد مستوى الروح في الكائن زادت وارتقت سبله في الحياة، وبالتالي زادت راحته في الوجود، فلذلك يقول: ﴿فَرَوۡحٞ وَرَيۡحَانٞ وَجَنَّتُ نَعِيمٖ ٨٩﴾ [الواقعة: 89]، ريحان ضد تعبان.

فالروح التي فينا هي نفخة من ربنا (إضافةٌ من ربنا "منطق الرُّبو الذي اتسع في وعينا")، وتذكُّرنا لهذه الروح واستحضارها وتصدِيرها (تقديمها) دائمًا في وعينا لنتفاعل مع كل شيء انطلاقًا منها (نجعلها قاعدة تنطلق منها أفكارنا ومشاعرنا)، هو ذكر الله (تذكُّرنا للقوانين الكونية التي يصلح بها الوجود)، الذي إذا أعرضنا عنه (عن تطبيق القوانين التي يؤول لها الوجود ليصلح)، نعيش معيشة ضنكا، فهذا معنى قوله: ﴿وَمَنۡ أَعۡرَضَ عَن ذِكۡرِي فَإِنَّ لَهُۥ مَعِيشَةٗ ضَنكٗا﴾ [طه: 124]؛ أي إننا إذا أعرضنا عن تذكّر سِماته التي نفخها فينا (الحق العلم الرحمة الإحسان اللطف... الله هو الحق العليم الرحيم المحسن اللطيف...)
فسنفقد الراحة في الحياة؛ لأنَّنا أعرضنا عن روحنا (برامج راحتنا)؛ أي المشاعر والمعاني والمفاهيم والمعلومات

والأحاسيس والقوانين، والأنظمة والمعارف و... المُريحة، فهذا هو الروح الذي نفخه فينا.

نفخ فينا من روحه، يشير لمفاهيم سامية، كالسلام، والأمن، والحكمة، والرحمة، والإحسان، والبر، والإبداع، والحلم والكرم واللطف والقوَّة والعزة و... وهي سمات الخالق التي إذا فعَّلناها في أنفسنا وطبقناها بسلوكنا نكون روحانيين؛ أي ناشرين (نافخين) للروح في الوجود. وهذه سِمات (صفات) النوع الذي سيخلد ويستمر، بينما يخبرنا أن النوع الذي سيفقد هذه السمات بسبب تسلط طبيعته القديمة التي تُحاول إعادته (ارتداده) للطرق القديمة التي تدفعه لتعظيم نفسه وممتلكاته على حساب الآخر، وهي ما يسميه (اتباع الهوى)، وهي عملية هُوِي (سقوط) ومنزلق يقع فيه الإنسان، بأن يسيطر عليه رغبات آنية قصيرة الأجل، ويغفل عن قيمته ورحلته الكونية التي ستستمر لأزمان غير محدودة، والتي ستتحدَّد منعطفاتها وصعوباتها بناءً على خطواته الأولى، التي بدأها بولادته في هذه التجربة في دورته الأولى (الدار الدنيا)، فكل نفس ستبدأ دورتها الثانية (الدار الآخرة) من آخر مستوى بلغته في دورتها الأُولى (الدار الدنيا).

العلم الحديث أثبت أن أنواعًا من الإنسانيات انقرضت، وسبب انقراضها هو إصرارها على طرقها القديمة التي تجاوزها الإنسان الآخر.

الروح الذي فينا يُمكننا من نفخ الروح في الآخر بمستوًى عال جدًّا؛ أي إننا أصبحنا قادرين على أن نكون ربانيين، نُربّي ونُربِي الآخر بالمهارات التي لدينا، لذلك يأمرنا أن نكون ربانيين.

في كل كائن روح، ولكن روح الإنسان من ربه ﴿إِذۡ قَالَ رَبُّكَ... وَنَفَخۡتُ فِيهِ مِن رُّوحِي﴾ [ص: 71-72]، فالإنسان أكثر المخلوقات قُدرةً على النفخ من روحه في الوجود.
فهو قادر على ابتكار المعاني المُريحة، ونشرها في مُحيطه، كما ينشر السعادة بكلمات أو حركات بين الآخرين.
فهو ينفخ من روحه في المادة فيبتكر صناعات تزيده راحةً في حياته، فالإنسان نفخ من روحه فيما حوله، فظهرت الاختراعات والاكتشافات كالسيارة، والطائرة، والجوال، و...

بينما بقيَّة الخلق روحها من مَلَك، الروح، أو الروح الأمين، أو الروح القدس، أو من الخليفة (الإنسان)، أو...

روح الإنسان فوق الروح التي عند المخلوقات الأخرى، فكل مخلوق فيه قدرٌ من الروح يتناسب مع قيمته ودوره في الوجود الذي حدده لنفسه بحسب سعيه وجهده.
النفس تموت بينما الروح لا تموت، بل إن الروح تنمو وتتسع وتزداد و... (هذا له معنًى فلسفي في القرآن سيتم إفراد كتاب خاص به).
الروح لا تموت؛ لأنها أوامر وقوانين وعلوم ومفاهيم، وهي تزداد بالتراكم والتقادم.

بينما النفس هي التي يتوفاها الله وتموت ﴿كُلُّ نَفْسٍ ذَآئِقَةُ ٱلْمَوْتِۗ﴾ [آل عمران: 185]، فالأنفس يتوفاها الله ﴿ٱللَّهُ يَتَوَفَّى ٱلْأَنفُسَ﴾ [الزمر: 42]، ولم يقل (يتوفى الأرواح) أو (يتوفى الروح).

ونفخ الروح هو تطوير سريع للنفس، فالروح هو سرٌّ تطورنا ورقينا، وبه نتطور ونترقى إلى الخلود.
مادة الكتاب الحبر والورق، وروح الكتاب هي المعاني المريحة التي يحملها.
الروح هي مجموعة سِمات وصفات حسنة تجلب لنا الراحة وتطالبنا بتخليدها في جيناتنا وسلوكياتنا وستخلد شئنا أم أبينا، سواء بنا أو بغيرنا، وسيرث الأرض من آمن وصدق بها،

وجاهد في سبيل الله الحق، وسعى لتثبيت هذه الروح كصفةٍ ثابتة، وتواصى بها جيلًا بعد جيل، وأصرَّ عليها، واجتهد ليمتلكها كمُورِّثةٍ تتعاظم وتتوالد بها سلالاته، لتكون سلوكًا فطريًّا، لأنَّهم رأوا حسن أثر هذه المفاهيم الروحانية على اجتماعهم وتعايشهم، فتواصوا بها، وأوصوا بها الأجيال ونبَّهوهم عليها وظهر دُعاة، وحكماء، وأفراد، ومجموعات ذكَّرت بها، وقاتلت عليها؛ لتكون سلوكًا لأفراد المجتمع وشرائحه، حتى استقرَّت ورسخت وأصبح الخروج عنها شذوذًا كالشذوذ عن المبادئ.

لذلك بنى الإنسان المدارس والمعاهد ودور التعليم والجامعات و... لترسيخ المفاهيم الروحانية في سلالاته.

﴿يُنَزِّلُ ٱلۡمَلَٰٓئِكَةَ بِٱلرُّوحِ مِنۡ أَمۡرِهِۦ عَلَىٰ مَن يَشَآءُ مِنۡ عِبَادِهِۦٓ﴾

[النحل: 2]؛ أي ينزل المعلومات التي تكون سببًا للسكينة والطمأنينة، على الإنسان الذي يشاء؛ أي الإنسان، الذي يجاهد ويسعى بصدق فيُفعِّل الأشياء ليستفيد معلومات تُحقق له راحةً أكثر في تعايشه.

تنزيله للروح كتنزيله للأنعام ﴿وَأَنزَلَ لَكُم مِّنَ ٱلۡأَنۡعَٰمِ ثَمَٰنِيَةَ﴾

[الزمر: 6]، فالتنزيل هو التهيئة، والتحويل، والتأليف، والمطابقة، والتركيب، كإنزال برنامج على جهاز الكمبيوتر،

وتحويله من خوارزميات، إلى برنامج فاعل يؤدي مهامَّ متنوعة.
وليس بالضرورة أن يكون التنزيل حركة فيزيائية من الأعلى إلى الأسفل، فلربما نقوم بتنزيل أشياء من مركبة في الدور الأول، لمكتب في الدور العاشر، أو نقول: نزلنا في الجبل الفلاني، ونحن قادمون من مكان مُنخفض.

الرُّوح برنامج تمت إضافته لنا، لتفعيل وتنشيط المعاني المُريحة فينا، لنربي أنفسنا وأبناءنا عليها.

فالإنسان الذي يُطيع ويتبع صفات الله (يعبد الله)، سينفخ من روحه كما فعل ربه، ويرفع قيمة الأشياء كما فعل به ربُّه، فكل مخلوق فيه روح، وكلَّما قلَّت الخيارات، والحرية، والإرادات لدى الكائن علمنا أن مستوى الروح لديه بدائي، فالروح مستويات ككل شيء في الوجود.

﴿**قُلِ ٱلرُّوحُ مِنۡ أَمۡرِ رَبِّي**﴾ [الإسراء: 85]، ﴿يَوۡمَ يَقُومُ ٱلرُّوحُ وَٱلۡمَلَٰٓئِكَةُ﴾ [النبأ: 38]، يفرده بالاسم المشبع بألف ولام الاستغراق والتعريف فهو جامع لكل مستويات الروح في الوجود.

وفي الآية يقول لنا إن نهاية الكون هي قيام الروح والملائكة، وهذا يعني أن علو الروح وبلوغها لأرقى مستوًى لها هو المصير للكون، فيجب أن نفهم الروح جيدًا؛ لأنها هي مصيرنا المحتوم نحن وكل شيء.

(وهذا مصير بعيد جدًّا جدًّا، ولكننا نحتاج إلى فهمه واستيعابه. ولأنه موضوع واسع، فقد أفردت كتابًا خاصًّا للحديث عن غاية الكون ومصفوفة الروح والملائكة ودورها وطريقة تطوُّرها وتأثيرها في الإنسان والمادة، ودور الإنسان في صف منظومة الروح والملائكة، (سيتم تصريحه قريبًا إن شاء الله).

الروح الأمين: هو المعلومات التي تختص بتحقيق الأمن والأمان المُريح للكائنات.

روح القدس: هو روح الحياة الأقدس (الحيوية المثلى) وهو الذي يُحقِّق التميز والرُّقي، ويمنح القداسة لكل ما هو مريح وسامٍ من القيم والمعاني التي تُشفى بها النفس ويرتقي بها الكائن، فهو معلومات ترتقي بقداسة النفس والوجود، والتقديس هو تعظيم الشيء وتمييزه ورفع منزلته.

رَوْح الله: ﴿وَلَا تَاْيْـَٔسُواْ مِن رَّوۡحِ ٱللَّهِۖ﴾ [يوسف: 87]؛ أي لا تيأسوا من الراحة للحق، والتعامل معه، وتفعيله مهما كان

بسيطًا، فإن له ارتدادات عظيمة. فرب عمل بسيط تقوم به في سبيل حقيقة ترى أنها يجب أن يكون لها قيمتها، ينتج عنه صلاح عظيم للإنسانية، ويكون له ارتدادات ترفع قيمتك في ذاكرة الوجود.

فكل مخلوق فيه روح ولديه إرادة، كالحيوانات والنباتات، وحتى الجمادات لها إرادة خاصة ﴿فَوَجَدَا فِيهَا جِدَارًا يُرِيدُ أَن يَنقَضَّ﴾ [الكهف: 77].

فنفخ الروح هو إحداث أثر كإدخال بيانات وعلوم ومهارات في الكائن لترقيته وتطويره.

القرآن يبيِّن أن نفخ الروح في فرج مريم كان جماعيًّا ﴿فَنَفَخْنَا فِيهِ مِن رُّوحِنَا﴾ [التحريم: 12]، فهذه الروح هي مجموعة حقائق وقوانين قامت بفعل نتج عنه ولادة عيسى بالهيئة والنفس المثلى، وهو ما جعل الروح القدس (الروح المتميز والمتطوِّر) مؤيِّدًا دائمًا له في كل خطواته، فعيسى رسول وكلمة وروح من الله ﴿إِنَّمَا ٱلْمَسِيحُ عِيسَى ٱبْنُ مَرْيَمَ رَسُولُ ٱللَّهِ وَكَلِمَتُهُۥٓ أَلْقَىٰهَآ إِلَىٰ مَرْيَمَ وَرُوحٌ مِّنْهُ﴾ [النساء: 171]، وهذه

الجماعية تعني أن أمر عيسى كان أمرًا من الله تضافرت جهود عديدة لتنفيذه، إذ تم إلقاء كلمة الله على الملأ الأعلى (مجموعة من علماء بني إسرائيل يقومون بأبحاث وتجارب علمية تحت إدارة زكريا)، وهم من قاموا بالنفخ في فرجها بأحسن أداء، وتبليغ، وتوصيل، لكلمة الله[3]. فالإلقاء في القرآن ليس الرمي أو الرجم، بل هو إيصال الشيء بأحسن وأكمل طريقة، والنفخ هو إضافة شيء إلى شيء، لتفعيله وتطويره، كما ننفخ في النار لتزداد استعارًا وتأجيجًا واضطرامًا وضوءًا وحرارة، فنحن نُدخل على النار حركة هواء إضافية لنُفعِّل دورها ومهاراتها أكثر.

والنفخ كما ورد في قصة ذي القرنين كان لتأجيج وإضرام النار ﴿قَالَ ٱنفُخُواْۖ﴾ [الكهف: 96]، فالإنسان ينفخ من روحه.فأنت إذا فعلت تطبيق المنبه في جوالك، لينبِّهك لتستيقظ وتذهب لعملك، فأنت بذلك قد نفخت في الجوال من روحك، ومن صنع الجوال، نفخ من روحه في المعادن، وكل من صنع شيئًا فهو ينفخ من روحه.

---

3. سيتم تفصيل هذه الجزئية من القصة لاحقًا في الجزء الرابع من الكتاب بإذن الله.

نفخ الروح فينا استمر لمئات آلاف السنين وربما لملايين السنين. فتثبيت صفة في النفس يحتاج إلى الجهاد في سبيل تحقيقها والحصول عليها كحق مُكتسب بفعلها وتفعيلها في الأجيال، وبالتواصي بها من جيل لآخر حتى تقوم الفواعل والعوامل (القوانين والأنظمة "السُّنن") بحفرها في الحمض النووي (DNA) لأجيال المُستقبل كحقٍّ مُستحق بالجهاد والصبر في سبيل الله[4]. فالصدق والحياء مثلًا قبل مائة ألف سنة لم تكن لهما نفس قيمتهما اليوم، ولكن بتوريث الأجيال وحثهم على الصدق والحياء، جعل الإنسان يحب الصدق والحياء ويميل إليهما ويكتسبهما كصفة حسنة يدعو لها، وطورها حتى أصبح يعاقب من يخالفها، وهو يرجو ويُريد أن يملكها كملكة مملوكة له يولد بها.
وكذلك كل سِمة (صفة) نفسية نملكها، تعاهدت الأجيال تثبيتها بالحث والحض عليها، والجهاد والاجتهاد والسعي، لتثبيتها كحق مكتسب، وهذا هو نفخ الروح.

لكن الروح التي قال الرسول في القرآن بأن ربنا نفخها فينا، هي مستوى فوق المعتاد؛ فبها تميزنا عن عالم الحيوان. وعدم تفعيل وتطبيق هذا المعنى الحسن هو كفر به وبخالقه، (كفرٌ

---

[4]. الجهاد في سبيل الله هو الجد والاجتهاد في وسائل تحقيق الأشياء بالحق.

بالروح وبرب الروح)، وهذا هو الباطل، والذي هو إبطال وتعطيل مهارات الكائن الرئيسية.

ومهارتنا الرئيسية هي أننا كائن عاقل، فإذا لم نُعقلن سلوكنا فنحن نتصرف بسلوك نفسي فقط، وهذا هو الخسران والارتداد لأسفل سافلين. ومهارة العقل هي نتيجة لاتحاد عدة مهارات، مثل: التلقي، والاستماع، والوعي، والتبصُّر، والتفكر، والتدبر، والربط المعلوماتي، والاستنتاج، و...

نفخ الروح فينا هو آخر مراحل تطورنا، وإعلان عن نهاية مرحلة سيطرت فيها المشاعر فقط على توجيهنا، فأصبح لنا منطق مختلف تمامًا عن المنطق النفسي لبقيَّة الأحياء، فلدينا الآن قيادة جديدة واعية بشكل يفوق وعي الملكات النفسية بمراحله كبيرة.

وحدث ذلك بعد القيام بتسويةٍ بين الطاقتين الطينية والنارية، واختيار العناصر المُثلى من كلتا الطاقتين، وتوجيههما بالرضا والتصاغر للقيادة الجديدة.

وهذا ما أدى لتضخُّم الدماغ؛ فنمت، وتوسعت مراكز الحفظ والتحليل والربط والاستنتاج، وزاد وزن الدماغ.

فبدل أن يأكل الحيوان مرَّة واحدة، ابتكر طُرقًا مريحة أكثر، ليستفيد منه مرات عديدة بتدجينه، وتربيته، والحفاظ عليه، فتعلمنا بيطرته، وعلاجه، ورعايته، وحمايته؛ ليتوالد فنأكله (نستخدم منتجاته) عدَّة مرات، بدلًا من مرة واحدة فقط كما كنا نفعل في الفترات السابقة.

وعليه، فقد تغير سلوك التعامل مع كل شيء، فأصبح هناك نُظم واستراتيجيات وخُطط وسلوكيات ومهارات ومشاريع لمُحيطها وواقعها ومستقبلها تختلف عن تاريخها القديم.

فكان نفخ الروح هو إعلانًا عن الوصول للنموذج المستهدف والمطلوب، وهو النموذج العاقل الذي سيرتقي بعلمه إلى الله، ليتجاوز بذلك منطق الربوبية الذي بلغته جميع الأحياء.

بالعلم عرفنا الله، ثم حدثت انتكاسات فارتدَّت بعض المجتمعات لأسفل سافلين، وعندها يبعث فيهم رسولًا منهم ليُعيد نفخ الروح فيهم (القرآن من الروح)، ويُعيد تعليمهم الأخلاق، والقوانين، ليُحقق لهم الراحة في تعايشهم.

الأنبياء والرسل (الحكماء والفلاسفة والعلماء والمتنوِّرون و...)، هم إعادة لنفخة الروح في مجتمعاتهم، فيقومون بتذكيرهم بالحق والعلم والحكمة والإبداع والإحسان و... الذي تجاهلوه حتى جهلوا، والذي يعرفونه في أنفسهم ﴿فَذَكِّرۡ إِنَّمَآ أَنتَ مُذَكِّرٞ ٢١﴾ [الغاشية: 21].

نفخة الروح هي توسعة وتفعيل لوعينا بسِمات الله، فالروح أعربت وبيَّنت ووسَّعت في أنفسنا مشاعر كالسلام، والأمن، والإحسان، والحب، والتقوى، والصدق، والحلم، والعفة، والأمانة، والإصلاح، والرحمة، والعفو، و... ونحن نميل لتثبيتها كبرمجيات أصلية في النفس، وهي ما زالت متعالية في سمائنا النفسية، ونحن نريد استنزالها لتكون من أرضنا النفسية؛ أي طبيعة لنا، وقاعدة تنطلق منها مشاعرنا وأفكارنا. وكل فرد أو مجتمع يتنزَّل عليه من الروح بحسَب سعيه وجهاده.

فصل

الخاتمة

تَعَلَّم الإنسان الله ربَّه، وما زال يتعلَّمه، ويقترب منه، ويتعرَّف عليه، بقراءته لخلقه، وأنظمته، وتعلُّمها والعمل بها للارتقاء في أفكاره وسلوكه ليزداد رُبُوًّا.

فجعل للممتلكات (الملكوت) مالكًا، هو الله.
وجعل نفسه خليفةً له في ملكوته، في محاولة منه لدفع نفسه لاستكشاف الوجود بجرأةٍ وإقدام، فأصبح هو المُقدَّس بعد الله.
فقداسة الإنسان من قداسة الله، والذي أبدع خلقه وتصويره وميزه وكرَّمه، وأسجد له الملائكة ورفعه على بقية الخلق، فالعظيم هو الله الملك القدوس، وكل شيء هو مدد منه، وأعظم مدده منه هو الإنسان، فالإنسان مُقدَّس بقداسة الله، ففيه روح رب كل شيء (فيه معلومات يستطيع أن يربي بها كل شيء)، فالقُدُوس هو الذي جعلنا مُقدَّسين بتقريبه لنا، بتعليمه لنا بوجوده؛ أي بتمكينه لنا أن نكتشف السمات السامية التي يتصف بها ونسعى لتملُّكها لتكون طبيعةً لنا،

كل عمل يصلح به حال الإنسان هو العمل الصالح الذي قاله الرسول وتكلَّم به الله في القرآن.
كل شيء يعمل لنفسه، إلَّا الإنسان فهو يعمل لنفسه ولله؛ أي إنَّه يعمل لنفسه ولغيره، ﴿فَأَيۡنَمَا تُوَلُّواْ فَثَمَّ وَجۡهُ ٱللَّهِۚ﴾ [البقرة: 115]؛ أي إن كل شيء تتولاه وتُوليه اهتمامك ففيه توجه سيتَّجه بك لله ويصلك به، فكل ما تفعل هو إمَّا لنفسك وإما لله.
فأحسِنْ في كل ما تفعل.

[تم الجزء الأول من السلسلة بحمد الله]

روابط للتواصل مع المؤلف ومتابعة محتواه:

يوتيوب

youtube.com/@Jamalalshaya

تويتر
x.com/jmalalshaya2

تيكتوك
tiktok.com/jmalalshaya0